中国近代科普和科学教育研究丛书

霍益萍　金忠明　王伦信　主编

中国近代中小学科学教育史

王伦信　樊冬梅　陈洪杰　解　亚　著

科学普及出版社

·北　京·

图书在版编目（CIP）数据

中国近代中小学科学教育史/王伦信等著. —北京:科学普及出版社,2007.9
（中国近代科普和科学教育研究丛书/霍益萍等主编）
ISBN 978 - 7 - 110 - 06678 - 2

Ⅰ. 中⋯　Ⅱ. 王⋯　Ⅲ. 中小学－科学教育学－教育史－中国－近代
Ⅳ. G639. 29

中国版本图书馆 CIP 数据核字（2007）第 139650 号

自 2006 年 4 月起本社图书封面均贴有防伪标志,未贴防伪标志的为盗版图书。

科学普及出版社出版

北京市海淀区中关村南大街16号　邮政编码:100081
电话:010－62103210　传真:010－62183872
http://www.kjpbooks.com.cn

北京正道印刷厂印刷

*

开本:787毫米×960毫米　1/16　印张:14　字数:256千字
2007年9月第1版　2009年1月第2次印刷
印数:3801—7800册　定价:25.00元
ISBN 978－7－110－06678－2/G · 2966

（凡购买本社的图书，如有缺页、倒页、
脱页者，本社发行部负责调换）

本书为《全民科学素质行动计划纲要》起草阶段试点项目——"中国科协青少年科技创新人才培养项目"的终期研究成果。

策划编辑：徐扬科
责任编辑：张晓林
责任校对：赵丽英
责任印制：李春利
封面设计：耕者设计工作室

科教联手的丰硕成果
（序一）

在世界科学技术迅猛发展、知识经济日益勃兴的今天，国家实力的增强、国民财富的增长和人民生活的改善无一不与科技的发展息息相关；科技竞争已成为国与国之间综合国力竞争的焦点。科技竞争关键在人才。它不仅需要数以千万计的专门人才和一大批拔尖创新人才，还需要具备基本科学素质的广大公民作为基础和支撑。在这种大趋势下，重视和强调创新，呼唤和凸显创新人才的价值，关注和着力提高全民科学素养，就成为政府、科技界和教育界乃至社会各界的重要任务。2003 年，经国务院批复同意，中国科协会同中组部、中宣部、教育部、科技部等单位正式启动了《全民科学素质行动计划纲要》（以下简称《纲要》）的制定工作。"科技教育、传播与普及"、"创新人才"、"全民科学素质"这三个有着密切联系的关键词，勾勒出这部《纲要》的中心内容。

作为一项建设创新型国家的基础性社会工程，《纲要》以尽快在整体上大幅度提高全民科学素质，促进经济社会和人的全面发展，为提升自主创新能力和综合国力打下雄厚的人力资源基础为目标，强调了提高未成年人科学素质在创新型国家发展战略中的重要性，突出了中小学科学教育发展的迫切性，特别提出"建立科技界和教育界合作推动科学教育发展的有效机制，动员高等学校、科研院所的科技专家参与中小学科学课程教材建设、教学方法改革和科学教师培训"，强调通过建立"科教合作"的有效机制，从制度上为科学教师的专业发展及中小学科学教育改革的实施提供保障。

俗话说，十年树木，百年树人，国民科学素质的养成是一个滴水穿石、涵养化育的长期任务。它既非三年五载可以完成，又需要从小抓起，从未成年人开始。随着义务教育的普及，未成年人主要的活动时间和地点在学校，负有教书育人职责的教师自然就成为决定未成年人科学素质的关键因素。对于广大教师来说，按照《纲要》的要求，从以往单纯围绕着教材、教参和习题的释疑解惑转向帮助学生"了解必要的科学技术知识，掌握基

1

本的科学方法，树立科学思想，崇尚科学精神，并具有一定的应用它们处理实际问题、参与公共事务的能力"，是一个根本性的转变和有相当难度的自我跨越。科学教师亟须来自方方面面的帮助。那些创造并掌握了大量的科学知识，理解科学教育的本质，以科学方法的应用为职业习惯，其工作本身就崇尚、分享和体现着科学精神的科技专家，无疑是科学教师天然的、最好的合作伙伴。

中国科协青少年科技中心长期以来以组织开展青少年科技活动、提高青少年科学素质为己任，在链接青少年科技创新学习活动和社会丰富资源的平台上，一直是一个输送传递有效资源的二传手。在以往 30 年的时间里，中国科协与教育部、科技部等相关部门共同开展了"全国青少年科技创新大赛"、"明天小小科学家奖励活动"、"大手拉小手青少年科技传播行动"等一系列品牌活动。随着时代的变化和全社会对创新人才的呼唤，这样的品牌活动如何从单纯的选拔拓展到从培养到选拔的全程跟进，这是摆在我们面前的重大课题。恰逢《纲要》的起草把"科教合作"作为非常重要的举措提出，中国科协青少年科技中心结合多年的实际工作，在进行了比较广泛的调查研究基础上，试图在科技创新人才培育方面有一些新的突破。2002 年 7 月，开始设计"中国科协青少年科技创新人才培养项目"，2003 年 1 月项目正式启动。

创新人才培养项目的规划和实施凝聚了项目组人员的心血。它的构架是立体的、多方位的、可持续的，具有很大的拓展空间。从首席专家的聘任到实验学校的选定，从参与项目的科学家、大学教师、科研人员团队的组成到项目的阶段性规划，每推进一步都是一次新的尝试。期间，项目组完成了"全国青少年科技创新服务平台"（www. xiaoxiaotong. org）的建设，并在服务平台上专门开辟了为项目服务的"创新研究院"（www. xiaoxiaotong. net）。项目实现了从理论到实践、从实践再到理论的螺旋式发展，服务平台进行了全程跟进服务。

把科技专家引进培训高中科学教师的课堂，看似简单，实非易事。科技专家需要实现从研究人员向培训师角色的转变，科学教师则要经历由一般意义上的教师到做好带领学生实践科技创新的导师的转变。这是两个比较大的转变，仅凭这两个群体自己的力量显然较难完成。作为二传手的中国科协青少年科技中心协调各方力量，发挥各方的优势，建立起科技专家和科学教师之间的纽带和桥梁。"科教合作"从单纯的科学家和科学教师两者之间的合作扩大为科学界和教育界多个相关部门和力量的整合，变成了一个全新的运作系统建构和运作机制的探索。所谓"科教合作"，关键在"合作"，即哪些合作方、多大合作面、什么合作内容和怎样合作等。"中国科协青少年科技创新人才培养项目"用五年的成功实践表明，科技界可以寻找更多与教育界合作的内容，在中小学科技教育改革、青少年科技人才的培养中扮演更重要的角色，发挥更大的作用。这正是这个项目的意义和价值所在。

一个项目的质量完全取决于一支好的团队。"中国科协青少年科技创新人才培养项目"由中国科协青少年科技中心和华东师范大学教育学系、河北大学网络中心、中科之源教育发展有限公司等单位共同合作完成。项目组由务实能干、富有培训经验、充满事业心和责任感的华东师大教育学系霍益萍教授担任执行组长（首席专家），来自不同地区和单位的几十位同志参与。五年中，项目组的同志团结协作、开拓创新，在各实验学校的大力支持下，做了大量开拓性的工作，很好地完成了既定的目标和任务。通过项目的实施，不仅形成了一个胜任高中教师培训的科技专家和学科教学专家团队，推动了学校科技创新活动的蓬勃开展，而且在理论研究方面也有一些新的突破。呈现给读者的这两套丛书就是项目组成员对相关领域内容思考、探索和研究的结果。

《"中国科协青少年科技创新人才培养项目"实验丛书》由《科教合作——高中科学教师培训新探索》、《在项目研究中和学生一起成长——十位教师及其学生的成长日记》两书组成。前者对项目实施情况及成效进行了总结和分析，后者展示了十位教师及其学生成长的心路历程。丛书从整体和个案两个方面将项目提升到一定的高度，展开了讨论和研究，用具体而实在的事例诠释了"科教合作"的意义和作用，具有很大的现实意义和理论价值。

《中国近代科普和科学教育研究丛书》由《中国近代民众科普史》、《中国近代中小学科学教育史》、《中国近代科学教育思想研究》和《科学家与中国近代科普和科学教育——以中国科学社为例》四本书组成。这是结合项目的实施，从历史角度所做的全新的挖掘和研究。它为从事科普事业的同志提供了弥足珍贵的历史借鉴，填补了这方面的一些空白。

特别值得提出的是：这两套丛书的作者，不仅有专家教授，有参与过培训的科学教师，还有因跟随霍益萍教授到培训现场实习而愿意从事科普和科学教育研究的研究生。这是项目的额外收获，由此组织起来的队伍无疑将进一步壮大"科教合作"、培育科技创新人才的阵容。

"中国科协青少年科技创新人才培养项目"作为《纲要》起草阶段的试点项目已经完成了它的使命。借此机会，向所有参加项目工作的单位、专家和同志，向各实验学校的校长和老师表示诚挚的谢意！在建设国家的进程中，全面落实《纲要》精神和完成"未成年人科学素质行动"的各项任务，仍是我们未来相当长时间的艰巨任务。我深信，"中国科协青少年科技创新人才培养项目"提供的经验和打下的基础，将有助于我们充满信心地走向未来！

牛灵江

2007 年 5 月

科技与教育：中国社会现代化的双子星座
（序二）

教育和科技是当今世界发展的两大基本力量。尤其是进入以知识经济为时代特征的 21 世纪，一个国家的综合实力越来越多地取决于科学技术的创新程度和全体国民的文化素质，换言之，一个国家的腾飞无一例外的需要插上科学和教育的翅膀。中国的科教兴国战略就是基于这样的背景提出的，因此，科学与教育犹如难以分离的双子星座，牵引着中国社会的现代化进程。

尽管如此，这一双子座在中国历史的星空中并非预示着完美的婚姻，常常呈现出对峙的状态，使其投射的光芒忽明忽暗。中国古代科学技术的发展曾取得辉煌的成果，但由于受传统价值观念的影响，科技在官方的正统学校教育中始终难占有一席之地。传统中国推崇教育，基本国策就是教育立国（建国君民，教学为先；化民成俗，其必有学），然而学校教育的内涵则主要包含伦理（修身）和政治（安国）两方面。

从中国的文化传统来看，治理社会的主流思想是儒家学说。儒家学者向来"重义轻利"，推崇"天人合一"，在其认识中不存在一个与主体无关的客观的自然界，这样人们的认识对象自然而然地就指向了作为主体的"人"自身。儒家学者通常进行的认知活动是自我反思而不是对客观事物的认识，强调正心、诚意，由此达于修身齐家乃至治国平天下。荀子说："错人而思天，则失万物之情。"主张要"敬其在己者"而不要"谋其在天者"，明确反对舍弃具体的人事去思考抽象的形上之道。凡此等等，表现出对人文精神和实用理性的浓厚兴趣。在认识客观对象时，儒家要求一切以对人实用为标准，难以为现实政治服务的科学理论和技术被斥为"屠龙之术"。这种倾向体现在教育活动中则表现出强烈的功利主义色彩，也就是"务实"精神，其所务之"实"却只有"治国平天下"而已。

因此即使到了 18～19 世纪，当西方国家以科学技术为先导开始其工业化进程的时候，古老而骄傲的中华民族还自我封闭地沉浸在天朝大国的美梦之中。19 世纪中叶两次鸦片战争的隆隆炮火开始将中国人震醒。此时知识界的少数精英才逐渐认识到：中国落后了！中国与西方列强的主要差距不仅仅在于后者拥有坚船利炮，更重要的是中国缺少那些隐藏在先进军事武器背后的近代科学与技术。于是 17 世纪来华耶稣会士所带来的"远西奇器"和天文数学知识，才被国人以近代的眼光加以理解，并与国运兴衰的思考结合起来，逐步汇聚成引进西学的呐喊，发展为联袂出国学习先进科技的留学潮，孕育了席卷全国的批判中国传统思想和构建新的民族精神的思想启蒙运动。从这个意义上说，一部中国近代史就是一部西方近代科学技术在中国被接纳、解读、传播和落户的历史。

伴随着西方近代科学知识的传入，在"教育救国"、"科学救国"等社会思潮的影响下，科学与教育（包括学校和社会两方面）逐渐结合起来。中国社会现代化的主题之一即为科学与教育的联姻。在此过程中，科学借助学校教育和社会教育，极大地丰富了中国人的知识观、价值观、人生观和世界观，改变了人们的思想方法；而教育借助科学，使知识传授的内容、形式和方法得到更新。

历史上，不同的科学观或教育观曾经对科学教育产生过不同的影响；对科学本质的不同理解，决定了为什么教、谁来教、教什么、在何处教、如何教、教的结果如何、有何保障措施等问题。中国社会现代化的过程也可视为走出传统的科学与教育分离的歧途，使科技与教育这两股力量整合为一的过程。在这一整合的过程中，科学教育的价值、主体、场所、内容、对象、方式、制度等都发生着巨大的变化。

一、科学教育的价值

中国古代的本土学术中，自然科学并未占有重要地位，科学技术发明总是被视为"形而下"的末流，乃至被贬为"奇技淫巧"而难登大雅之堂。中国古代也没有鼓励科学发展的制度和环境；尽收天下英才的知识分子选拔机制——科举制度也主要以"四书五经"等儒家经典知识或诗赋写作才能为主要标准，不涉及自然科学的内容。明清之际西方传教士利玛窦等人传来的西方文化事实上对中国文化的影响非常有限，而且很快就由于教皇的错误决策及清政府的外交政策而停滞。所以，自明末以来，中国知识分子对在西方兴起的近代科学几乎一无所知。直至清末，官员和知识分子对西方近代科学的认识才体现出由浅及深、由表及里、由现象到本质的渐进过程。对近代科学的认识由"技"上升到"学"的层面，一方面有利于打破中国士绅和各阶层人心中传统的中国中心观；另一方面有助于纠正国人心中对科学长期存在的误解，提升了科学在国人心目中的地位，转变对科学这种"泰西之学"的态度，有利于科学的进一步传播、启蒙。这个过程中，国人逐渐了解西学格致的真实面目，对科学的理解从肤浅外显的"器技"发展到"格致之学"；国人对来自于西方的科学技术的态度也逐渐从轻视、拒斥转向接受和学习。虽然在"夷夏之防"下科学教育和科学传播阻碍重重，科学教育和科学传播的思想还是得到了较大发展。

维新时期的知识分子在前辈思想家认识的基础上，对近代科学的理解已大大加深，开始超越格致之学外在表现的作用，进而把握其内含的深层"命脉"，即严复所言：扼要而谈，不外"于学术则黜伪而崇真，于刑政则屈私以为公"而已。格致之学的命脉是"黜伪而崇真"，即"真"的原则。作为命脉，这个原则已不仅仅与那些"形而下之粗迹"相联系，同时具有了某种普遍的价值观意义。这种趋向普遍价值观意义的格致之学已不仅被视为器技之源，而且可以决定社会的安危，"格致之学不先，偏僻之情未去，束教拘虚，生心害政，固无往而不误人家国者"（严复）。清末引入的科学进化论，在被严复等人形而上化为贯穿天人、宰制万物的普遍之道的同时，赋予了它以自然哲学和政治哲学的双重涵义。

中日甲午战争后，国人在反思失败的原因时，再次把教育强国作为一项重要政策提出。在维新变法各项政策中，教育占了相当重要的地位。虽然戊戌变法在形式上失败了，但是不久，清政府迫于内外交困的压力而推行"新政"，其在教育方面的举措实际上延续了戊戌维新时所提出的思想和做法。这一时期，通过维新变法和清末"新政"在制度上的改革，如废科举以广学校、颁布新学制等，初步构建了促进科学教育发展的制度环境；已经接受和了解近代科学的新式知识分子所输入的知识和思想也进一步促进了科学教育在学校中的发展；教育学、心理学作为科学知识在学校教育中的引入和引用，也为教育科学化的兴起种下根苗。

晚清时期伴随西方舰炮而入的近代科学文化相对于中国延续了几千年的传统文化而言，具有鲜明的异质性。自甲午战争以后，近代科学在中国的传播过程中，中西文化彼此的浸渗与排斥、抵牾与融合一直没有停歇。对中国科学教育的发展和科学普及的进程来说，近代科学与中国文化融合的过程十分艰难。

在现代化过程中，人们对科学及科学教育价值的认识也在不断深化：科学具有双重价值——既有外在的实用价值，又有内在的精神价值，科学教育于国家，可以救亡图存，促进国家的繁荣富强；于个人，则可以改善生活，使个人获得幸福。科学教育于社会，可以转换人们的思维方式，改变社会思想观念；于个人，可以发达人的精神，促进个体精神的发展。

对科学精神的内涵，科学教育家作了深入探讨。任鸿隽一言以蔽之：科学精神者何？求真理是矣。在任鸿隽看来，科学精神主要就是求真精神，除此以外，他认为最显著的科学精神至少还有五大特征：①崇实。即"凡立一说，当根据事实，归纳群像，而不以称诵陈言，凭虚构造为能。"②贵确。即于事物之观察，当容其真相，"尽其详细底蕴，而不以模棱无畔岸之言自了是也。"③察微。所谓"微",有两个意思:一是微小的事物,常人所不注意的;一是微渺的地方,常人所忽略的。科学家于此,都要明辨密察,不肯以轻心掉过。④慎断。即不轻于下论断,"科学家的态度,是事实不完备,决不轻下断语;迅率得到结论,无论他是如何妥协可爱,决不轻易信奉。"⑤存疑。"慎断的消极方面——或者可以说积极方面——就是存疑。慎断是把最后的判断暂时留着,以待证据的充足,存疑是把所有不可解决的问题,搁置起来,不去曲为解说,或妄费研究。"这五种科学精神"虽不是科学家所独有的,但缺少这五种精神,决不能成科学家。"①

科学知识、科学方法特别是科学精神的传播,使近代意义上的科学观在中国得到确立。新的世界观改变了近代以来中国人视科学为制造器用的技术或为一种新型的社会哲学的片面认识。科学开始影响和支配人们的世界观与人生观。

五四新文化运动催生了近代科学家的集体亮相,促进了科学家自身社会角色意识的群体觉醒。在当时社会的大舞台上,自然科学家们与陈独秀、李大钊等人文、政治学者一道发起了一场伟大的思想启蒙运动,将"赛先生"作为与"德先生"并提的救国良方请进中国。相对于人文学者较多地集中于对中国传统文化和纲常名教的猛烈批判,科学家们则更侧重于对科学真谛的阐述。我国第一代科学家是在纯粹欧美模式的科学教育体制中完成他们的科学家角色化过程。多年的留学生涯,使他们对建立在资本主义市场体制和西方理性文化传统基础之上的近代科学有着比常人更为深刻和真切的了解,因而也比其他人更能洞见科学的本质。围绕着"什么是真正的科学"这个主题,他们著书立说、唱和阐发,系统地回答了科学的本质,科学的社会功能,科学知识、科学方法和科学精神的关系以及科学的文化意蕴和文化影响等问题。

五四新文化运动以科学与民主为号召,广泛而深远地影响着中国社会历史进程。"民主"是一个与"专制"相对立的概念,中国社会政治传统的本质是专制,而儒家礼教(特别是经汉儒董仲舒改造后的礼教)的特点是"纲常名教",是君对臣、父对子、夫对妻的绝对权威。在这种政治传统和礼教下,处于被统治地位的人没有独立的人格,不允许有独立的认识和见解,不允许对权威有丝毫的怀疑,对事对物只讲"服从"和"接受",而这一切都恰好与科学精神——"探究"与"怀疑"背道而驰。新文化运动呼唤民主,折射到科学教育中就是要求教师和学生都要有独立平等的人格,教师和学生

---

① 任鸿隽:《科学智识与科学精神》。见:《科学救国之梦——任鸿隽文存》,上海科技教育出版社 2002 年版,第 359 页。

都可以对专家、对权威提出质疑，教师应该允许学生通过实验、探究获得真知。如果说专制时代的礼教是禁锢思想的"牢笼"的话，新文化运动提倡"民主"的功绩正在于打破这个无形的"牢笼"，解放师生的思想，让师生不再被权威束缚手脚，敢于"探究"、敢于"怀疑"，而这恰与科学教育的精神相契合。

科学教育家强调的科学教育，包括科学知识的获得、科学方法的掌握、科学精神的养成三部分，其中科学方法的掌握重于科学知识的获得，而其目的又是为了养成科学精神。可以说新文化运动中对"科学"的呐喊，究其实质是对科学教育内涵的深化，这一深化正触及了科学教育的实质。

新文化运动呼唤的"民主"与"科学"解放了科学教育工作者的思想，深化了他们对科学教育内涵的认识，促使他们将关注的焦点转向对科学教育方法的研究和改良，对科学教育中动手和实验的作用——养成探究习惯、培养科学精神的高度重视。中国人接触、认识、了解、传播近代科学的过程，既是一个由"技"向"道"转化的过程，也是不断强化并彰显科学教育价值的过程。从作为近代文化内容的科学在中国传播的过程来看，正体现了这样的特征和发展轨迹。

二、科学教育的主体

在和西方传教士合作翻译"西书"的过程中，涌现出徐寿、徐建寅、华蘅芳、李善兰、管嗣复、张福僖等若干自学成材的科学先驱；在清政府派遣的留美幼童和留欧学生中，成长起日后活跃在工程、电信、制造诸领域的詹天佑、周万鹏、朱宝奎、蔡绍基、郑廷襄、魏翰、郑清廉、林怡游、罗臻禄、林庆升等一群科技新秀；1896 年开始的"留日"大潮则哺育了一批更为年轻懂得"西艺"的学生。这三个层次的新人才构成了中国近代科学家的早期群体，也初步构成了中国近代科学教育及传播事业的主体力量。

与其他国家的科学家一样，中国科学家从一开始出现，就承担着科学世界的探索者，高校科学教育的主事者和科学普及传播潮中的领航者角色，可以说集研究、教学、服务三者于一身。不同的是，中国科学家在担纲上述三种角色时，始终让人感到充溢在其内心的强烈的爱国热情和矢志不渝的科学救国理想。这是中国近代科学家（包括科学教育家）特有的群体特征。这个特征的形成，既是"国家兴亡，匹夫有责"等中国传统文化熏陶的结果，也与内忧外患、国破家穷等民族危机的刺激有关，还得益于他们对科学技术对经济发展和社会进步的作用的认识。因此，近代科学家群体从它形成的那天起，在关注科学发展的同时，也特别关注科学与社会进步的关系、科学与民族素质提高的关系。他们把向国人传播科学和进行科学文化启蒙视为自己的责任，自觉地用自己的学术专长报效祖国。

人，既是科学知识和科学教育的创新者，也是传播者或接受者。科学教育思想的产生和发展同样离不开人的因素。所谓"思想"，即："客观存在反映在人的意识中经过思维活动而产生的结果或形成的观点。"（《汉语大词典》）可见，科学和科学教育的主张必须被人接受，并经过人的大脑思维活动，内化成为自身的观点才可称其为这个（种）人的思想。当持有某种共同思想的人的数量达到一定社会规模时，这种思想就会发展成为一种社会思潮——在一定时期内反映一定数量人的社会政治愿望的思想潮流。

清末科学教育思想的发展，与持有和主张科学教育思想的人的数量增加是密不可分的。甲午战争以前，倡导、接受和传播近代科学的新知识分子群体在人数和力量上十分有限。在清末科学教育发展过程中，新旧知识分子的人数比例在不断变化之中，前者不断增加，后者逐渐减少。尤其在科举制度被废除以后，新式学校教育得到空前发展，传统旧学教育不断萎缩，两个群体在力量对比上出现了根本的转化。到 1909 年，光是新式学堂在校学生的数量就已经达到 1639641 人[1]。这种人员力量的对比转化，为形成科学教育的主体力量打下了坚实的基础。

近代意义上的科学教育是从西方传入中国的，也就是说，在近代以前中国没有正式的科学教育，也没有科学教师，儒士和"八股取士"制度下的文人都不能担当起科学学科教师的重任。普通中小学的科学教育正式诞生以前，中国的教会学校和洋务学堂虽然培养了一批略通西学的新式知识分子，但只是杯水车薪，无法满足当时社会对科学教师的庞大需求。当时举办新式教育的人物几乎都持有一种看法，那就是欲多设学堂，难处有二，一是"经费巨"，二是"教员少"，而"求师之难，尤甚于筹费"。[2] 所以从兴学之始，清政府就比较关心科学各学科门类教师的引进和培养。所谓"引进"，是指延聘外籍教师。当时各级各类学校曾聘请过多国科学学科教习来我国任教，其中尤以日本教习为多。中日甲午战争后，中国教育取法日本模式，一些新式教育机构几乎都聘请过日本教习。直到 20 世纪初，其时主办新式教育的政要们大多认为"教习尤以日本为最善"。因此日本教习来华者日益增多，以致高峰期达到五六百人。从整体上看，来华的日籍教师所担任的课程，几乎是中国学堂内全部的"西学"内容。

日本教习在新式学堂中所占比例在 1906 年后逐年下降。日本教习在中国新式学堂中所占比例下降的原因与他们自身素质和日本国的相关政策有关，

---

① 陈景磐著：《中国近代教育史》，人民教育出版社 1983 年版，第 271 页。

② 张之洞，刘坤一：《江楚会奏变法第一折》，1901 年《教育世界》（第 10 号），第 10 页。

但中国各种师范学堂的迅速发展培养了许多新式人才，留学学生特别是留日学生回国投入新式教育事业也是其中的重要原因。近代中国留学教育的兴起是近代中国政治、经济、文化等方面发展的必然结果，对近代中国产生了深刻的影响。它是中国近代开明知识分子谋求进步、振兴民族的重要体现，极大地推动了中国近代化进程。近代留学教育对中国近代社会走向近代化所起的推动作用是巨大的，如近代教育家舒新城所说："戊戌以后的中国政治，无时不与留学生发生关系，尤以军事、教育、外交为甚"。① 其中尤其是留学归来的科技人才。他们归国后，对中国的科学研究、科学教育、科学传播、科学文化事业起了巨大的推动作用。这些科技人才是中国近代科学事业的发起者和推进者，无论在科学思想还是在科学研究、科技进步、科学传播方面，他们都建立了不可磨灭的功勋。舒新城在论及留学生对近代中国的影响时说："留学生在近世中国文化上确有不可磨灭的贡献。最大者为科学，次为文学，次为哲学。"②

"五四"以后大批留学生回国，科学家逐渐成为我国高等学校科技教师队伍的主要来源和基本力量。如1921年时的东南大学共有222名教授，其中外籍教授仅16人，留学归来任教者为127人，占57%多。③ 再如上海交通大学1917年时有教员37人，其中外籍教师10人；1928年时学校有教员54人，其中无一名外国教习，留学生占29人。④ 自此我国高校科技师资匮乏和教师队伍结构不合理的历史难题终于得以解决。高等学校科学教育彻底结果了长期以来不得不"借材外域"和受外人操纵的局面。

同时，科学家承担着译介和传播科学知识的职责。参与英国科学家汤姆生（John Arthur Thomson, 1861~1933）著作的科普读物《汉译科学大纲》的22位译者都是科学家。他们是：胡明复、秉志、竺可桢、任鸿隽、张巨伯、胡先骕、钱崇澍、陈桢、过探先、陆志韦、胡刚复、唐钺、王琎、孙洪芬、杨肇燫、熊正理、杨铨、徐韦曼、段育华、朱经农、俞凤宾、王岫庐。其中，胡明复、胡先骕、钱崇澍、陆志韦、胡刚复、秉志、任鸿隽、王琎、竺可桢、唐钺、杨铨均为中国科学社社员，大部分都曾留学欧美，在"科学救国"的感召下回国从事科学研究和科学传播工作。与初期科普读物作者以传教士为主体不同，这一时期科普读物作者以科学家和教育家为主。中国出现了第一代科普作家，他们创作了不少优秀的、适合广大青少年和工农大众阅读的科

① 舒新城：《近代中国留学史》，上海文化出版社1989年影印本，第212页。
② 舒新城：《近代中国留学史》，上海文化出版社1989年影印本，第212页。
③ 《东南大学史（第一卷）》，东南大学出版社1991年版，第127页。
④ 《交通大学校史资料汇编（第一卷）》，西安交通大学出版社1986年版，第194~200页。

普读物。

科学教育主体力量的不断增长，不仅表现在从事科学教育的人数增多，还表现为科学家队伍的凝聚集结。从国内来说，1913 年詹天佑任会长的中华工程师会成立；1915 年中华医学会成立；1917 年中华农学会成立。而在国外，1915 年，一批富有爱国热忱的美国康奈尔大学中国留学生发起成立了"中国科学社"。1918 年后随着中国科学社搬迁国内和大批留学生陆续学成归国，近代科学家队伍开始形成。[①]

近代科学家通过科学社团来集合科学家的群体力量，从而大大扩展了科学教育的规模和影响力。20 世纪 20 年代以后，随着国内新专业、新学科的建立和科学家人数的增加，各个专业领域科技团体的数量也不断增加。据何志平等人编辑的《中国科学技术团体》一书显示，民国时期（不含革命根据地）共有科学技术团体 117 个，其中 1922～1929 年成立的有 23 个，1930～1939 年成立的有 64 个。[②] 和西方学术团体主要承担"指导、联络、奖励"的学术评议功能不同，中国科技社团的设立宗旨一般为提倡科学研究、开展科学普及和促进科学应用三方面，科普构成了近代科学社团活动的重要组成部分。当时各社团的科普活动一般通过这样一些途径和方式来进行：发行科技刊物；编写科普读物；在报纸上编辑"科学副刊"；举办科学讲演和科学展览；放映科学电影；开展科学调查、考察等。

在我国近代科技期刊中，由科学团体创办的期刊也很多，如中国科学社、中国农学会、中国工程师学会、中国气象学会等都创办了多种期刊，成为我国近代科技期刊的主要创办群体。此外，政府机关也创办了一些科技期刊，但这些期刊的数量相对较少。从时间上来看，1910 年之前，我国的科技期刊大多由出版社、译书局和学堂承办，甚至有些期刊是由个人创办和经营的。1910 年之后，科技期刊的创办者越来越专业化，专业性的学术团体成为科技期刊的主要力量。从创办团体来看，由高校承办的期刊达 100 余种，高校知识分子和科研团体成为我国近代科技期刊的主要创办者。我国科技期刊在 20 世纪 20 年代之后逐渐增加，一个重要的推动因素便是我国高等学校的数量在不断扩充，相应的研究机构在不断增加。

三、科学教育的场所

近代科学教育的核心场所是学校，尤其是高等学校，此外还包括科技馆、图书馆、博物馆、民众教育馆等。学校在推进科学教育方面起着引领作用。

---

① 路甬祥：《中国近现代科学的回顾与展望》，载于《自然辩证法研究》2002 年第 8 期。
② 何志平等：《中国科学技术团体》，上海科学普及出版社 1990 年版，第 3～11 页。

早期教会学校的教学内容中包含了西学课程，天文、物理、动物学、植物学等自然科学都是大多数教会学校课程的组成部分。同时，传教士还编译了许多科学教科书，如狄考文的《笔算数学》、《形学备旨》、《代数备旨》，傅兰雅的《三角数理》、《数理学》、《格致须知》等，1877年还成立了基督教学校教科书编纂委员会为教会学校编写教科书。可见，教会学校把科学科目列为学校的正式课程，并采用当时相对比较先进的班级授课制组织教学，无疑为中国人自己创办新式学校、开设科学课程并组织教学提供了一个可供模仿的对象。而传教士们为进行科学教育而编纂的科学教科书，则无疑为以后国人编纂教科书提供了参照，甚至被不少学校直接采用作为教科书。

近代中国的高等学校则在科学教育中发挥着中流砥柱的作用。科学家任职高校以后，给高校科学教育的发展带来了极大的活力和蓬勃的生机。由于他们在国外就读名校、师出名门，所学专业分布面很广，接受的又是学科前沿训练，绝大多数人获得了硕士、博士学位，具备了很强的科研能力，因此回国后他们在高校科学教育各领域做了许多开创性的工作：①开出大量新课、创建新兴专业、增设新学科、推动学校系科建设，使高校科技类专业的课程得以充实，学科体系趋于完善；②创建实验室、编写新教材、出版学术刊物，将国外先进的理念、学说、观点、方法和实验手段引进高校；③设置研究机构、培养研究生、瞄准国际先进水平积极开展科学研究，使得各高校科学研究的整体水平大大提高，并引领着近代中国科学教育的发展方向。

近代中小学对科学教育也发挥着重要作用。1878～1902年近代学制颁布前的这24年是中国近代普通中小学科学教育的起步阶段。这一阶段普通中小学科学教育的特点是非制度化、各自为政，也就是说没有一个统一的学制体系来规范它的运行与发展。尽管如此，这一阶段的科学教育在中国教育发展史上却也具有非凡的意义——它使得中国的科学教育跳出了专业技术教育的窠臼而正式成为普通学校教育的一个重要组成部分。

从1902年《壬寅学制》颁布起到1915年新文化运动爆发止，中国近代的普通中小学科学教育走过了制度化的发展历程。《癸卯学制》与《壬子癸丑学制》以及一系列学制修订章程的颁布与施行，使中国近代的普通中小学科学教育逐步走上了规范化的发展道路，数学、物理、化学、生物（时称博物）、地理（时称舆地）、手工等课程名正言顺地成了中小学教学的主要内容。科学家们虽然不在中小学任职，但他们对科学教育在中小学生思维、素质和人格培养方面的重要性有着深刻的认识。明确提出科学家应该参与到中学科学教育中去，为中学科学教师提供帮助。具体表现在：科学教育课程的开设、内容的选择、实验的设计、教科书的编撰、教师的培养等方方面面。

从1915年新文化运动爆发起，"民主"与"科学"开始成为引领教育变革的两面旗帜。中国近代的普通中小学科学教育作为"科学教育"的一个重要组成部分更是深受影响：科学家、教育家反思以往科学教育中存在的弊端和不足，开始把关注的焦点放在了学生在科学教育中的动手与参与上，开始重视培养学生在科学教育中的主动精神；并提出了科学教育要关注"科学精神"的培养，将中国近代的普通中小学科学教育向前推进了一大步。这一阶段的普通中小学科学教育的另一个显著特点是深受美国科学教育的影响，设计教学法和道尔顿制等在当时来说较为先进的教学方法传入中国，孟禄、推士等美国教育家来华考察科学教育。他们指出了中国科学教育中存在的问题并提出解决的方法，将中国近代普通中小学科学教育的发展推向了一个阶段性的高潮。

科学家在中小学科学教育建设方面所起的作用与其在高等学校有所不同。他们服务于中小学科学教育的经常性工作主要有四种：一是领衔翻译和编写中小学科学教材。当时国内几家著名的教材出版机构，像商务印书馆和中华书局等都聘请了很多科学家领衔编写中小学科学教科书；二是到中小学举行科学讲演和实验表演；三是培训和帮助中小学科学教师；四是积极创办与中学科学学科教学相关的刊物，组织编写各学科"参考书目"和"科学实验目录及其所需之仪器与价目单"，介绍和研讨教学法等。

图书馆、博物馆、民众教育馆和科学馆都是近代出现的重要的公共文化教育场馆，它的出现既促进了科学教育事业的发展，也是这种发展的必然结果。其中科学馆更以向民众普及科学知识作为其常规工作，表现出更高的专业性。近代除了这四类场馆外，讲演所、民众学校、展览室等也与科学教育和科学传播事业有一定的关系。

近代图书馆的诞生和发展显然对推动科普教育（科学教育）事业有积极的影响。图书馆的内在特点决定了它对科普教育的影响，主要表现为购置相关书籍提供读者阅览。此外，近代图书馆也有办图片展览、巡回书库、邮寄借书等尝试，尽管不是专门为科普而举办，但不失为图书馆推行科普的有效方式。

博物院通过备购自然科学和应用技术的各类图书、器具以及矿质、动植物标本等，与科普教育事业发生了紧密联系。如张謇的南通博物苑设有自然和教育两部，展出各种动植物和矿石，带有科普的功能。在近代博物馆中有不少博物馆特意设置"科学部"、"物理、化学、生物组"之类的部门，收藏相应的图书、器具和标本加以陈列、展示和宣传。

民众教育馆是南京国民政府成立后才出现的新兴事业，其前身可以追溯到北洋政府时期的通俗教育馆。恰如其名称，民众教育馆是实施各种民众教育的基础设施，是社会教育的机构之一。和博物馆一样，科普教育（科学教育）是其职能的一部分。

科学馆作为社会教育机构的专门的科学馆，则有别于各地涌现的通俗教育馆、民众教育馆、民众学校及中心国民学校内设立的科学馆、科学陈列室、展览室等场馆。科学馆的出现最早在 20 世纪 30 年代初，直到 1941 年，教育部开始注重民众科学教育的推行后，才通令各省市筹建。与博物馆、图书馆和民众教育馆相比，科学馆的推行工作起步最晚，加之抗战结束继之解放战争，科学馆事业发展缓慢，到 1948 年，全国省立科学馆仅有 15 座。尽管如此，科学馆的出现是追求科学大众化的结果，代表着科普工作的专业化发展趋向，对今天的科学馆事业和科普事业有着筚路蓝缕的开创意义。

四、科学教育的内容

"理科"最早是作为一门科目出现在清末的《奏定学堂章程》里，当时它主要是指一般的物理、化学知识。到 1916 年颁布《高等小学校令施行细则》，其中关于理科的内容已经包含了有关动物、植物、自然现象及人体生理卫生等方面的知识，但仍沿用"理科"这一名称。直至 1923 年《新学制小学课程纲要》颁布，才将"理科"改为"自然"。而 1932 年《小学课程标准总纲》的颁布，将社会、自然、卫生三科在初级小学合并为"常识"一科，"常识"才作为课程名称在小学课程设置中正式出现。这些课程名称的变化，反映了近代中国人对科学课程理解的变化。总的来说，这一时期普通中小学科学课程大致包括了算学和自然科学两类。前者主要包括了近代西方数学教育的几大框架，以及结合中国实际在小学开设的珠算。而后者涉及的内容极为广泛，涵盖了物理学、化学、生物学、矿物学、地学等各方面的知识，其内涵较之前有所拓展和延伸。

任鸿隽在 1939 年 6 月发表《科学教育与抗战建国》一文，对科学教育的内容有较为明确的分析。他认为科学教育内容应该包括三种，前两种是学校里的科学教育："第一种是普通理科教程，如数学、物理、化学、生物之类，这些是基本科学知识，每个学生，无论学政治、经济、文学、美术、史地、哲学，都应该学习的。尤其是中小学的理科教程，必须认真教授。"[1] "第二种是技术科目。这里包括农、工、医、水产、水利、蚕桑、交通、无线电等专门学校，以及医院所设之护士学校等言。……其他如工、矿、农、水产等，和医学一般，皆为科学教育之主要内容，非但不可片刻中断，并要随时尽可能加以扩充。"[2] 在专门学校里，培育专门人才的技术科目也是科学教育的内

---

① 任鸿隽：《科学教育与抗战建国》。见：《教育通讯》1939 年第 2 期，第 22 页。
② 任鸿隽：《科学教育与抗战建国》。见：《教育通讯》1939 年第 2 期，第 22 页。

容。第三种是"社会教育中之科学宣传"。因而，任鸿隽把科学教育的内容归结为中小学的理科教育、专门学校的应用科学教育及"一般科学常识教育"的民众科学教育。可见，科学教育的内容主要指普通学校里的理科教育、专门学校里的应用科学教育以及一般民众的科学常识教育，并不包括广义上的人文社会科学方面的知识内容。

掌握自然科学知识的新兴知识分子开出大量新课、创建新兴专业、增设新学科、推动学校系科建设，使高校科技类专业的课程得以充实，学科体系趋于完善。据统计，1936年各大学所开课程门类：国立大学中，最少者为同济大学57种，最多者为中央大学579种；省立大学中，最少者为东北交通大学74种，最多者为东北大学403种；私立大学中，最少者为南开大学76种，最多者为燕京大学381种①。从历史来看，长期以来在中国大学占主导地位的一直是以儒家经典为代表的经学体系。从洋务运动开始，这一经学体系随着近代文化的变革而逐渐式微，但其真正的终结则是在近代大学大量开设专业水准和训练方法与世界接轨的新课程之后。

学校之外，其他传播知识的载体涉及的科学内容也相当广泛。如我国近代科技期刊几乎反映了当时西方各国所有相关的科技知识，无论是科技发明、发现的实用知识，还是基础理论，均大量登载。西方重大的科技发明如地圆说、地球中心论、电的发明、达尔文的进化论、相对论、铁路、电报、火的研究、照相、电话、飞机、无线电、电视、原子能和原子弹、电子理论、维生素、原子论、细胞、橡皮等都被当时的科技期刊介绍或研究过。世界各洲介绍、地理基础知识（含地貌、地表和地况的研究和介绍）、数学基础知识、彗星、日食、月食、星球、潮汐、微生物、力学、火山、土壤、地震、天体研究、动植物进化阶段论、神经系统、蛋白质、营养知识等的最新发展也为近代科技期刊所瞩目。

电的发明是近代最重要的科技发明之一，对人类的生活产生了深远的影响，我国近代科技期刊对电的介绍和研究前后持续了80多年，是我国近代科技期刊中一个延续最久、介绍最为彻底的主题。从这些论文的内容来看，涉及电的理论和应用等多个层面，包括静电学和静磁学的基本理论、恒温电流的基本规律、电磁感应现象、电磁理论、直流电机、交流电机、发电厂等内容。

从科技知识传播深度来看，专刊和连载无疑是最重要的传播形式，因为连载和专刊可以拓展和扩充问题的范围，留有更多发挥的余地，在知识的传播上更具系统性和完整性，更易引起读者的重视，所以传播的效果就更明显。

---

① 丁编：《第一次中国教育年鉴·学校教育统计》，上海开明书店1934年版，第35页。

我国近代科技期刊中出现了许多连载的主题，而集中刊载某些专题的专刊也极为常见。作为中国近代深具社会影响力的《科学》杂志，曾出版过大量专刊，在近代科技期刊中可谓是独立不群，体现了编者的独特眼界。其专刊有些还附有编者按语，用简短而浅显的语言阐述专题的时代背景和我国学术界对这些问题的掌握程度，以及这些问题对我国社会发展的实际意义。这些附语成为吸引读者阅读的一个重要提示。

从科技期刊的主题分布来看，我国近代科技期刊较为及时地传播了西方重要的科技成果，而且一些期刊从我国的实际需要出发，适当地刊载一些对我国民众有实际用途的科技知识，体现了我国近代科技期刊在传播科技知识方面的独特作用。

五、科学教育的对象

由于受"德成而上，艺成而下"传统观念的影响，在废除科举制度前，中国知识分子基本都埋头走在科举考试的道路上，几乎没有任何西学根底。到了中国近代，一部分"开眼看世界"的知识分子、西学爱好者接触到科普读物以后，逐渐了解并接受其中所介绍的西方近代基础科学知识。因此，在西方近代科学知识传入中国之初，科学知识读物的受众主要是知识分子精英阶层，如魏源、徐寿、华蘅芳等，且读者极其有限。

随着科举的废除和大量新式学堂的建立，科学知识教育纳入中国的教育体制。传统思想开始有了松动，中国知识阶层逐步建立起科学的观念。学习西学、学习西方科学知识逐渐成为时人新的追求。特别是随着日译本教科书在各级各类学堂的使用，科学读物的受众范围由知识分子精英阶层向学生扩展。从西学东渐的历史进程来看，日本译书的翻译出版基本上完成了近代科学的知识引进阶段[1]。这一时期学校的科学教育及社会上流行的科普读物给予国人基础的科学知识，孕育了五四新文化运动的参与者，并为20世纪初出国的留学生奠定了初步的科学教育基础。

中国初期接受科学启蒙的人士主要是西学爱好者、留学生、新式学堂学生等部分知识分子精英，他们以各种不同的方式接受、理解和传播西方近代科学。在"唤起民众"的呼吁下，一些教育家、开明企业家及有志于科普事业的青年科普作家，积极参与和大力支持科普读物创作。这样，就使科学教育的对象从知识分子、青年学生慢慢扩展到普通民众。如在科普读物传播对象方面，突破了前一阶段的精英知识分子阶层，下移到社会基层，开始面向

---

① 樊洪业，王扬宗：《西学东渐：科学在中国的传播》，湖南科学技术出版社2000年版，第189页。

儿童和民众，而且以民众为最主要对象。

对民众科学教育的关注，是中国社会近代化过程中科学与教育整合的新趋势。自从中国有了新式学堂，科学和教育只是少数人的特权，很少惠及一般民众。五四新文化运动以后，这一问题开始引起了社会的关注。先是出现了一些面向工友、农民的平民学校和通俗演讲，随着1925年孙中山"唤起民众"的遗训，将人的近代化，尤其是广大民众的教育问题提高到关系革命成败的高度，进一步突出了民众问题的重要性。1929年以后，国民政府连续颁布了一系列关于举办民众教育馆和民众学校的规程，将民众教育问题纳入政府视野。与此同时，很多知识分子也认识到：中国要实现现代化，首先要使国民成为现代人；而做一个现代人就必须懂得现代科学技术知识。相当一部分知识分子"脱下西装换上长袍"，由"学术象牙塔"相继沉入乡村和城镇的底层，逐步形成了持续多年的普及科学和职业技术知识的浪潮。如1931年夏，著名教育家陶行知联络了一批从英、法、德、美等国留学回国的科学家及部分晓庄师范学校的师生，掀起了"科学下嫁运动"。

30年代兴起的科学化运动，一个很响亮的口号是"科学大众化"，其目标在科学的普及。与之对应，民众科学教育得到充分重视。因而，在科学教育的分类上就有了学校科学教育与民众科学教育之分。民众科学教育是社会教育的内容。它的对象是工、农、商等界的广大劳动者，与学校中的受教育者不同，他们有其自身的特点。在1948年7月寿子野所著的《民众科学教育》一书中，对此有比较详细的讨论。他认为，民众科学教育材料（即实施过程中的内容）应该包括三大类，一是自然知识，具体包括日月和地球的运行、星的位置、地球的昼夜、四季的由来、天空中"电象"，等等；二是生活需要类的，包括植物的生长和繁殖、稻麦虫害的防治、家畜的饲养和管理等；三是卫生知能类，包括食物的营养和成分、改进烹饪的方法、住的卫生和保健方法等。[①]

以"民众"、"平民"和"儿童"、"少年"命名的丛书大量出现是最突出的表现。此时期以"少年"或"儿童"命名的丛书共有23种，以"民众"或"平民"命名的丛书有94种。另外，属于"科学常识/常识丛书"的13种科普读物的出现，也是此时期关注民众、提高民众常识性科学知识的重要表现。从万有文库的出版可以看出此时期的科普读物出版呈现出平民化的特点。万有文库"自然科学小丛书"包含全面和丰富的内容，覆盖自然科学各个学科，分成10类：科学总论、天文气象、物理学、化学、生物学、动物及人类学、植物学、地质矿物基地理学、其他、科学名人传记。如此丰富的内容以

---

① 寿子野：《民众科学教育》，商务印书馆1948年版。

小册子的形式分册出版，而且每本小册子都非常便宜。这样一来，普通的学生和一般社会上的读者，以极其便宜的价格就可以买到一本小册子，学习到丰富的科学知识。所以，后人称"《万有文库》的出版，开创了我国图书出版平民化的新纪元①"。这种平民化的图书出版，无疑极为有利于科学知识更为迅速和更大范围的普及。

民众科学教育表面上与学校科学教育存在迥然相异之处。它不像学校科学教育那样注重自然科学的学科知识分类以及传授，也不同于专门学校的技术科目，更不同于大学校园里科学的基础研究或应用研究；它着眼于广大民众自身特点的与民众生活密切相关的常识性教育，使民众生活更趋科学合理。但是，也应看到，这些科学常识对于学校科学教育来说，又是各学科的基础，两者并无本质差别。

从知识精英、科技读物与青年学生、普通民众的互动中，不难看出科学与教育紧密结合的过程以及新兴知识阶层在传播科技知识、引导学生和民众科学观念方面所发挥的积极作用，正是在这种互动过程中，民众与科技知识之间的距离在缩短，科技的神秘面纱才逐渐被揭开，从而进入到普通民众中间。

六、科学教育的方式

科学教育的方式是科学教育的主体和对象为完成一定知识的传播任务在其共同活动中所采用的各种途径和载体、方法和手段。

近代传播科学知识的载体，主要有新式教科书、科学期刊、科普杂志等。

新式教育兴起后，以求仕入仕为目的而使用的传统经文类教材已不符合时代发展的要求，社会迫切需要"新式教科书"来适应、促进新教育的发展。在这种情况下，学部曾成立编纂处编译教科书，但是由于官僚气息过于浓厚，而且缺乏真正了解新式教科书编纂体例和发展规律的人才，教科书缺乏的问题并没有得到解决。此后，民间各书局已经开始探索编译、出版新式教科书，在科学教科书方面，以商务印书馆、文明书局和几个译书社的成绩较为卓著。

科技期刊是各科技社团进行科普宣传的重要阵地。据统计，1910～1949年我国由各科技社团和高等学校创办的科技期刊达 369 种，其中 1927～1937年间创办的为 190 种。近代科技期刊以破除迷信、普及科学知识和传播科学精神为主旨，所载内容非常广泛，涉及几乎所有的学科，西方近代重大的新发明、新进展一一被介绍进中国。我国近代科技期刊正以其独特的视角，在传播科技知识的过程中培育着科学精神，这也使得近代科技期刊在广义上承

---

① 《商务印书馆一百年（1897～1997）》，商务印书馆 1998 年版，第 334 页。

担着科学教育的责任。

科普读物是近代各科技团体实施科普教育的又一个重要载体。所谓科普读物，指以广大民众和未成年人为主要受众，以让其了解科学、掌握科学文化知识、改善生活和提高科学素养为目的，以出版社正式出版且独立成册为呈现方式的各种书籍。内容主要与自然知识（包括日月和地球的运行、星的位置、地球的昼夜、四季的由来、天空中的"电象"等），日常生活（包括植物的生长和繁殖、稻麦虫害的防治、家畜的饲养和管理等），卫生知识（包括食物的营养和成分，改进烹饪的方法、住的卫生和保健方法等）有关。

此外，近代还有多种面向民众进行科学知识的推广辅导方式。常见的有：

科学讲演——以浅近的语言，向民众讲解或说明日常生活中的科学知识。按不同的标准，可分为定期讲演（定时间）和临时讲演、固定讲演（定地点）和巡回讲演、室内讲演和露天讲演，以及化装讲演（戏剧表演的形式）。讲演的主要优势是以语言为媒介，让不认识字的民众也可以获得教育。

科学训练班——目的在于养成民众或在校学生初步的科学知识。比如，标本制作班、无线电班、科学游戏班、养蚕班、养蜂班、化学工艺制造班等。

巡回施教——成立巡回施教工作队，到不同的地方、以多样的方式推行民众科学教育。施教地点不固定，水陆交通工具并用，深入乡镇和村庄。施教方式常常选择幻灯、电影、科学游戏等具有"冲击力"的方式。

办理民众学校——原是社会教育事业之一，在实施民众科学教育下的民众学校更侧重通俗科学知识的灌输。

张贴科学画报——针对不识字的民众太多的现状，张贴色彩丰富、线条简单、内容易懂的科学画报，以激发民众对科学的兴趣，灌输科学知识。画报常常要求张贴在民众聚集之地，地方固定，定期张贴和更换。

放映科学电影——以放映科学教育电影的方式向民众灌输科学知识或生产技能。电影的突出优势在于：民众兴趣浓厚，印象深刻、不易遗忘；以视听感观接受信息，不受文字的限制；施教范围广泛，一场电影可供千人观看。

科学广播——以广播的形式推行民众科学教育。广播将受众的听觉范围扩大，受场地、设备、电源的限制相对较小，是最有效的科学宣传工具。科学广播的实施往往与地方电台合作，每星期举行若干次。

设立科学书报阅览处——提供科学报刊、研究报告、科学专著乃至百科全书供人阅览。巡回施教中也会在民众比较集中的小市镇设立临时的科学书报阅览处。

示范表演——这里的"表演"一词相当于今天的"演示"，举办各项"科学表演竞赛"，注重的则是竞赛的示范功能。当时中小学自然科的教学理化生实验仪器的缺少是一个普遍现象，因此，将有限的设备集中起来供学校和民众使用，不失为明智之举。

科学座谈会——旨在集思广益，交换办理科学教育的经验和心得并商讨共同推进科学教育的方法等。办理民众科学教育的人在会上各抒己见，提出研究报告，形成研究结论。

训练实施民众科学教育的人员——招收中学程度的学生及其他合适的人员，通过举办短期培训班或讲习所，使这些学生在学识上、技能上、理想上都受到训练，从而可以投入到实施民众科学教育的工作中。

至于学校中科学教育方法的引入和更新，也是科学家和教育家非常关注的。在教学内容确定的情况下，如何有效地达到教学目标，确保教学内容的完成，科学的教学方法无疑是极为重要的。俞子夷曾指出："教材与教法，仿佛是车上的两轮，飞鸟的双翼，相辅而行，缺一不可。"近代颁布的各个学制都对科学科目的教授方法作过具体的规定，要求格致、理科、博物、理化教学应开设一定的实验课，并配备相应的、合于章程的实验仪器、标本模型图画、专用教室或器具室。

七、科教制度的变革

中国近代科学教育的发展，是与相应的体制变革及构建分不开的。从戊戌变法开始，中国教育界出现了如下一系列重大改革：1898年创办京师大学堂，中国的国立大学开始了从官吏养成所到为社会各项新事业（包括科技在内）培养高层次人才的转变；1896年起，政府制定一系列政策鼓励学生到日本和欧美等国留学；1902～1904年，中国模仿西方正式建立起新式学校制度，西方科学知识合法地进入学校、成为课堂教学的主要内容；1905年中国宣布废除科举制度，拦腰砍断了知识分子读书做官的传统进身之路。1909年中国政府接受美国政府退回的"庚子赔款"多余部分，将其用于资助中国青年学生去美国留学，根据双方约定，其中80%的学生必须学习自然科学和应用科学，等等。

任何一种思想只有落实到制度层面上才具有更广泛的社会推广效果。中国20世纪前半叶，科学教育思想在学制的推动下渐次深入正是一个有力的证明。自近代学制形成以来，"癸卯学制"作为我国近代第一个颁布并实行了的学制，将近代科学规定为重要的学习内容，科学教育于制度上初步确立。《癸卯学制》的颁行既是普通中小学科学教育进入制度化的标志，也是科学学科教师教育进入制度化的标志。在《癸卯学制》中与中学堂平行的初级师范学堂以培养初等、高等小学堂教员为宗旨，与高等学堂平行的优级师范学堂以造就初级师范学堂及中学堂之教员和管理人员为宗旨。在初级和优级师范学堂中都开设了各类科学课程和教学法，特别是优级师范学堂分类科的第三类和第四类特别重视科学教育，几乎是专为培养科学学科教师而开设的。第三类学科开设的科学课程有算学、物理学、化学，除算学外，仅物理学、化学教学时数占全部学科总学时数的比例就达 22.22%，第四类学科开设的科学课程以算学、植物、动物、矿物、生理学为主，除算学外，仅后面四门学科教学时数占全部学科总学时数的比例就达 35.42%。[①] 1906 年 6 月学部又颁布优级师范选科简章，将本科分为通习本科、数学本科、理化本科和博物本科，后三科是为培养专门的科学学科教师而开设的。民国成立后所颁布的《壬子癸丑学制》将师范类分为师范学校和高等师范学校两级，并专为女子设立女子师范学校，其中高等师范学校本科开设了数学物理、物理化学、博物等部。可以说，师范学校特别是师范学校中专门的科学教育门类的设立，为培养科学学科教师提供了基本保障。

民国建立后制定的新学制——"壬子癸丑学制"与清末学制相比，进步显而易见，其教育宗旨体现了对科学教育的强调。这说明在科学教育方面，民初的学制与清末学制相比，变化是实质性的，科学教育进一步得到落实。当然，民国初年的教育改革仍存在不少问题。在改革旧学制的呼声中诞生的1922 年"新学制"，对辛亥革命以来科学教育改革的理论和实践进行了总结："一个与中国传统知识体系完全不同的，以驾驭自然力为归旨的充分外向的西方近代知识体系，在中国各级各类的课程设置及课程标准中，完全占了主干地位"[②]，这句话真切道出了 1922 年"新学制"颁布后普通中小学科学教育制度得到了进一步完善。以 1922 年"新学制"颁布为标志，中国逐步确立起科学在学校教育中的地位。这一时期学校科学教育最大的特点是科学教育制度和科学教育法令的完善，给当时的中小学实施科学教育提供了一个良好的制度环境。

1927 年南京国民政府成立后全国趋于统一，教育、科技和文化等领域开始走向制度化和正规化。在文化教育等方面颁布了一系列的政策与法规，这些政策与法规为科学教育的发展进一步创造了政策环境与制度保证。之后的十年是近代各项建设事业蓬勃开展、近代科学和教育事业发展进步最大的历史时期。一系列扶植发展科学技术和科学教育、关注民众教育的政策法规的相继出台，以中央研究院为代表的各类研究机构的先后设立，高等教育事业规模的发展与水平的不断提高，各种科学专业学术社团的竞相设立……这就为科学家贡献其智识以推进科学与社会的发展提供了机会和必备的条件。

---

① 郭长江：《中国近现代科学教育变革的文化反思》（华东师范大学教育学系 2003 年博士论文），第58～59页。

② 李华兴主编：《民国教育史》，上海教育出版社 1997 年版，第 168 页。

如在1929年4月国民政府公布的《中华民国教育宗旨及其实施方针》中就有"大学及专门教育,必须注重实用科学,充实学科内容,养成专门知识技能,并切实陶融为国家社会服务之健全品格。""师范教育……必须以最适宜之科学教育及最严格之身心训练,养成一般国民道德,学术上最健全之师资为主要任务"①的规定。这一时期的中小学科学教育的发展则具有很明显的现代教育意味,与南京国民政府统治下的现代教育制度的基本定型相关。南京国民政府改变了20年代美国式的管理模式和教学模式,建立中央集权的教育体制和严格训练的教学模式,构建了一个比较系统、完备的教育法律法规体系。因此,二三十年代教育部重新颁布的中小学各科课程标准,是我国第一次由政府法定的教学大纲,对理化生等课程的设置,教学目标、时间支配、教材大纲和实验均有具体的要求,从形式和内容来看,都比较强调正规和系统。

课程设置是教育变动的"晴雨表",科学课程设置的变化,比较突出地反映了科学教育的某些倾向。这一阶段,普通中小学课程设置先后经历了1929年、1932年、1936年三次正式调整:1929年的《中小学课程暂行标准》与科学课程的设置、1932年的《中小学正式课程标准》与科学课程的设置和1936年的《修正中小学课程标准》与科学课程的设置。这些调整有利于科学教育在中小学的深入和推进。

国民政府教育部颁布的一系列法规章程中,还包括了《民众教育馆章程》、《科学馆规则》等,从而为科普读物在这一时期的传播和发展提供了制度和组织结构的有力保障。正是上述这些社会变化和教育改革措施,从制度、文化、师资、社会环境等方面,为中国科学家及科学教师队伍的形成和崛起,为科学知识、科学方法乃至科学精神的广泛传播提供了必不可少的条件。

八、科学教育的反思

反思中国近代科学教育的历史,不难看到,它涉及科学教育价值、科学教育家、科学教育对象、科学教育内容、科学传播媒介及手段、教育场所及机构、科学教育的制度保障及社会环境等,呈现的是一个彼此铰接、连环互动的复杂状态。其中,价值观念、科学教师、体制保障是科学教育的核心三要素。

近代中国在引进科学的过程中,国人"仅从工具价值的角度认识科学的意义",把科学作为一种富国强兵的工具,首先关注的是科学与技术的实用价

---

① 宋恩荣、章咸主编:《中华民国教育法规选编(1912～1949)》,江苏教育出版社1990年版,第46页。

值。从维新运动时期开始，严复等认识到，科学除救亡价值外，对人的思想方面也有塑造价值，到"五四"以后，某些知识分子对科学的精神价值则深信不疑，甚至达到信仰的地步。这两种倾向都有偏颇。

科学史家认为，科学具有三重目的——心理目的、理性目的和社会目的，相应体现为：使科学家得到乐趣并满足其天生的好奇心；发现外面的世界并对它有全面的了解；通过这种了解来增进人类的福利。也许科学的效率很难由科学的心理目的来估量，但心理上的快慰确实在科研过程中起着重要作用。中国的传统科技教育本身具有致命的弱点，它要求科技教育的实用性和功利性（他为性），在一定意义上忽略了理论性，在绝对意义上排斥了娱乐性（自为性）。而理论性和娱乐性（心理目的）是科技教育发展的重要基本条件。就科学教育的价值而言：一方面是实用价值，具有发展生产、满足人们生活需要的作用，而且这种作用会越来越大；另一方面是精神价值，能激发人的情感和想象，在心智的培养上，既可以训练人的独立判断思考能力，又可以促进良好个性品质的形成与发展，影响到人生观。长期以来，科学教育地位的提升是与科学及其现代技术所产生的巨大经济效益相关联。科学从教育的边缘走向教育的中心，其主要推动力在于科学的功利性价值。作为科学成果的表现形式——科学知识成为科学教育传授和学习的重心，而科学活动中所内含的理性精神、求真意识、批判精神、创新意识等精神价值在巨大的功利性价值光环映射之下往往被人们忽视。同时，人们对待科学的非科学态度也是科学教育的精神资源长期被隐蔽的原因之一。近代科学在中国起初是遭到无知的拒斥，被贬为"奇技淫巧"，继而被急功近利地接纳和学习，到了新文化运动前后，在对传统体制及文化的全面批判中，科学又被过度尊崇，甚至被奉为信仰。科学精神所蕴涵的怀疑意识和批判理性就这样在科学艰难的发展过程中难免失落，致使在相当长的一段时间里教育界采用了非科学的态度来对待科学及科学教育。

中国共产党十六届三中全会提出了"坚持以人为本，树立全面、协调、可持续的发展观，促进经济社会和人的全面发展"的科学发展观。科学发展观的提出绝不仅仅针对经济发展中的问题，教育领域的问题也包括在内。教育既有为社会建设服务的义务，也有促进学生身心健康发展的责任。因此，科学教育的改革既要考虑到社会的生产发展的需要，也要重视学生精神世界的发展，这是科学教育改革的必然趋势。可见，树立健全的科学教育价值观是当务之急。

确立科学家和科学教育家的重要社会地位，充分发挥其主体作用，是科学教育能否取得实效的关键所在。学校的科学教师担负着传播科学知识、训练科学方法、培育科学精神的重要职责，需要超越传统的教学观念，去探索新的教学原则，在相互对立的教学观念中求得一种动态的平衡。在教学程序的设计上应遵循计划性与非计划性相结合的原则。科学教育的改革对教师提出了更高的要求，要想成为一名合格的科学教师，就必须具有研究的精神，不仅研究本学科的知识内容，还应研究如何将科学知识、科学方法、科学精神三个维度的内容关联到一起。在有限的教育资源的情况下，还要善于利用课堂以外的科学资源：如充分发挥社会科研人员对科学教育的参谋和指导作用；广泛利用校外自然界的资源，去做实地的研究，了解科学应用的实际，因为校内的科学资源远远满足不了学生探索自然界奥秘的需要；通过多媒体获取必要的信息资源等。

求新、创造是科学的特征之一，同样也是科学教育的重要原则之一。中国传统的教育中一方面主要以伦理道德为着眼点，主要强调自我的学习和修身，一贯主张向古人学习，缺乏重视科学创新的传统；另一方面由于明清以后八股取士在结构和内容上的程式化和空疏无用，导致中国传统教育必然忽视学生的创造性培养。如果作为科学教师，本身缺乏创新精神和创新能力，又如何能培养出富有创造力的新人？社会应整合各种力量，通过职前和职后的各类培训，增强教师的科学素养和教育能力，使之胜任当今教育改革对教师提出的更高要求。

法规和制度建设是科学教育稳定、健康、持久发展的根本保证。历史发展证明，科学教育要受所处时代社会政治力量的影响。政府的政策及实际行动无疑是影响其发展的重要手段，它们是构成科学人才培养和科学知识传播的制度环境与实践土壤。中国近代社会科学教育之所以取得了一定的成效，相当重要的原因是得到了新学校制度的支撑和相应政策法规的保障。反观当前我国普通中小学科学教育，在中西部地区依然存在着经费严重不足、师资与设备缺乏等种种不尽如人意的地方，说到底还是制度设计的盲点和政策法规的薄弱所造成。

领先全球科技教育的美国，为了在21世纪继续保持科技和教育强国的地位，最近又有重大举措——美国国家科学院所属科学委员会、工程学委员会和医学委员会这三个最具权威性的学术组织联合成立了特别委员会。该委员会由科技界、工业界、教育界和政界的重量级人士组成，它向美国国会提交了一份名为《超越风暴》的政策建议，主要包含四个方面的行动计划：第一是人才培养，强化从小学到高中教育的目标和措施，建设中小学优秀教师队伍，视12年制的中小学教育为国家竞争力的根本；第二是加强基础研究，从根本上保证经济长期发展的驱动力；第三是注重高等教育中大学生和研究生的培养，同时建议为在国际上吸引人才而可能采取的移民政策倾向；第四是有关鼓励创新的行动计划，包括政府可在财税方面给予的优惠①。可以预见，《超越风暴》政策建议将通过美国国会的立法程序，最终成为有行政约束力的法案或法规，然后再由美国政府的行政部门以及各地方政府予以实施和推动。号称"最自由的市场经济国家"的美国，在关系国家发展命运的大事上，也要有所作为，但它不能靠行政指令，而是依靠法律行政，这项重大建议可能就是其立法的前奏。事实上，纵观西方发达国家的教育现代化之路，几乎没有不依靠法律制度建设这一根本性举措的，如此的"路径依赖"足为发展中国家借鉴。

2006年3月，我国政府颁布了《全民科学素质行动计划纲要》。这是一个关乎国家长远发展的战略计划，一项建设创新型国家的基础性社会工程。它根据全面建设小康社会和到本世纪中叶达到发达国家水平的发展目标对国民科学素质的要求，立足中国国情，着眼未来，通过政府引导和社会的广泛参与，分阶段、有步骤、滚动式推进，以期尽快在整体上大幅度提高全民科学素质，促进经济社会和人的全面发展，为提升自主创新能力和综合国力、全面建设小康社会和实现现代化建设第三步战略目标打下雄厚的人力资源基础。《纲要》的颁布表明，我们国家也正在走向通过法规和制度建设来保证科学教育和科学传播事业稳定、健康、持久发展的道路。

今天，我们对历史的关注并非要"发思古之幽情"，也不是要在故纸堆中"寻章摘句"聊发"老雕虫"的"技痒"，而是要为当前的科学普及和科学教育发展提供一个历史的视角。本套丛书试图从上述的若干重要方面，透视科学教育发展的历史进程中时人留下的宝贵经验和教训，以便让科学和教育这一双子星座，在中国现代化的伟大征程中，真正散发出迷人的光芒！

霍益萍
2007年5月

---

① 袁传宽：《十年行动，四大方向》，载于2007年3月18日《文汇报》。

目　录

第三编　中国近代中小学科学教育（1922～1949）

绪　论

我国近代中小学科学教育的发展进程大致可以从以下两个基本方面来考察：第一是学校科学教育体制的建立和发展；第二是科学教学方法和教学条件的改进。

一

在欧美先行现代化国家，其教育制度的现代化是一个自然演变的过程，科学课程在学制中的地位是逐步得到确立的。我国被逼上现代化改革之路，现代教育制度的产生具有被动性，是在清末新政期间以日本为中介仿效西方的结果。科学教育是现代学校制度的重要组成部分，清末学制的诞生即意味着我国学校科学教育体制的确立。

18～19 世纪科学技术的进步和应用对社会生活所产生的巨大影响自然地促使人们认识到科学在教育上的价值，成为西方学校科学教育体制建立的最基本的动因，近代自然科学深入学校教育的趋势也越来越明显。

从理论上确立科学在学校教育中无上地位的应首推英国功利主义哲学家和教育家赫伯特·斯宾塞（Herbert Spencer，1820～1903）。他于 1861 年出版了著名的《教育论》，全书由四篇论文集合而成，第一篇题为《什么知识最有价值》。斯宾塞所说的"知识的价值"，就是知识给人生所带来的功利之大小，给人生带来幸福的程度，为人完满生活做准备的效果。[①] 根据这样的标准，斯宾塞说："一致的答案就是科学。""为了直接保全自己或是维护生命和健康，最重要的知识是科学。为了那个叫做谋生的间接保全自己，有最大价值的知识是科学。为了正当地完成父母的职责，正确指导的是科学。为了解释过去和现在国家生活，使每个公民能合理地调节他的行为所必需的不可缺的钥匙是科学。同样，为了各种艺术的完美创作和最高欣赏所需要的准备，也是科学。而为了智慧、道德、宗教训练的目的，最有效的学习还是科学。"[②] 他认为科学与人生幸福的密切程度依次是：第一为生理学，第二为数学、物理学、化学、生物学、社会学，第三为育儿法及心理学等。

19 世纪后半叶，科学技术又取得了许多重大的进展。首先是在能量守恒

[①] 滕大春主编：《外国教育通史》（第四卷），山东教育出版社 1992 年版，第 167 页。

[②] 斯宾塞：《教育论》，胡毅译，人民教育出版社 1962 年版，第 43 页。

定律发现的冲击下对自然科学概念和理论体系的改造，推动自然科学研究的进一步深入。其次是电学理论的成熟，20 世纪 70 年代发电机和电动机的相继发明，标志着电力进入实用阶段；紧接着 1981 年爱迪生发明直流电供电站，1892 年世界第一座三相交流电站在法国建成，与电的应用的相关技术如电报、电话、电灯、电影、各种电器也相继被发明出来，人类开始进入电气时代。另外，达尔文的生物进化论学说，其影响更是超出了一般自然科学的意义，引发伦理体系和社会观念的巨大变革。

科学技术的进展进一步巩固和拓展了它在学校教育中的地位。19 世纪后半期欧美各国大都规定了自然科学在中小学教育中的课程份额。如英国原本对中等教育采取自由放任的态度，但到 19 世纪末叶，即使是一贯从事古典教育的公学（Public School）也在教育部的监督下增加了科学教育，另外一种注重自然科学教育的被称为中等学校（Secondary School）的教育机构也广泛地建立起来。在德国，1972 年自由主义者法尔克（Falk）出任普鲁士宗教和教育部大臣后，极大地提高了自然知识在中小学教育中的比重。如小学阶段每周 30 课时的教学中，算术及几何、实科占去了三分之一甚至更高，而实科中即包括博物、物理、化学等自然科学知识，诸如动物、植物、矿物、比重、物体、运动、音响、光、热、磁、电等。在中等教育方面，18 世纪即开始出现的以现代德语和自然科学为教学重点的实科学校得到越来越多的人的欢迎。19 世纪 70 年代至 90 年代，在围绕文、实中学之间的长期争论之后，1890 年德皇威廉二世亲自出席国家教育会议，批评文科中学只不过是一种语言文字和文法的训练，强调实科中学的重要性。由于德皇的干预，1892 年规定了三类中学并存的地位和各自的课程设置：①文科中学，以传授拉丁语、希腊语等古典知识为主，但较大幅度地增加了数学、博物、物理等实科课程；②实科中学，传授拉丁语兼重自然科学，尤其是大量减少了拉丁语的教学时间；③高级实科学校，不授古典语，注重数学、自然科学和现代德语。三类中学都是大学的预备学校，学习年限都为 9 年。从此德国建立起了西方列强中堪称典范的中小学科学教育制度，其后美、法等国也顺应大势，极大地提高了自然科学在中小学课程中的比重。

在清末学制诞生之前，我国亦已经历了一段较长的近代科学传播的过程。正像传教士是近代科学传入中国的早期中介一样，教会学校也是我国近代学校科学教育体制建立的先导。据统计，至 1860 年以前，各国传教士在广州、厦门、福州、宁波、上海五个通商口岸以及香港创办的教会学校有 50 所左右，学生一千余人。无论是 1839 年由美国传教士布朗（S. R. Brown）开设的马礼逊学堂、1844 年由英国传教士爱尔德赛女士（Miss Aldersey）创办的宁波女塾，还是后来陆续开设的其他教会学校，在课程设置上，除宗教和人文课程外，几乎都无一例外地开设有体现西方近代科技的课程。如马礼逊学堂开设有天文、地理、算术、几何、初等机械学、生理学、化学等课程。第二次鸦片战争后，教会学校因为传教地区的扩大而得到进一步发展。1877 年上海第一次基督教传教士大会之后，各教会学校之间的联系紧密了，使教会学校的课程设置由原先的各自为政逐渐走向统一。在这次大会上成立的"学校与教科书委员会"（School and Textbook Series Committee），就是希望通过统一编译教科书的方式引导课程朝规范化发展，也确实起到了重要作用。从"学校与教科书委员会"成立到1890 年的十多年间，共编写出版了 50 种教科书，审定了 48 种教科书。其中编写出版的科学类教科书（包括物理、化学、生物、矿物、工艺、生理卫生、医药等）即达到 21 种，审定的科学类教科书达 24 种，各占总数的 42% 和 50%。① 对科学类教科书的重视反映了科学课程在教会学校中的地位，西方教育发展中的科技知识课程化趋势开始通过教会学校这个渠道对中国近代教育产生"样本"效应。

洋务学堂的科学教育实践是国人主动将近代科学技术纳入学校教育内容的开端。19 世纪 60 年代洋务运动开始后，为适应洋务事业发展的需要，从1862 年设立京师同文馆开始，在三十余年的时间里，举办了外国语、军事、技术实业等类型的洋务学堂约 30 所。洋务学堂的培养目标是造就各项洋务事业需要的专门人才，属于提供专门训练的专科性学校。大多数洋务学堂都带有部门办学的性质，是具体洋务机构的组成部分或附属单位，直接针对本部门和机构的需要培养人才。在教学内容上，洋务学堂以学习"西文"、"西艺"为主，课程多包括外语、数学、格致、化学等一般性课程以及和各自专业相关的科学技术课程，注意学以致用。但是洋务学堂是在清王朝还根本未意识到要对以科举为核心的传统教育体制实施根本性转轨的情况下，应洋务活动对西学人才的急切需求而兴办起来的，缺乏全国性的整体规划和学制系统，明显带有应急性的特点。

除由洋务大臣们所举办的洋务学堂外，19 世纪 70 年代，特别是 1894 年中日甲午战争之后，一些由民间人士发起创办的新式学堂也不断涌现。正因为这些学校的民间性质，其中所进行的科学教育更具有反映中国社会观念变化的意义。1876 年，徐寿和英国学者傅兰雅发起成立上海格致书院，它的诞生虽是中外合力、官民共举的结果，但与中国旧式书院、教会学校、洋务学堂均有所不同，也基本是一所私立学堂。书院的名称已经表明了它的办学方向，在创院之时，就重视购置各种仪器，学者可以免费在院内观察和实验。

① 朱有瓛、高时良编：《中国近代学制史料》（第四辑），华东师范大学出版社 1993 年版，第 62~63 页。

1885 年前，格致书院曾组织一个由 10～14 岁的男孩组成的固定班，"用英语课本教授英语、基础数学、地理以及其他基础学科等"，但"目的是为较高级的科学学习做准备"。[①] 书院的课程的核心是自然科学，曾开设有矿物、测绘、工程、汽机、制造等专科。盛宣怀于 1896 年筹议设立的南洋公学，是国人对三段式学校模式的最早实践，它规划开设师范院、外院、中院和上院，分别相当于师范学校、小学、中学和大学程度。光绪二十三年三月初七日（1897 年 4 月 8 日）师范院正式开办，而课程重点放在外文、数学和格致三门课程上。1898 年春中院成立，课程有国学、外文、数学、史地、博物、理化、法制经济等课。1897 年，张元济开办北京通艺学堂，著名维新派人士严复曾到该校"考订功课，讲明学术"。严复是近代中国最早系统地阐述德、智、体全面发展教育思想的人，而且特别重视科学教育，强调学校课程应以科学教育为核心。

清末学制的颁布是科学教育发展的转折点。1902 年，清廷管学大臣张百熙主持制定《钦定学堂章程》（壬寅学制），其中高等小学堂课程有算学、舆地、理科等；中学学制 4 年，计划设置 12 门课程，其中有算学、博物、物理和化学，博物又包括生理、卫生、矿物。壬寅学制虽然没有实际实行，但是科学课程进入学制是其制度化的开始。1904 年 1 月（旧历 1903 年底），由张之洞主持制定的《奏定学堂章程》（癸卯学制）颁布并实行。癸卯学制规定：初等小学 5 年，以算术为正课，格致一科，混合于国文读本内；高等小学 4 年，算术每周 3 小时，格致两小时，皆为正课；中学 5 年，科目有算学、博物、理化；高等学校有算术、物理、化学、动植物、地质及矿务等科目，视将来升大学的科目而预先学习；大学特立格致一科，分算学、星学、物理学、动植物学、地质 5 门。学制颁布后，科学教育以法令形式被正式纳入教育体系中，科学教育开始步入制度化阶段并得到大规模实施。

辛亥革命后，1912 年 1 月 9 日，南京临时政府教育部正式成立。教育部成立后，立即着手对清末封建专制主义教育进行改革，1912 年 1 月 19 日，教育部颁布《普通教育暂行办法通令》和《普通教育暂行课程之标准》，针对清末封建主义的教育宗旨、学制、课程等进行了重大变革。《普通教育暂行课程之标准》规定初等小学校设修身、国文、游戏、算术、体操；高等小学设国文、算术、中华地理历史、博物理化等 8 科；中学和师范学校都开设了外国语、地理、数学、博物、理化、法制经济等科目。到《壬子·癸丑》学制，科学教育已经稳固地确立了其在学制中的地位。1922 年"新学制"颁布后虽对学校课程的结构模式有重大调整，但科学教育已经成为学校教育中不可或

---

① 孙邦华：《傅兰雅与上海格致书院》，载于《近代史研究》1991 年第 6 期。

缺的内容。

虽然，我国从清末引入西方三段制学校制度以后，近代自然科学知识课程化作为西方学制的特征也一并移入中国。但是由于我国并非是近代自然科学的诞生地，在建立近代学制前近代自然科学在中国的传播不广，人们对科学的认识尚存在分歧甚至偏见，所以在学校科学教育制度建立后，科学教育的实施还经历了一段曲折发展的历程。

以中学为例，博物、物理、化学等课程作为自然学科的基础，从 1902 年壬寅学制开始即进入中学课程，但在清末，其地位起伏不定。"壬寅学制"即因过于注重"西学"（主要是外语和数学、自然科学课程）而得不到施行，取代它的"癸卯学制"即调低了这部分课程的比重。1909 年通过"文实分科"，自然学科的比重有所提高，但由于人们指责文、实分化过早过重，1911年进行了调整，但在课程调整中又主要是以降低实科自然学科课程比重来缩小文、实科的课程分化的，因此文、实科自然学科课程的平均比重有所降低。

中华民国成立以后，由于传统经学课程的压缩，为自然学科腾出了空间。1922 年的"新学制"体现了对科学课程的重视，但为了充分照顾学生的个性，安排了大量选修课程，在必修和指选课目中自然学科比重大幅度下降。在选课实践中又由于学生普遍从避难就易出发，选文不选理，导致所谓"文艺"风的流行，结果在民主与科学的口号下，学校科学教育并没有得到加强，反而受到削弱。1929 年取消文、理分科，大幅度提高自然学科课程的比重，即是为了纠正这一偏向。1931 年"九一八"事变发生，东北国土沦丧，科学救国的呼声顿时高涨。另外国联教育考察团也批评中国"中学对于科学课程，似亦未有良好计划。在高中普通科，物理学、化学、生物学所占之时间仅及全数七分之一。"[1] 认为课时数量太少。所以在以后两次修订课程规划时，自然学科课程比重都有所增加，到 1936 年达到高峰。1940 年抗战期间，为适应战时环境，文体技能类课程比重大幅度提高，而从民族观念和爱国思想的培养角度，史地课程又不能压缩，只有挤占自然学科和部分工具学科的课程比重。抗战结束以后，科学课程的比重才又有所回升。

二

清末近代学制的建立，标志着我国学校科学教育体制在形态上的确立，但中小学科学教育的发展还面临着诸多条件的制约，其中科学教育师资的培养，传统教育方法的改造，科学教育设施的完善是最基本的方面。

---

[1] 国联教育考察团：《中国教育之改进》，国立编译馆 1932 年版，第 118 页。按 1929 年课程规划，物理、化学、生物占总课时数 15.99%，占全数 1/7～1/6。

　　清末学制颁布前，教会学校、洋务学堂和部分维新学堂培养了一定数量的基础科学人才，他们成为清末兴学时科学教师的重要来源。另外，伴随着留学高潮的兴起，部分归国留学生特别是归国留日学生也在一定程度上弥补了科学教师的不足。但在学制颁布后，随着兴学活动的展开，科学教师的短缺成为中小学教育中的一大问题，这一点在科学课程相对集中、学科程度要求较高的中学阶段更为突出，特别是在一些内地省份表现尤为明显。根据1907年河南提学使孔祥霖造送学部的一份河南全省学务调查表，[①] 当时河南全省共有中学堂21所，缺开课程的情况和学校数如下：理化6所、博物2所、图画2所、历史1所，注明缺课很多的1所。在开足课目的学校中，所教内容又有与部颁课程标准严重不符的2校。21校中基本达到部章要求的仅8校，这还不包括造表人出于报喜不报忧而未能实报的成分，如在学务调查表中注明符合要求的归德中学堂，在后来学部视学官的报告书中即缺理化。学部报告书甚至认为河南中学堂"辰下并无一学力合格教员"。[②] 不难看出，开不出课的大部分是自然科学课程，反映当时科学教师的严重缺乏。

　　我们从清末重庆府中学堂的教师构成中可以进一步了解当时西学教师人才的奇缺景象。[③] 重庆府中学堂由原川东书院改设，为府属中学，且重庆也是大府，并兼办有师范班，应是清末中学堂中条件较好的，但是它的科学教师也经常捉襟见肘。数学教师是一位姓汪的前清秀才，对数学是自学成才的，当他"教代数到了排列组合部分，由于没有师承，自己去钻，天天备课达到深夜，但第二天两个钟头就讲完了。"博物教师是一位在清末兴学中，因寺庙主持为免抽庙产而代之以资助留学的形式被派往日本学习博物的小和尚。他在日本颇学到了一些博物知识，教学效果也很好，但由于他把中文给荒疏了，最后还是被学生相约给轰走。在各科西学教师中，只有理化一门因"国内理化教师极少"，是花大代价从日本请来的藤川勇吉，算是各门西学功课中教得最好的。

　　经过近20年的发展，到五四新文化运动时期，我国科学教师的数量虽有所增加，中学科学教员紧缺的现象已不再像清末那样急迫，但真正理解科学教育的精神，受过优良训练的科学教师仍不多见。曾对我国近代学校科学教科书的编译工作做出过杰出贡献的科学教育家周昌寿（1888～1950）曾这样指出："我国中小学校自然科学教授之缺憾固多，然最根本者莫如教员自身之学识不

　　① 朱有瓛主编：《中国近代学制史料》（第二辑上册），华东师范大学出版社1987年版，第528～530页。

　　② 朱有瓛主编：《中国近代学制史料》（第二辑上册），华东师范大学出版社1987年版，第531页。

　　③ 参考陆殿舆：《清末重庆府中学堂》，载朱有瓛主编：《中国近代学制史料》（第二辑上册），第531～545页。

足。……设备不周，学制不善，均可以教员之力，为之匡正，若教员不善，则一切设备制度，均无所为用矣。故在今日而言改革自然科学之教育，当以使现任之中小学教员受充分之补习或另行养成为第一急务。"① 为此，不管是 1922 年推士来华后对中国学校科学教育所给予的建议，还是南京国民政府成立后所采取的提高科学教育效率的措施中，都把教师培训工作放在重要的地位。

另一个衡量科学教育进步的指标是教学方法的改进。由于中国传统教育以人文学科为主，主要是对以书本为传媒的静态文化体系的诠释，由此发展起来的以记诵和讲授为核心的教学方式在中国根深蒂固。但这显然不适合以自然实体为对象，采用观察实验等实证方法为研究手段，处在不断发展、不断创新中的近代科学的教育。正因为如此，五四新文化运动时期的"科学教育运动"包含了两个重要方面的内容：首先是提倡近代科学的课程化，加大科学在学校教育内容中的分量；其次是关注如何进行科学教育的问题，认为科学的教育不能只注意知识的灌输和死记硬背，而应注意实验启发、理解；科学教育不仅是传授知识，还应该养成一种科学的精神和从事科学研究的方法等。其中，公共科学馆的建立和发展及其在学校科学实验教学中所发挥的作用，可以说是中华民国时期在促进科学教学改革方面取得显著成效的一个重要举措。

科学的基础是观察和实验，具有实证性是科学的基本特性。科学必能实证，而实验是取得实证的直接有效的门径。在学校科学教育中，实验教学被认为是激发学生学习兴趣，加深理解和巩固科学知识的基本环节，也是培养学生观察和动手能力，认识科学价值，理解科学思维方法与过程，进而理解科学和科学工作、形成探究欲望的重要手段。

但在新文化运动时期，实验教学是学校科学教育中的薄弱环节。其首要原因是社会经济落后，教育经费严重不足，除极个别条件优越的学校外，普遍缺乏实验设备，没有专用和像样的实验场所，有限的实验设备只能供教师做实验演示而很难让学生亲自动手。因此，如何加强实验教学，特别是改善科学课程相对集中的中等学校的实验教学条件，就成为当时各种重要教育会议如全国教育会联合会各届年会和全国中学校长会议中最常见的提案和议题。很多提案都建议在中等学校相对集中的地区集中人力财力，设立公共的科学教育实验基地。

1922 年"新学制"颁布后，由全国教育会联合会发起组织的新学制课程标准起草委员会主持制定了各科课程标准纲要，有关科学课目如物理、化学、生物等课程纲要中都明确规定了实验课所占的时间比重和基本的实验项目。如高级中学第二组（即理科组）的化学课程纲要中规定实验时间占到全部教

---

① 周昌寿编译：《自然科学及其教授法·序》，商务印书馆 1925 年版。

学时间的 50%，并指定了 20 项基本实验项目；物理课程纲要规定的实验时间占到了教学总时数三分之一，指定的实验项目达 40 项。① 在清末《奏定中学堂章程》和中华民国初期《中学校令施行规则》中，提到理化教学时仅以应"本诸实验"和应"兼课实验"等寥寥数字一笔带过，"新学制"课程纲要首次对中学理科教学中的实验课在时间上作出量化规定和在内容上进行明确指定，旨在避免因缺乏具体指标而导致实验教学流于形式，也反映了新文化运动时期对科学实证精神的深切认识。

为了促进"新学制"课程标准纲要的落实，之后的全国教育会联合会各届年会更就实验教学问题提出了不少议案，其中 1923 年第九届年会和 1925 年第十一届年会都明确提出了建立"公共科学馆"的计划。如 1923 年年会提出"指定一地或一校设一较完全之科学馆，以树模范"，② 意在共享资源的前提下做出示范，以便于推广。值得一提的是：1922 年在中华教育改进社等组织邀请下来华从事科学教育调查和督导工作的美国科学教育专家推士（G. R. Twiss），在其英文版《中国之科学与教育》中，也本着资源共享的原则，提出了相似的建议。他认为"如果没有足够的资金使所有的学校都配备器材，那就使每个城市中有一两所学校能够配备完好。其他学校则配备最需要、最经常使用的仪器。"③

新文化运动时期改进实验教学的努力在战争频仍、动乱不已的北洋军阀统治时期虽最终成为泡影，但有关建议还是为南京国民政府时期发展科学馆提供了蓝本。1928 年 5 月在南京召开了国民政府成立后的第一次全国教育会议，大会综合科学教育组提交的 10 余份提案，最后议决通过了《提倡科学教育注重实验并奖励研究案》，该案建议："在经济困难之地，得由教育当局于适当地点，设公共实验所，使附近各校学生，轮流赴所实验。"④

首先将这一议案付诸实施的是湖北省教育厅。1928 年夏，湖北省教育当局"鉴于过去科学实验，各校大都苦于财力不济，设备不充，因陋就简，教学滋感不便"，由教育厅长刘树杞根据全国教育会议决议案呈请省政府筹设公共科学实验场所，备置物理、化学、博物等各种仪器、标本、试剂等，以提

---

① 课程教材研究所编：《20 世纪中国中小学课程标准·教学纲汇编》（化学卷），人民教育出版社 2001 年版，第 12～14 页；《20 世纪中国中小学课程标准·教学纲汇编》（物理卷），人民教育出版社 2001 年版，第 8～11 页。

② 邰爽秋等选编：《历届教育会议决案汇编·第九届全国教育会联合会议决案》，教育编译馆 1935 年版，第 11 页。

③ George Ransom Twiss：Science and Education in China，The Commercial Press Limited，Shanghai，China，1925，319.

④ 中华民国大学院编：《全国教育会议报告·乙编》，1928 年版，第 536 页。

供省立中小学学生实验，定名为湖北省公共科学实验馆。[①] 经过两年的筹备，该馆于 1930 年 6 月 1 日正式开馆实验，投入使用。继湖北省之后，福建、安徽、山西、甘肃等省也相继成立了科学馆，其中较有影响的有福建省立科学馆、甘肃教育科学馆等。

1941 年 2 月和 8 月，国民政府教育部为了推进民众科学教育的进行，颁布了《省市立科学馆规程》和《省市立科学馆工作大纲》，并饬令 1942 年度各省市至少设立省市立科学馆一座，这样原来由少数省份自主设立的公共科学馆经国民政府的行政推广而成为省市级（后来下移到县级）行政单位常设的文化教育设施。从此以后，公共科学馆在功能上也由最初的专门为学校科学教育服务的公共实验场馆向普及民众科学知识的公共文化教育机构转化，但提供和指导学校科学实验仍是科学馆的一项常规工作。

科学馆确实在加强和改进所在地中学理科实验教学方面发挥了重要作用。首先是有效组织所在地中等学校的理科教学实验，保证了理科实验教学任务的实施。如湖北省立公共科学实验馆 1930 年 6 月 1 日成立，随即面向公、私立高中程度的中等学校学生开放实验。以后到馆实验的学生逐年增加，到 1934 年，每星期来馆参加实验者达 50 余班 2000 余人。实验激发了学生学习科学的兴趣，"教学者也引为便利"。[②] 福建省立科学馆成立后，也把接纳和指导各校学生实验作为自己的首要工作，"每周实验时间表，几无余隙"。公共科学馆尤其对加强和改进边远地区的理科实验教学发挥了重要作用，甘肃科学教育馆可以说是一个典型的案例。在甘肃科学教育馆成立之前，省会兰州"中等学校不下十余所，而具有实验设备者殊不多见，……学生殊少实习机缘。"该馆中心实验室于 1941 年 10 月建成开放后，兰州的 12 所中学中，当年就有 10 所中学的 1205 名学生定期来馆参加物理、化学、生物各科的实验。[③] 另外，公共科学馆还通过聘请训练有素的专家担任实验指导人员，利用假期开办科学培训班和讲座，对提高学校科学教师的综合素养特别是实验指导水平发挥了重要作用。

回顾近代中国百年中小学科学教育所走过的历程，追寻我国近代社会追求科学进步的诸多努力，历史的沉重和曲折，过程的苦涩和艰辛，历代科学和教育工作者的付出和奋发，无不凝聚为芬芳的民族精神，将源源不断地释放出深远影响。

（王伦信）

① 《湖北省立公共科学实验馆概况》，1935 年编印，第 1 页。
② 《湖北省立公共科学实验馆概况·序二》，1935 年编印。
③ 《一年来之甘肃教育教育科学馆》，1941 年编印，第 6 页。

第一编　中国近代中小学科学教育（1878～1922）

引　言

　　这里所要论述的"普通中小学"中的"普通"是相对于私塾形式的"小学"、近代西方传教士在中国设立的教会学校和洋务派设立的专门的语言或技术学堂而言的。1878 年，张焕纶等在上海创办正蒙书院（后改名梅溪学堂），设国文、地理、经史、时务、格致、数学、歌诗等课程。这是中国人最早自主创办的私立小学。1895 年 3 月，天津海关道盛宣怀《拟设天津中西学堂禀》中，关于"二等学堂章程"规定："二等学堂即外国所称小学堂、日本一国不下数百处，西学之根底皆从此起。现拟先在天津开设一处，以后由各省会推而至于各郡县，由各通商口岸推而至于各镇市，官绅富商皆可仿照集资开办，轻而易举。"① 此后遂有中国最早创办的公立小学。1897 年，上海南洋公学之"中院"（即后来的中学）设立。1900 年"八国联军"侵入北京，在深重的民族危机面前，清政府于 1901 年宣布改革，揭开了清末"新政"的序幕。教育改革是新政的重要方面，一开始清廷就颁布了兴学诏书，各地政府、乡绅纷纷响应号召创办了一批新式学堂。等到《壬寅学制》、《癸卯学制》颁布以后，新式学堂的设立更是有了制度上的保障，无论在数量上还是在办学质量上都有了提高。我们所要研究的"中国近代普通中小学"主要是指上述中国人自主设立的"新式中小学"，它们的特点是以分年课程规划、班级授课制为基本的教学管理和教学组织形式，并且在整个课程体系中西学占据相当的比重。

　　"科学"一词的内涵也非常丰富，这使得它在日常生活和学术研究中的使用范围特别宽泛。比如经常有人把"科学"分为"社会科学"和"自然科学"，从宽泛的意义上讲，"科学"泛指一切关于社会生活和自然领域的有条理的知识。不过，我们所说的"科学"是指诞生于 17 世纪欧洲文艺复兴之中及以后的近代科学。吴国盛在《科学的历程》一书中对"科学"有如下的解

---

　　① 朱有瓛主编：《中国近代学制史料》（第一辑下册），华东师范大学出版社 1986 年版，第 497 页。

释："今日所谓科学，不简单是一种自然知识。从对待自然界的态度、研究自然界的方法，到所形成的各种关于自然界的理论，以及在这些理论之下对自然界的改造，都已形成一套特定的体系。这个体系是在近代欧洲成长起来的，常常称为近代科学。"[①] 我们拟取这样的解释。也就是说本文所讲的"科学"是指近代后从西方传入我国的，包括自然知识，研究自然界的方法、态度、价值观等在内的内容体系。

"科学教育"一词从一般上来讲也包括两个方面的含义，一个方面是指"科学的教育"，也就是指在教育系统中对受教育者所进行的关于科学知识、方法、态度、价值观等方面的教育；另一个方面是指"教育的科学"，是指依据受教育者的身心发展特点，对受教育者所实施的符合他们身心发展阶段与发展规律的教育。在对这两个方面的研究中，前者重在研究各级各类学校中科学课程的内容、设置、教学方法、设施等方面，而后者重在研究各级各类学校所进行的教育是否符合受教育者的心理接受能力、所采用的教材是否"科学"等。我们所讲的"科学教育"是指前者。

---

① 吴国盛著：《科学的历程》，湖南科学技术出版社 1995 年 12 月第 1 版，第 77 页。

第一章

萌芽阶段的普通中小学科学教育（1878～1902）

鸦片战争以后，国人慑于西人的坚船利炮，开始意识到"西器"、"西艺"的重要性。但是由于封建制度在中国有着数千年的历史，其影响可谓深入人心、根深蒂固，当时的统治阶层和政治家根本不可能想到要从社会制度的层面寻找问题，只是肤浅地羡慕西人的"坚船"与"利炮"，于是就有了"师夷长技以制夷"、"中学为体、西学为用"等思想。也就是说要在不改变中国固有的"君君"、"臣臣"等纲常名教的前提下学习西方的技、艺，完成一种中西嫁接，用西学、西艺来拯救中国，挽救中国的封建制度。要完成这种嫁接，"教育"的转变和配合无疑是必须考虑的一大问题。然而国人一贯所持的"泱泱大国"的优越心理又使得当时的思想家和教育家难以从教育制度、文化根源层面寻找问题——受制于整个社会大环境，即便有深刻的反思落实到现实中也是举步维艰。在这种情况下，应付眼前需要的语言学堂和专门学堂普遍开设，但基础教育，也就是普通的中小学教育却没有得到应有的重视，这种局面在19世纪七八十年代后才随着资产阶级改良主义教育思潮的出现而被打破。

1878年，开明士绅张焕纶在上海创立正蒙书院，采用分年制和班级授课制作为基本的教学管理和组织形式，这是中国近代第一所新式小学。此后的几十年间，国人又陆续创办了一些新式中小学堂，1895～1899年间还出现了第一次兴学热潮，全国共兴建学堂150多所，其中有不少中小学堂，这些学堂大都将格致、数学等课程列为正式的教学科目，科学教育至此在中国的普通中小学里萌芽。

第一节　教育者对普通中小学科学教育的
作用和地位的认识

洋务运动时期，由于慕西人之坚船利炮、火器制造，教育界纷纷设立专门学校开设造船、测绘等实用性很强的科学技术课程，以期培养掌握这些先进技术的人才，在实战中可以大显身手。但是1894年中日黄海一役彻底打破了洋务提倡者们试图通过捷径来御侮图强的美梦。后起的维新人士接受了洋务派的教训，试图从根源上寻求救国救民的良药，他们批判了洋务派"中体西用"在实践中的不足，主张在"西用"中加入"西政"，同时也改变了对"西艺"内涵的认识——他们认为"西艺"不仅仅包括坚船利炮、火器制造，还包括基础的科学知识，如维新派的代表人物康有为在1895年《上清帝第二书》中就指出："考泰西之所富强，不在炮械军器，而在穷理劝学"①，他在《请开学校折》中设计了一个学校系统：在乡间设立小学，7岁以上儿童必须入学，学制8年，开设文史、算术、地理、物理、歌乐等课程；在州县设立中学，儿童14岁入学，进一步学习小学阶段的教育内容，重视实用学科的学习②。另一位维新派代表人物严复也极力批评洋务派"急功名"而"轻学问"的做法，他认为洋务教育只是急功近利地孤立学习西方的某些技术，或只是抄袭西学的现成结论，而忽视了西学的整体性和发展性。他指出"学校所课"应当"智育常多"，而在智育中，最重要的是进行基础的科学教育。"自七八龄至十四五"为小学和初中阶段，主要是基础教育。"发蒙之始，自以求能读书写字为先"；随后"再进则物理、算学、历史、舆地，以次分时，皆可课授"；再大一些才可以读经书，严复所讲"物理"包括化学、动植物、天文、地质、生理、心理。③

在百日维新期间，光绪皇帝也曾经颁布诏书命令将各省府厅州县的大小书院全部改为新式学堂，其中郡城之书院改为中学堂，州县之书院改为小学堂，并要求这些学堂必须兼习中学和西学。可见，在普通中小学科学教育的萌芽阶段，教育者已经抛弃了此前对科学教育的功利认识，不仅仅把关注的焦点放在技术教育上，认为单纯的技术学堂并不能从根本上解决中国的落后问题，重要的是"启民智"，是进行基础的科学教育，即在小学堂和中学堂中进行基础的科学教育。

可以说，对基础的科学教育重要性的认识是普通中小学科学教育得以萌芽的条件之一。这种认识的获得在思考逻辑上由短视走向了长远，并付出了相当大的历史代价。值得注意的是：进行基础的科学教育的社会需要也是现代中小学产生的动力之一，因此，中国近代意义上的中小学从产生之初就和科学教育紧密联系在一起。

---

① 《戊戌变法》（第二册），第148页。

② 《请开学校折》，见璩鑫圭、童富强：《中国近代教育史资料汇编·教育思想》，上海教育出版1997年版，第140页。

③ 《论今日教育应以物理科学为当务之急》，载《严复集》（二），中华书局1986年版，第284～285页。

第二节　萌芽阶段普通中小学科学教育

1878 年，张焕纶等在上海创立正蒙书院（1882 年改为梅溪书院，1902 年改为梅溪学堂），设国文、地理、经史、时务、格致、数学、歌诗等课程。这所学堂摒弃了传统私塾的管理和授课方式，将分年课程规划、班级授课制作为基本的教学管理和教学组织形式，而且将格致、数学等科目纳入课程体系，标志着近代普通中小学科学教育的正式发端。后来所开设的新式学堂大都不再单一地学习中国传统的四书五经、帖括制艺，而是将自然科学、社会科学等也作为教育的重要内容，将格致、数学等科目纳入课程体系，但由于这一阶段尚未形成全国统一的学制系统，所以这一阶段普通中小学的科学教育处于一种各自为政、互不关联的分散状态。而且由于主办者的观念各异，培养目标也各不相同，各学堂所开设的有关科学教育的科目、内容，科学教育起始的年级、学习年限、教学方法、所用的教科书等都没有统一的规定。

如 1896 年由王维泰在上海创办的育才书塾，办学的缘由在于"国家崇尚实学，饬改各省书院章程，并设专科以鼓舞之"。书塾中设蒙馆、经馆、西馆，以培养近代社会所需人才；课程分中学和西学两部分，半日教授中学，半日教授西学，一切分班教约各法，由中西教师共同商妥而行。① 而浙江镇海的叶澄衷、刘树屏于 1900 年所创办的上海澄衷学堂的初衷则是源于创办人自己少时的贫苦经历，所以才"专力创家塾"，"以课旅沪诸童之贫无力者"。② 从《澄衷蒙学堂按日课程表》的规定来看，其课程包括讲字、读本、舆地、习算、作句、写字、时务、察课③。中学方面，如杭州知府林启于 1899 年在杭州圆通寺创办的养正书塾（1901 年改名为杭州府中学堂、1910 年又改名为浙江第一中学堂），设有语文、文字学、经学、修身、算术、历史、地理、格致、体操、音乐、英文等课程④。而盛宣怀于 1897 年春在上海创办的南洋公学中院（即中学），一开始为五年制，后又改为四年制，所开设课程包括国

---

① 《王氏育材书塾章程》，载朱有瓛主编：《中国近代学制史资料》（第一辑下册），华东师范大学出版社 1986 年版，第 600、601 页。

② 朱有瓛主编：《中国近代学制史资料》（第一辑下册），华东师范大学出版社 1986 年版，第 829 ~ 831 页。

③ 朱有瓛主编：《中国近代学制史资料》（第一辑下册），华东师范大学出版社 1986 年版，第 847 ~ 850 页。

④ 洪昌文：《晚清杭州近代教育的兴起》，载《杭州师范学院学宝（社会科学版）》1982 年第 2 期。

文、史地、日文、英文、数学，随着学生学习年限的递增，再增设世界史地、博物、理化、法制、经济等课程，而且这些课程所用的教材大多是英文版本①。

由此可见，同为小学，梅溪学堂所开设的科学课程包括格致和数学，而澄衷学堂只有舆地和习算初具科学教育的性质；同为中学，养正书塾所开设的科学课程包括算术和格致，南洋公学中院包括数学、博物、理化。无论是从所开设的科学科目的名称看，还是从所开设的科学科目所包含的内容看都天差地别。

从教授的内容来看，各科目也没有严格的规定和界限，一门"格致"科就可以包罗万象，既讲授动物、植物、矿物，又讲授物理化学。如南洋公学印行的《中等格致课本》第四卷上册其实就是化学教科书，而《格致学讲义》既包括植物、矿物内容，也包括物理化学内容。

从所用教科书来看，各中小学所用的大多只能采用翻译或者编译的书籍。如教会学校或者传教士所编写的一些科学启蒙读物，上文提到的《中等格致课本》就是法国人包尔培编著、徐兆熊翻译的。也有一些书局和学校如文明书局、商务印书馆、南洋公学等已经开始探索自主编写新式科学教科书，但也没有定例，如南洋公学的外院（小学堂）和中院所用的教科书有一些就是师范院的学生自己编著的（师范生朱树人、陈懋治、沈庆鸿、杜嗣程等编写了《蒙学课本》、《物算教科书》、《本国初中地理教科书》、《笔算教科书》等）②，其他的如博物、理化等大多采用英文课本。

值得注意的是，这一阶段的中小学科学教育虽然各自为政，没有形成科学的、自下而上的体系，但却是一种"全新"的科学教育——"即科学教育真正从技艺教育中独立出来，不局限于为培养少数需要掌握技艺的人才而举办的教育形式，而是成为了普通学校教育的基本组成部分，并跨出科学教育具有直接的工具价值的限制，首次体现出育人价值。这是中国科学教育的巨大进步，从此西方近代意义上的普通科学教育真正在中国起步。"③ 同时，这种全新的科学教育的基础性和非工具性等特点也从一定程度上呼吁并促进了普通科学教育制度的诞生，成为制度化科学教育的前奏。

---

① 苗体君：《南洋公学和中国近代教育》，载《洛阳市专学报》1998 年第 1 期。
② 苗体君：《南洋公学和中国近代教育》，载《洛阳市专学报》1998 年第 1 期。
③ 郭长江：《中国近现代科学教育变革的文化反思》，华东师范大学教育学系 2003 级博士论文，第 47~48 页，华东师范大学图书馆馆藏。

第二章

制度化初期的普通中小学
科学教育（1902～1915）

　　在普通中小学科学教育的萌芽阶段，各新式中小学堂都纷纷设置了一些科学教育的科目，但由于没有统一的学制体系，这些新式学堂所开设的科学教育的课目、教育的目标、学习的程度、年限都各不相同，且小学与中学的科学教育之间也没有形成科目与程度上的衔接。这种各自为政的局面造成了教师在教学时无法可依，而学生也没有机会接受系统的科学教育。在这种情况下建立一套制度化的普通中小学科学教育体系显得势在必行。同时各自为政的局面也不利于其他类别教育内容的设置和安排，通过建立统一的学制体系来确立标准、消除分歧、加强衔接和配合已成为统治阶层、教育家和办学者的共同愿望。1901年清政府开始实施新政，新政的一项重要措施就是建立近代学制，制度化的普通中小学科学教育体系也由此诞生。

第一节　普通中小学科学教育制度的建立

一、近代学制的建立

　　早在1860年，中国第一位受过美国高等教育的知识分子容闳到太平天国谒见干王洪仁玕时就提出了仿照西方制定各项教育制度的建议，限于种种原因他的这种思想在当时并没有得到实施，但他可以说是在中国提出建立近代学制的第一人。

　　此后，早期改良派郑观应也于1892年提出了建立近代学制的主张，他的这种主张是在比较中西教育异同优劣的基础上提出来的，他认为中国传统教育是"只知教学举业"，不屑讲求商贾农工之学；西方教育是"士有格致之学，工有制造之学，农有种植之学，商有商务之学。无事不学，无人不学"。①

---

① 郑观应：《盛世危言·商战》。

在此基础上，他提出应仿照西方国家建立小学、中学、大学三级相关联的学制系统，"学校又有三等：一初学，以七岁至十五岁为度，求粗通文章、浅略地球、史志为准，聪颖者可兼学他国语言文字。中学以十五岁至二十一岁为度，穷究各学，分门别类，无一不赅。上学以二十一岁二十六岁上下为度，至此则精益求精，每有由故得新，自创一事，为绝无仅有者。"①，他还建议，从入小学开始就实行分科教育，分文、武科，其中文科又分为六类：文学、政事、言语、格致、医学、杂学。

甲午战争的失败让日本一时成为中国学习的对象，国人开始关注日本在明治维新中所采用的近代化的学校教育制度和由此带来的日本教育变革和国力的提高。1901年5月罗振玉等在上海创办了中国近代第一个教育专刊——《教育世界》，这几乎是一本专门为介绍日本教育而创设的刊物，在这份刊物中系统而详细地翻译介绍了日本的学制系统、教育法规和条例，为清政府制定近代学制提供了蓝本。

1902年，在管学大臣张百熙的主持下制定了一系列的学制系统文件，称《壬寅学制》，但颁布不久就被《癸卯学制》所代替。1904年，清政府颁布了由张百熙、荣庆、张之洞主持重新拟定的一系列学制系统文件，称《癸卯学制》。学制主系统分为三段七级，第一阶段为初等教育，包括蒙养院四年、初等小学堂5年和高等小学堂4年，其中初等小学堂为强迫教育阶段，儿童七岁入学，课程有修身、读经讲经、中国文字、算术、历史、地理、格致、体操等；高等小学开设课程有修身、读经讲经、中国文学、外国语、中国历史、地理、格致、图画、体操等；第二阶段为中等教育阶段，开设修身、读经讲经、中国文学、外国语、历史、地理、算学、博物，物理及化学、法制及理财、图画、体操等课程。

1909年曾一度颁行了中学文实分科的法令，其中实科以外国语、算学、物理、化学、博物为主课，文科以读经讲经、中国文学、外国语、历史、地理为主课。1911年又颁布了《奏改定中学文实两科课程折》，对文实两科的课程进行了调整，由于当时的清政府正处于风雨飘摇之中，文实分科制度在实践中并未得到普遍的运用。

民国成立后设教育部，并于1912～1913年制定了壬子癸丑学制，将小学教育阶段由9年改为7年，规定了男女生受教育的地位平等，取消读经讲经科目，在初等小学阶段取消中国文字、历史、地理、格致，增设国文；在高等小学阶段取消中国文学，增设国文，将"格致"改为"理科"。中学教育阶段取消了清末的文实分科制度，将学习年限改为四年，废除读经讲经，数

---

①　郑观应著：《学校》，载于郑振铎编：《晚清文选》，上海书店1987年版，第173页。

学自然类学科的课时比重由 20% 增加为 25.6%。

二、普通中小学科学教育制度的建立与发展

普通中小学科学教育作为教育的一个重要板块，它的教育制度随着普通学制的建立而建立。各个学制具体地规定了各科学课目的课程设置、教学目标、教学方法要点、教科书编辑、实验要点等。如物理教育方面，1902 年的《壬寅学制》规定从中学阶段的第一学年开始开设物理课，共学习两个学年，每周两课时；1904 年，《癸卯学制》将物理和化学合称"理化"，中学堂第四年开设物理课，每周四课时；教学目标为"讲理化之义，在使知物质自然之形象，并其运用变化之法则，及与人生之关系，以备他日讲求农工商实业及理财之源"，教学内容为"当先讲物理总纲，次及力学、音学、热学、光学、电磁学"①，规定在教师教学中应重视实验，"凡教理化者，在本诸实验，得真确之知识，使适用于日用生计及实业之用"，同时指出"凡教授物理……所用器具、标本、模型、图画等物，均宜全备，且须合教授中学堂程度者"，并规定应设置"专用讲堂"、"器具室"、"管理员室"等②；1909 年，《学部奏变通中学堂课程分为文科实科折》规定文科中学第三学年全年和第四学年一部分时间学习物理，每周两课时；理科中学第四学年学习物理，每周八课时；1912 年，《教育部公布中学校令施行规则》规定课目名称为"物理化学"，第三学年学习物理，每周四课时，教学目标为"物理化学要旨在习得自然现象之知识，领悟其中法则及对于人生之关系"③。

可见，普通中小学科学教育制度的建立使此后的中小学科学教育"有法可依"，科学教育不再依附于技术教育，而且结束了"法出百家"、众法不一的局面，此后的中小学科学教育在学制的规范下开始有了统一的课程设置、教学目标，步伐开始趋于一致。1905 年 9 月，在中国施行了 1300 年的科举考试制度正式废除，也为新式学堂和科学教育的发展提供了有利条件。

同时应该看到普通中小学科学教育制度在建立初期还存在许多问题。一方面，读经讲经占用了学生大部分的学习时间，如在《癸卯学制》中，"读经讲经"周课时在小学阶段占周课时比重的 36.8%，而"格致"仅仅占 4.4%；在中学阶段，"读经讲经"占周课时比重为 25%，而算学占 11.1%，博物占

---

① 朱有瓛主编：《中国近代学制史资料》（第二辑上册），华东师范大学出版社 1987 年版，第 387 页。

② 朱有瓛主编：《中国近代学制史资料》（第二辑上册），华东师范大学出版社 1987 年版，第 387～392 页。

③ 朱有瓛主编：《中国近代学制史资料》（第二辑上册），华东师范大学出版社 1987 年版，第 353 页。

4.4%，理化占4.4%，三者比重之和仅为19.9%①。在《重订学堂章程折》中有明确规定"至于立学宗旨，无论何等学堂，均以忠孝为本，以中国经史之学为基，俾学生心术壹归于纯正，而后以西学沦其智识，练其艺能，务期他日成材，各适实用，以仰副国家造就通才、慎防流弊之意。"②，可见"本"在"忠孝"而不在西学。另一个方面，小学教育阶段过长（如《癸卯学制》规定小学教育阶段为九年，中学阶段仅为五年），不利于主要由中学所承担的科学教育的开展。中华民国成立后，《壬子癸丑学制》废除了毕业奖励出身制度，取消了读经讲经课，并增加了数学自然类学科的课时比重，如博物和物理化学的比重均由原来的4.4%增加到6.0%，为普通中小学科学教育的实施提供了更可靠的制度保证。

第二节　普通中小学科学教育的内容

一、科学课程的设置

由于这一阶段学制的变换较为频繁，所开设的科学教育的科目、课时、修业年限等在不同的学制中也有所不同，所以下面将按照学制一一分说之。③

在《壬寅学制》中，"寻常小学堂"所开设的科学教育科目只有"算学"一科，第一学年每周5课时，第二学年每周4课时，第三学年也为4课时，周课时总数为17，占所有学科周课时总数的17.7%；"高等小学堂"所开设的科学教育科目有"算学"和"理科"（自然课）两科，其中算学在三学年的周课时分别为8、10、10，周课时总数为28，占所有学科周课时总数的13.0%，理科在三学年的周课时分别是6、8、10，周课时总数为24，占所有学科周课时总数的百分比为11.1%，两者百分比之和为24.1%；规定中学堂所开设的科学教育科目有"算术"、"博物"、"物理"、"化学"四科，其周课时数和所占百分比如表1-2-1所示，从表中数字可以发现科学类课程课时占总课时的比重为27.7%。

---

① 根据刘英杰主编：《中国教育大事典（1840~1949）》（浙江教育出版社2001年版）第165~167页资料所得。

② 张百熙、张之洞、荣庆：《重订学堂章程折》，载于陈学恂主编：《中国近代教育史教学参考资料》（上册），人民教育出版社1986年版，第529页。

③ 本节所引数据来自《中国教育大事典（1840~949）》，部分求和数目为笔者所加。

表 1-2-1　　《壬寅学制》关于中学堂科学课程的设置

周课时\科目\学年	一	二	三	四	各科周课时总数	占周课时总数比重（%）
算术	6	6	6	6	24	16.0
博物	2	2	2	2	8	5.3
物理	2	2			4	2.7
化学			3	3	6	4.0
合计						28.0

《癸卯学制》规定初等小学堂开设的科学教育科目为"算术"和"格致"（自然课），其中算术在五学年的周课时数相同，都是 6 课时，占周课时总数的比重为 20.0%，"格致"也相同，都为 1 课时，所占比重为 3.3%；高等小学堂所开设的科学教育科目也是"算术"和"格致"（自然课），周课时数也各自相同，"算术"各学年每周都是 3 课时，所占比重为 8.3%，"格致"为 2 课时，所占百分比为 5.6%，两者所占百分比之和为 13.9%；规定中学堂应开设"算学"、"博物"、"理化"三门科学教育课程，其课时数和所占百分比如下表 1-2-2 所示，从表中可以看出科学类课程课时占总课时比重之和为百分之 19.9%。

表 1-2-2　　《癸卯学制》关于中学堂科学课程的设置

周课时\科目\学年	一	二	三	四	五	各科周课时总数	占周课时总数比重（%）
算学	4	4	4	4	4	20	11.1
博物	2	2	2	2		8	4.4
理化				4	4		4.4
合计							19.9

1907 年，清政府开女学之禁，学部公布《奏定女子小学堂章程》，将女子小学堂分为初等小学堂和高等小学堂两部分。其中，初等小学堂学习年限为四年，所开设的科学教育科目为"算术"，四学年的周课时数都为 6，占周课时总数的 23.1%。高等小学堂学习年限也为四年，所开设的科学教育科目为"算术"和"格致"（自然课）两门，"算术"在四学年的周课时数相同，为 4 学时，占周课时总数的 13.3%；"格致"在四学年的周课时数也相同，为 2 学时，占周课时总数的 6.7%，科学类课程课时占总课时比重之和为 20%。

1909 年，学部《奏变通中学课程分为文科、实课折》提出将中学分为文、实两科，文科所开设的科学教育科目为"算学"、"博物"、"理化"三门，实科所开设的科学教育科目为"算学"、"博物"、"物理"、"化学"四门，其课时数和百分比如表 1-2-3 所示。1911 年 1 月，学部又颁布《奏改定中学文实两科课程折》，指出在当时教员、实验设备、教室等不充分的情况下执行 1909 年《文实分科折》中的课程设置计划存在很多困难，因此，对中学文科、实科的课程设置作了变通，具体设置如表 1-2-4 所示。

表 1-2-3　1909 年文科、实科中学堂科学课程设置对照表

科目 \ 学年	一		二		三		四		五		各科周课时总数		占周课时总数比重（%）	
	文	实	文	实	文	实	文	实	文	实	文	实	文	实
算术	3	6	3	6	3	6	3	6	3	6	15	30	8.3	16.7
博物	1	6	1	6							2	12	1.1	6.7
理化			2		2		2				6		3.3	
物理						8						8		4.4
化学								8		8		16		8.9
合计													12.7	36.7

表 1-2-4　1911 年文科、实科中学堂科学课程设置对照表

科目 \ 学年	一		二		三		四		五		各科周课时总数		占周课时总数比重（%）	
	文	实	文	实	文	实	文	实	文	实	文	实	文	实
算术	4	6	4	6	2	7	3.5	7	4	2	17.5	28	9.7	15.6
博物	3	3	2	3	1.5	3				2.5	6.5	11.5	3.6	6.4
理化					2.5	5		5.5			2.5	10.5	1.4	5.8
合计													14.7	27.8

　　1912 年，中华民国教育部制定的《普通教育暂行办法通令》规定初等小学应开设"算术"，它在四学年的周课时数分别为 5、6、6、5，占周课时总数的百分比为 21.2；规定高等小学堂应开设"算术"和"理科"（自然课）两门科学教育科目，其中"算术"在三学年的周课时数相同，为 4 课时，占总课时数的 13.3%，"理科"在三学年的周课时数也相同，为 2 课时，占总课时数的 6.7%，两者所占百分比之和为 20%，可见由于中华民国教育废除读经讲经，在高等小学堂阶段科学教育类科目在总课时中所占的比重较之《癸卯学制》的 13.9% 有较大提高。1913 年，教育部公布《中学校课程标准》，

将中学学习年限由五年改为四年，规定应开设"数学"、"博物"、"物理化学"三门科学教育课程，具体设置如表1-2-5所示。

表1-2-5　1913年《中学校课程标准》关于中学堂科学课程的设置

周　　学年 　课时 科目		一	二	三	四	各科周课时总数		占周课时总数比重（%）	
						男	女	男	女
数学	男	5	5	5	4	19		13.9	
	女	4	4	3	3		14		10.6
博物		3	3	2		8	8	5.9	6.0
物理化学				4	4	8	8	5.9	6.0
合计								25.7	22.6

二、科学课程的具体内容

探究各学制关于科学课程设置的规定是从宏观上研究当时普通中小学的科学教育"教什么"，而探究各科学教育的课程的具体内容则是从微观上对"教什么"的关注。下面将分科目一一阐述。

（一）数学

《壬寅学制》在小学阶段设"算学"一科，规定初等小学堂第一年教加减乘除，第二、三年教加减乘除和多位数；高等小学堂第一年教度量衡及时刻之计算，第二年教分数、小数，第三年教比例。在中学阶段设"算术"一科，规定第一年教授平面几何、直线，第二年教授平面几何、面积、比例，第三年教授立体几何、代数加减乘除、分数，第四年教授代数方程。

《癸卯学制》在小学阶段设"算术"科，规定初等小学堂第一年教数目之名、实物计数、20以下之算数、书法、记数法、加减，第二年教百以下之算数、书法、记数法、加减乘除、第三年教常用之加减乘除，第四年教通用之加减乘除、小数之书法、记数法、珠算之加减，第五年教通用之加减乘除、简易之小数、珠算之加减乘除；高等小学堂第一年教加减乘除、度量衡货币及时刻之计算、简易之小数，第二年教分数、比例、百分数、珠算之加减乘除，第三年教小数、分数、简易之比例、珠算之加减乘除，第四年教比例、百分数、求积、日用簿记、珠算之加减乘除。规定中学堂第一学年教授算术，第二学年教授算术、代数、几何、簿记，第三、四学年均教授代数和几何，第五学年教授几何与三角。

1909 年的中学文实分科折所规定的算术科教授内容如表 1 - 2 - 6 所示①：

表 1 - 2 - 6　1909 年算术科教学内容

科别	文科					实科				
学年	一	二	三	四	五	一	二	三	四	五
课程	算术	算术 代数	代数 几何	代数 几何	代数 几何 三角	算术	代数 几何	代数 几何	三角 解析 几何	解析 几何 微分 初步

《壬子癸丑学制》所规定的小学算术科教学内容与《癸卯学制》相比并无出新之处，在此不赘述；中学方面规定第一年教授算术、代数；第二、三学年教授代数、平面几何；第四学年教授平面几何、立体几何、平面三角大要。

（二）格致——理科

《癸卯学制》规定小学堂设"格致"科，《壬子癸丑学制》改称"理科"，二者其实都是指后来的自然科。《癸卯学制》规定初等小学堂一二年级教授乡土动物、植物、矿物和日用必需品的名称和作用；三四年级教授重要动植物、矿物的形状，让儿童观察它们生活发育之情形；五年级教授生理卫生初级。规定高等学堂一年级教授动植物矿物及自然物之形象；二年级教授寻常物理化学之形象；三年级教授原质及化合物，简易器具之构造作用；四年级教授植物、动物之互相关系及对人生之关系，人身生理卫生之大要。

《壬子癸丑学制》规定高等小学开设"理科"，理科"宜授习见之植物、动物、矿物及自然现象，使知重要之名称、形状、效用、发育及其相互关系与对于人生之关系；讲授物理化学上之重要现象、元素与化合物之性质，简易器械之构造作用，人生生理卫生之大要。"②

（三）博物

《壬寅学制》规定中学堂第一学年教授动物，第二学年教授植物，第三学年为生理学，第四学年讲授矿物学。

《癸卯学制》规定中学堂第一二学年教授植物和动物，即教授各物种的形体构造，分类功用；第三四学年讲授生理卫生和矿物，生理卫生讲授身体内外的部位，卫生的重要事宜，矿物讲授重要矿物的形象、性质、功用及识别。

---

① 引自刘英杰主编：《中国教育大事典（1840~1949）》，浙江教育出版社 2001 年版，第 268 页。
② 朱有瓛主编：《中国近代学制史资料》（第三辑上册），华东师范大学出版社 1990 年版，第 119 页。

1909 年的文实分科制度规定文科中学第一学年讲授植物学，第二学年讲授动物学；实科中学第一学年讲授植物、动物，以及动植物实验，第二学年讲授矿物、生理卫生学，以及矿物实验。

《壬子癸丑学制》规定博物所讲授的内容与《癸卯学制》的规定大致相同，只是矿物科改为讲授普通矿物及岩石的概要、地质学大要。

（四）物理和化学

各学制对于物理和化学两科教育内容的规定基本上坚持了一以贯之的原则，都要求理化教育要让学生掌握关于自然现象的知识、自然法则、变化规律以及与人生的关系，物理应讲授力学、音学、热学、光学、电磁学，化学应讲授无机化学与有机化学。

三、科学教育实践中的课程设置

《癸卯学制》颁行以后，全国的中小学堂有了统一的办学依据，在科学教育上所开设的科学教育科目逐渐趋于一致，许多学校都可以按照学制的规定开设科目，科学教育的内容比较完备。

如山西的阳曲县初等小学堂、天津的城隍庙两等小学堂开设的科学科目为算术和格致，山西太原府中学堂、天津明心中学堂开设的有算学、博物、理化。这中间有一些学校做得比较好，如天津私立第一中学堂开设的科学教育科目有数学、代数、几何、物理、化学、博物、生理，且数学、几何、代数、化学用英文授课，而且可贵的是学生"皆能直接用英文听授"。

但也有一些地方的学校由于经费、师资等原因没有开设这些科目，如在《学部官报》1906 年的"京外报告"（也就是督学、视学所纂报告）的《河南全省中学堂一览表》中提到河南的西华县、彰德府、南阳府、许州直隶州、汝州直隶州、光州直隶州等多个州县中学堂没有开设理化科目，永成县、汝宁府等中学堂缺开博物科，而陕州直隶州"缺略尚多、已饬填补"，其中河南公立知新中学堂没有开设理化科，也没有理化科教师。在《河南全省高等小学堂一览表》中提到西华县、睢州、南阳县、唐县、桐柏县、登州等多所小学堂没有开设格致科。值得注意的是这种情况并不仅仅在河南一省存在，在江西临江府中学堂的调查意见中提到"查此堂设备未能完全，仅有讲堂一所，教科中缺博物科，虽有理化，亦无专科教员在堂，教员资格亦未尽合格，标本仪器亦均未置备，均宜逐项改良。"同在江西省的南康府中学堂也没有开设理化和博物科。①

这种情况随着时间的发展而略有改观，到了民国以后有一些学校不但开

---

① 以上所引全部学校资料皆整理自《学部官报》京外学务报告卷，第 61～352 页。

设了学制中要求的所有科学教育科目，而且已经自主开发了一些基础性的科目来为儿童今后学习理科科目作准备，如江苏省立第二女子师范学校附属小学校深感乡土科对于学习自然物、地理等科目的重要性，特设乡土科研究会，其会主任杨鄂联认为"历史地理理科之学无一不与乡土有联络之关系。""登高必自卑，行远必自逊，设有人欲一跃而登泰岱，一步而出国门，未有不颠且蹶者。乃今之教授历史地理理科得无类似。夫儿童之意识界只有家庭学校邻里乡党及环境习见之少数自然物而已，初未尝有历史等科之观念存在，今一旦入高等小学即课以历史地理之要略，自然物之大要，斯时儿童之基本观念尚未构成，即强灌以不获直观之种种知识，实未见其有效益，何则？知识必由直观而收得，而类化，而发表，循序渐进乃无跃等扞格之虞。故初等小学特设乡土一科先授以浅近之历史地理理科知识并籍以发挥其地方之特色，实深合乎教育原理。""盖令儿童就实物而直观则知之真，而爱之笃，不独涵养其爱乡心，且可增教授上之兴味，如步测校地可以为算术之应用，接触自然物可以增理科之知识，游近旁山水可以知地势之大要，所有历史地理理科中所欲养成之理解力，判断力，想象力无一不可于直观教授上立其基础，即无一不与乡土科有联络关系者也。"他仿照日本东京高等师范学校附属小学校乡土科的教授要目拟定了自己学校乡土科的详细教授要目，其中有大量初级理科内容，以第一学年为例，其教授要目如表1－2－7所示①。不但如此，他还详细分析了乡土科的教授纲要和教授方法，这种对于理科教学认真负责的态度和设科的完备程度较之前一时期进步甚大。

表1－2－7　江苏省立第二女子师范学校附属小学校初等第一学年乡土科教授要目

种别月		要目	教授时数	参考书	备记
一	上旬	锡	三	新理科二三册 商务理科教科书第一册	本月无生物可以直观故以矿物充之
	中旬	铁			
	下旬	银			
二	上旬	梅	三	商务理科教科书第一册 博物学大意 新理科第二册	本校校园产
	中旬	兔			
	下旬	羊			
三	上旬	蝌蚪	三	新理科第一二册 图书公司格致二册 新理科三册	
	中旬	金鱼			
	下旬	菜			

---

① 杨鄂联：《初等小学乡土教授之研究》，载《教育研究》1913年12月10日第八期。

种别 月		要目	教授时数	参考书	备记
四	上旬	蛙	三	集成理科四册 商务理科教科书一册	本月有春假一周
	中旬				
	下旬	麦			
五	上旬	豆	四	新理科一册及三册	
	中旬	蚕			
	下旬	桑			
六	上旬	蝶	三	新理科一二册 集成理科八册	
	中旬	枇杷			
	下旬	鹰			
七	上旬	南瓜	二	集成初等理科七册 商务理科教科书一册	
	中旬	蜻蜓			
	下旬				
八	上旬				本月在夏假期内
	中旬				
	下旬				
九	上旬	荷	三	集成理科二册及一册 中华理科一册 小学理科教材上册	鹅需查动物学专书
	中旬	萤			
	下旬	鹅			
十	上旬	鸽	三	新理科一册 新理科二册	鸽需查动物学专书
	中旬	稻			
	下旬	蟋蟀			
十一	上旬	菊花	三	新理科二册 集成初等理科六册 商务理科教科书二册	本校校园产
	中旬	鸡			
	下旬	鸭			
十二	上旬	金	二	新理科二册	本月下旬将放年假
	中旬	铜			
	下旬				

中国近代中小学科学教育史

第三节　科学教育在学校教育中的
作用和科学教育的目标

一、教育者的议论和思考——科学教育的作用是什么

　　普通科学教育制度的建立，使教育者对普通科学教育投入了更多的热情与关注，他们纷纷在各种报刊、杂志上发表自己对于普通科学教育的种种见解和意见，其关注领域之广已经包括了科学教育的作用、目的、方法、设备等方方面面。在科学教育的作用方面，他们大都认为科学教育可以使儿童具备基本的自然知识、了解人与自然的关系并养成热爱自然之心，如王朝阳《高等小学理科教授之研究》一文指出"研究小学理科教授第一当讨究其目的之安在，即理科教授于教育上究有何种价值是也。"他认为理科教育的价值包含三方面："一、使知自然物自然现象对于人类之关系（人生观）；二、使得自然物自然现象之知识（世界观）；三、养其爱自然爱真理之情（宇宙观）。"[1] 在佚名发表的《普通教育上之生物学》中指出生物学的教育价值也有三个方面："甲、磨炼学生之观察力；乙、就生物界之组成而得其正确思想；丙、养成伦理上之观念。"[2] 所谓"就生物界之组成而得其正确思想"即是指生物教育可以使得学生获得关于生物界之正确知识并掌握其对于日常生计有用的价值；所谓"养成伦理上之观念"则是指用观察、思考等来磨砺学生的心智，用自然界的优胜劣汰现象来警示学生进取、用动物界的齐心协力来感染学生，以使其养成敬业爱群之心。诸如此类的议论还有很多，在此不一一枚举。

　　由此可见，当时的教育者对于普通科学教育的作用与价值的定位已经不仅仅局限在获得知识、技能以期投入实用上，而是更加关心普通科学教育对于培养学生的观察习惯，形成正确的人生观、自然观、宇宙观等方面的作用，这表明时人对于普通科学教育价值的理解已经脱离了单纯工具价值的窠臼，而这正是当时的科学教育较之前一阶段的进步之处。

---

[1]　王朝阳：《高等小学理科教授之研究》，载《教育研究》1913 年 7 月 10 日第三期。
[2]　佚名：《普通教育上之生物学》，载《教育杂志》1910 年 11 月 11 日第二年第十期。

二、各学制中关于中小学科学教育目标的规定——科学教育的目标是什么

对于科学教育要达到什么目标，各学制对各科学教育的学科基本上也规定得很清楚，而且各学制的规定基本上都一脉相承，变化不大。

如《癸卯学制》规定初等小学算术要义为：使儿童掌握日用之计算，与以自谋生计必需之知识，兼使精细其心思①。《壬子癸丑学制》规定初等小学算术要旨在于使儿童熟习日常之计算，增长生活必需之知识，兼使思虑精确②。再如《癸卯学制》规定理化学科的教育目标为"讲理化之义，在使知物质自然之形象，并其运用变化之法则，及与人生之关系，以备他日讲求农工商实业及理财之源……凡教理化者，在本诸实验，得真确之知识，使适于日用生计及实业之用。"③《壬子癸丑学制》规定"物理化学要旨在习得自然现象之知识，领悟其中法则及对于人生之关系。物理化学宜授以重要现象及规律，并器械之构造作用，元素与化合物之性质，兼课实验"④。再如《癸卯学制》规定初等小学堂格致科要义"在使知动物植物矿物等类之大略形象质性，并各物与人之关系，以备有益日用生计之用。惟幼龄儿童，宜由近而远，当先以乡土格致。先就教室中器具、学校用品及庭院中动物植物矿物，渐次及于附近山林川泽之动物植物矿物，为之解说其生活变化作用，以动其博识多闻之慕念"；规定高等小学堂格致科教育要义"在使知动物植物矿物等类之形象质性，并使知物与物之关系，及物与人相对之关系，可适于日用生计及各项实业之用，尤当于农业工业所关重要动植矿等物详为解说，以精密其观物察理之念"⑤。《壬子癸丑学制》规定理科要旨"在使儿童略知天然物及自然现象，领悟其中相互关系及对于人生之关系，兼使联系观察，养成爱自然之心"⑥。

综上可见，学制规定的各科学教育科目的教育目标基本上都与教育界所

① 朱有瓛主编：《中国近代学制史资料》（第二辑上册），华东师范大学出版社1987年版，第178页。
② 朱有瓛主编：《中国近代学制史资料》（第二辑上册），华东师范大学出版社1987年版，第118页。
③ 朱有瓛主编：《中国近代学制史资料》（第二辑上册），华东师范大学出版社1987年版，第387页。
④ 朱有瓛主编：《中国近代学制史资料》（第二辑上册），华东师范大学出版社1987年版，第353页。
⑤ 朱有瓛主编：《中国近代学制史资料》（第二辑上册），华东师范大学出版社1987年版，第189~193页。
⑥ 朱有瓛主编：《中国近代学制史资料》（第二辑上册），华东师范大学出版社1987年版，第119页。

呼吁的科学教育应具备的作用相符合——都要求学生掌握一定的关乎物质自然的知识，掌握一定的自然规律，了解自然界与人生的关系，以备日用生计及实业之用，并养成初步的热爱自然之心。当时所规定的科学教育的目标即使用当前最流行的新课程改革所要求教育要达到的三维目标来衡量也是较为全面和先进的——既有对自然知识和规律的初步掌握，也有对于过程的追求，也强调对于情感和价值观的培养；同时科学教育所要达到的目标的几个方面也反映了当时的教育救国、实业救国思潮。但是实践中的科学教育是否能达到这些目标？实践中的科学教育的方法、保障措施是否有利于这些目标的完成？这些问题将在下两节分说之。

第四节 普通中小学科学教育的方法

一、徘徊于传统与现代间的科学教育方法[①]

清末民初的几个学制对于科学科目的教育方法都有规定，如《癸卯学制》对于理化教法的规定"凡教理化者，在本诸实验，得真确之知识，使适于日用生计及实业之用。"并要求各学校讲授物理化学课应具备"专用讲堂"、"器具室"、"管理员室"，应开设一定的实验课。又如《壬子癸丑学制》规定小学校"教授理科务须实地观察，或示以标本模型图画等，并施简易实验。"同时，热心中小学科学教育的学者们也在各教育杂志上发表了许多文章，这些文章有的是介绍国外的先进教学方法，有的是自己教学后的感悟。

如中国最早的教育类刊物《教育世界》从第 14 号（期）开始到 18 号结束连载了翻译自日本藤泽利喜太郎所著的《算术条目及教授法》，又在第 21、22、23 号连载了翻译自日本矢则米三郎的《理科教授法》。日本一些在当时较为先进的理科教授法如问答法、五段教学法就是在这一时期传入中国的。志厚在《教育杂志》第五卷第一号所发表的《最新之理化教授法》也是一篇推崇实验室教授法介绍别国先进教学方法的文章，他在篇首写道："今日欧美学校教授理化者咸以生徒自行实验为进步之初阶，故理化教室外必兼备生徒实验室，此法统称实验室教授法，教者不先解说，仅授问题，令生徒自以发现家之态度实验而研究之，申言之即使生徒自身循以前大发现家之涂辙而逐步前进是也，故又称之为发现的教授法，用此法者亦于普通教室内教授，顾

---

① "传统"指教学方法在实践中依然因循守旧，"现代"指学制的要求与学者理想中的科学方法是现代的。

所谓教授者仅以处理实验之结果为主，故必先实验而后教授，自全体以观则以实验室课业占重要之部分，故理化课之授课时数实验居大半焉。"[1] 在此文中他简要地向国人介绍了英、法、美三国的理科实验室教授法。又如上海尚公小学教员陈文钟在《教育杂志》第五卷第六号所发表的《尚公小学校外教授案》具体地记述了自己一堂课的校外教学过程，他将这个过程分为三个部分，即"教授"、"训练"、"参考"。再如王朝阳在《高等小学理科教授之研究》中指出理科教授应"注意儿童之动作"，也就是"以儿童之观察实验为基础，使儿童立于自动地位，教师立于指导监视地位而实行所谓自学辅导主义者也。"他认为"自学辅导主义"从心理学上来说可以增加儿童的"确信"，即儿童对自己自行操作而得知的结果的认同和牢固记忆；另一方面"自学辅导主义"还有"刺激其发明心，缜密其观察力，磨炼其思考力"的作用，在理科教学中特别值得提倡。[2]

由此可见，清末民初的中小学科学教育方法在理论上是比较"现代"的——强调师生实验，提倡实地观察、教授——这些理念即使在今天看来都不失其科学性与进步性。

那么，实践中的科学教育是否遵循了学制的要求和研究者的愿望？在当时的一批比较著名的学校，如尚公小学、南开中学、大同中学中科学教育的方法应该是比较先进的。如南开中学"力倡学习西学，相信知识就是力量，籍科学进步，兴办实业，增强国家实力，所以在教学上特别重视自然科学和传授外国语。重学理科，必然重视实验课。学生入学交纳学费，……还要交纳理科实验费二元，预偿费（损坏试验器皿和其他学校设备，预付的赔偿费用，期末多退少补）二元，……当时我莫名其妙，一年后我明白了，学自然学科的课，都必须上实验课，学生都必须亲自动手做试验，并写实验报告，在功课表上，理、化、生每周都规定有两节连排课，每二人分得一组实验仪器，独立进行实验。"[3]

注重学生实验、让学生纂写实验报告可以说是符合学制规定和科学教育发展要求的，但是像南开中学这样的学校只能代表当时一些较为先进的学校，而并不是当时科学教育的全部。可以说当时有大部分的科学教育都是无法达到学制的要求的，这在当时的资料中多有反映。如山西阳曲县官立小学"讲授时先生高坐——讲授，全是以前家塾性质，亦不合教授之法。"[4]，"日人诋

---

① 志厚：《最新之理化教授法》，载《教育杂志》第五卷第一号，1913 年 4 月 10 日。

② 王朝阳：《高等小学理科教授之研究》，载《教育研究》1913 年 7 月 10 日第三期。

③ 杨坚白：《锲而不舍 再拓新境》，载《南开中学建校八十周年纪念专刊》，1984 年天津教育出版社出版，第 31 页。

④ 《学部官报》（京外学务报告卷），第 65 页。

我学堂为科举之变相，仍用腐败旧法教授。"① 又如《教育杂志》第四卷第八号插页中的照片"湖南公立第一女子师范附属高等小学理科教授摄影"显示，学生都端坐整齐看书，教师在教室最后排静立，照片中没有显示模型、标本，学生也没有做笔记。

袁希涛在《南通县之教育》中也记载了南通师范学校附属高等小学"理科无教科书，用理科图画贴，贴面绘理科主要物类，贴背有红线直格，教员口授，学生就贴背记录之。"② 顾树森在其《京津小学校参观记》中记载北京高等师范附属小学校"高等三年级系授理科教材为空中雷电及避雷针，教师多用演讲式注入，且于黑板上书参考项甚详，令儿童一一录之于笔记簿上，教师不能利用仪器及挂图等以为实际观察，恐儿童所得知识不能十分明确。儿童有用教科书者，有不用教科书者。"记载直指庵小学"午后一时参观高等一年级理科，授蚕豆一课，教师先以问答法复习前课，稍嫌呆板，次授以新教材，教师以教科书中豌豆与蚕豆异同之比较表书于黑板上令儿童录于笔记簿上，此等教法不能用实物及挂图指示，恐儿童于正确之观念未易明显也。"③ 蒋维乔在《鄂省视察教育记》中也指出在参观鄂省立模范初高等小学校二年级时其校黄校监在传授农业科《植物生长之要件》时的情景是"引证甚详，惟语言似嫌过速，全用注入式而无发问，且农业重在实习，既无学校园，又无实物可以直观，仅凭书演讲似难收效。"④ 可见当时许多学校都只是用旧式的演讲法对儿童进行注入式教育，没有模型、标本、挂图，更不用说让儿童自己动手做实验了。

二、两份科学教案

为了进一步了解当时科学课的教法，这里试举两个科学教育的教案：一份为上海尚公小学1915年的理科校外教授案，一份为当时运用赫尔巴特五段教授法的典型教案（文中只列出四段，略去"练习"段）。

（一）上海尚公小学校外教授案⑤

时间：四月

教员：陈文钟

年级：高等小学校第一学年

教材：油菜　害虫　墓地　铁路

① 佚名：《论小学堂读经之谬》，载《教育杂志》1909年5月4日第一年第四期。
② 袁希涛：《南通县之教育》，载《中华教育界》1915年1月25日第四卷第一期。
③ 顾树森：《京津小学校参观记》，载《中华教育界》1915年6月25日第四卷第六期。
④ 蒋维乔：《鄂省参观教育记》，载《教育杂志》1915年11月15日第七卷第十一号。
⑤ 陈文钟：《尚公小学校外教授案》，载《教育杂志》1915年9月15日第五卷第六号。

目的地：近校之园林（学校西北约三里许有陈家花园，园中有墓地一方，左水池、右菜园，四周遍植冬青树，亭台二三、花木千株，无尘俗气，归时经淞沪铁路旁）。

方法：

教授

（1）油菜　当三四月间四野园圃遍地黄色者即油菜之开花也，花瓣有四，彼此队列作十字形，萼亦四片，形状亦如之，故曰十字花，雄蕊六枚，四长二短，名曰四强雄蕊，此为十字科之特性，蕊之上端曰药，中有花粉，下端旁有绿色小球分泌蜜汁，雌蕊一枚，上曰柱头，下曰子房，子房即结实处也。

（2）害虫　菜圃中有食叶之青虫是为害虫。害虫虽非一种，然在油菜叶上者其色青，与菜叶相同，所谓保护色是也，其形如蚕即为螟蛉。

（3）墓地　陈氏园中有园主永皋墓，清封资政大夫，想亦一绅宦也。墓高二尺余，周数十步，以塞门德浇成，故平坦无隙，上置瓷凳数具，以备游人休憩也。

（4）铁路　此路为沪宁铁路之支路，曰淞沪铁路。东北连吴淞，长约四十余里，西与沪宁线接，经苏州、常州至江宁长约七百余里。

训练

（1）油菜之果实为狭长之荚，荚中藏子数粒，可以榨油，其茎叶可充食品。如白菜、莱菔等其花皆呈十字形，与油菜相类，故总称曰十字花科植物。

（2）油菜间食叶之害虫日后变化而为种种之蝶。凡植物之虫媒花，其雄蕊之花粉传达于雌蕊中而后结实，然必籍昆虫为之媒介，蝶喜食花蜜善传花粉，颇有益于植物，故凡物之有害者往往亦有利也。

（3）墓地为祭祀祖先之处，设备当求整齐，今观此墓精洁若斯，其后嗣之孝思于此可见一斑矣。

（4）世界进化交通便利建筑铁路于各方面均有关系，如铁路交通之处商业必发达尤为显著者也。

参考

（1）油菜之雌蕊子房内储胚珠，开花后所生之种子即胚珠受花粉而结成者也，如油菜桃等因虫类而送花粉者谓之虫媒植物，如松稻麦等则谓之风媒植物。

$$
植物
\begin{cases}
虫媒 \begin{cases} 花美有香与蜜，花粉重而有黏性 \\ 其量少 \end{cases} \\
风媒 \begin{cases} 花不美无香蜜，花粉干而轻 \\ 其量多 \end{cases}
\end{cases}
$$

（2）此等害虫即蝶类之卵所孵化实为蝶之幼虫也，渐长则外被坚膜，吐丝自缚于篱垣间则为蛹，数日之后脱膜而出羽化成蝶，此等之虫常随生长而变其形态，谓之昆虫三变态。

（3）墓地有族葬散葬之别，族葬凡一族之人归之一地，散葬则散在四处也。族葬有二利——占据地面不广，不减灭天产物一也，后世子孙无遗忘之弊二也。今学校中定有春假，值清明扫墓之时报本追远即当于此时期中行之也。

（4）中国铁路自造者少外人承办者多，筹款自造者如京津、京张等路，是外人承办者如沪宁、津浦等路，是统观中国所筑铁路外人承办者约有四之三，筹款自筑者仅有四之一耳，人尝有言"中国铁路所筑之处即为外人势力所到之处"斯言诚不欺也。淞沪铁路清光绪二年由英商怡和洋行经营之，既而清两江总督沈葆桢购回拆毁。至丙午年，以京汉铁路官款二百五十万就原线敷设之，今归并沪宁为支路。

上海尚公小学的这种课外教授理科的方法符合《壬子癸丑学制》规定的"教授理科务须实地观察"，儿童通过实地观察学习可以获得一些直观的形象的经验，这既有利于儿童"得真确之知识"，又有利于引起儿童研究自然、热爱自然的兴趣，与单纯的教室演讲法相比较为先进，是一种符合低年级儿童理科学习心理的教学方法。

在这一阶段，赫尔巴特的五段教授法经由日本传到中国，时人认为"赫尔巴特之五段法，诚适切于理科教授法。"[1] 中国的日本教习以及从日本留学回国执教的理科教员大都采用这种教授法。这里也列举一份用五段教授法教授物理的经典教案。

（二）"五段教学法"物理教案[2]

题目：物体在水中减失重量

预备

物比水轻则浮，物比水重则沉，沉则重水比物，浮则轻水比物。

比水重之物浸于水中，较空气中有何差异。

由何种经验而知物浸水中时必减失重量。

欲证明事实之确否，请观察次之实验。

提示

（1）试观此天秤（天平），成水平面，由是知悬于两端之物，其重量必相等。

今将悬于圆筒下之铜柱，浸入水中则沉（实验）。

---

① 罗振玉：《教育世界》，1904 年 85 号，第 34 页。

② 森冈常藏：《各科教授法精义》，第 297～298 页，转引自骆丙贤等编著：《中国物理教授简史》，湖南教育出版社 1991 年 12 月版，第 252 页。

其结果如何。……令此天秤失其水平面，悬铜柱之一端渐仰，而他端渐俯。此何故耶？盖铜柱浸入水中，其重量必减少故也（决定）。

（2）然则铜柱减少若干重量，用何法可以计算。

试观次之实验。铜柱可套入圆筒中，是知铜柱之容积与圆筒内空虚之容积相等。（试验时当取铜柱放入圆筒中以示事实之正确）今荡盛水于圆筒中，水之容积与何者相等——与铜柱之容积相等。

如前之试验，再浸铜柱于水中……则天秤仍其水平面……何故。

末后所加之水之重量，等于铜柱浸入水中后减少之重量，其理甚明。

然则铜柱浸入水中后，所减少之重量，复与何者相等。就以上实验所已知者，诸生能决定此问题否？

铜柱所减之重量，等于排去之同容器之水之重量（决定）。

<u>连接</u>

滞重之大石，在陆上不能摇动之，在水中可以摇动之。何故？此大石在水中，减少若干重量？

<u>总括</u>

令儿童各出笔记簿，将次之要项记入：

（1）物沉于水中减失其重量。

（2）其所减之重量等于排去之同容积之水之重量。

这份教案虽然没有指明是中国哪一所学校所用，但通过它可以了解当时采用五段教学法教授理科的具体步骤、细节，如实验的安排、对学生的提问、学生的笔记等，希望能够对了解当时的教授法起到"旁证"的作用。

第五节　普通中小学科学教育的保障措施

确定了课程设置、教育目标仅是确立了科学教育的规划，科学学科教师的培养、教科书的编辑、科学仪器（包括实验仪器、模型、标本等）的准备则是保障科学教育顺利进行的必不可少的措施。

一、科学学科教师

前文已经提到过：近代意义上的科学教育是从西方传入中国的，也就是说在近代以前中国是没有正式的科学教育的，那么也就不可能有科学教师，儒士和"八股取士"制度下的文人都不能担当起科学学科教师的重任；普通中小学的科学教育正式诞生以前中国的教会学校和洋务学堂虽然培养了一批略通西学的新式知识分子，但也只是杯水车薪，不能满足当时对科学教师的庞大需求。

当时举办新式教育的人物几乎都持有一种看法，那就是欲多设学堂，难处有二：一是"经费巨"，二是"教员少"，而"求师之难，尤甚于筹费。"① 所以从兴学之始，清政府就比较关心科学学科教育教师的"引进"和培养。

所谓引进是指延聘外籍教师，当时各级各类学校曾聘请过多国科学学科教习来我国任教，这其中尤以日本为多。中日甲午战争后，中国教育取法日本模式，一些新式教育机构已经聘请过日本教习。"就当时中国新式学堂的课程教学水准和学生对新学知识的接受能力而言，早期来华的日本教习一般都称得上'力能胜任'，所以到 20 世纪初年，其时主办新式教育的政要们大多认为'教习尤以日本为最善'。自是日本教习来华者日益增多，以致高峰期达到五六百人。……况且从整体上看，来华的日籍教师所担任的课程，几乎是中国学堂内全部的'西学'内容。"② 野鹤所翻译的《日本人之我国教育谈》（题目为翻译者所加，原著者为日本人北村泽吉）曾提到清末时湖北、湖南一带教育长官为了满足对新式教师的需求多热衷于派生徒赴日本留学，而天津京城一带则多延聘日本教习，作者于是与一同仁来到天津，文中谈到他们不仅在这里建起几所师范学堂，而且也使从来没有中小学的一些穷乡僻壤建起了新式学校，并曾亲自担任教习③。日本教习在新式学堂中所占比例在 1906 年后逐年下降。

日本教习在中国新式学堂中所占比例下降的原因与他们自身和日本国的有关政策有关，但主要还是因为中国各种师范学堂的迅速发展培养了许多新式人才，另外留学学生特别是留日学生回国投入新式教育事业也是一个重要原因。

1904 年《癸卯学制》的颁行既是普通中小学科学教育进入制度化的标志，也是科学学科教师教育进入制度化的标志。在《癸卯学制》中与中学堂平行的初级师范学堂以培养初等、高等小学堂教员为宗旨，与高等学堂平行的优级师范学堂以造就初级师范学堂及中学堂之教员和管理人员为宗旨。在初级和优级师范学堂中都开设了各类科学课程和教学法，特别是优级师范学堂分类科的第三类和第四类特别重视科学教育，几乎是专为培养科学学科教师而开设的。第三类学科开设的科学课程有算学、物理学、化学，不包括算学，仅物理学、化学教学时数就占全部学科总学时数的 22.22%。第四类学科开设的科学课程以算学、植物、动物、矿物、生理学为主，不包括算学，仅后面四门学科教学时数就占全部学科总学时数的 35.42%。④ 1906 年 6 月学部

---

① 张之洞、刘坤一：《江楚会奏变法一折》，载《教育世界》1901 年 10 月第 10 号。
② 余子侠：《民族危机下的教育应对》，华中师范大学出版社 2001 年 5 月第 1 版，第 48 页。
③ 北村泽吉原著，野鹤译：《日本人之我国教育谈》，载《教育研究》1915 年 3 月 10 日第20 期。
④ 郭长江：《中国近现代科学教育变革的文化反思》，华东师范大学教育学系 2003 年博士论文，第 58~59 页。

又颁布优级师范选科简章，将本科分为通习本科、数学本科、理化本科和博物本科，后三科是为培养专门的科学学科教师而开设的。民国成立后所颁布的《壬子癸丑学制》将师范类分为师范学校和高等师范学校两级，并专为女子设立女子师范学校，其中高等师范学校本科开设了数学物理、物理化学、博物等部。可以说以上这些师范学校特别是师范学校中专门的科学教育类部门的设立为培养科学学科教师提供了基本保障。

兴学之初，仅仅依靠引进外籍教习和自主培养都不能满足对科学教师的大量需求，1903 年，时任管学大臣的张百熙曾在奏折中提到："百熙于召对时，曾蒙懿训，深以教习乏才为念，当经奏陈京师大学堂，以派学生分析专门，以备教习之选。计自开学以来，将及一载，臣等随时体察，益觉资遣学生出洋之举，万不可缓。诚以教育初基，必从培养教员入手。"① 由于当时中国教育界正处于向日本学习的大潮中，而且如赴日本留学不仅路近、花费较之他国为少，而且语言相近，所以赴日留学就成为首选。"中国而不欲开学堂也则已，开学堂而任其腐败也则已，否则，宜速派人来日本学习师范。"② 起初留日学生所选修的专业以法政、武备为主，针对这种情况，清政府在 1908 年规定凡官费出国留学者只准学习农、工、格致专业，不得改习他科。这个规定对于充实中国科学教师队伍是有益处的。留日学生回国后投身新式教育充实了科学教师的队伍，他们不但提高了数学、理化、博物等自然科学课程的教学质量，而且在一定程度上改良了科学教育的方法，加强了科学仪器、实验设备的建设，并且编译出版了大量的科学教育书籍，推动了科学教育的发展③。

二、科学学科教科书

在科举制度时代，中国没有"教科书"这一名词。那时，蒙学、书院学生所用的课本种类都比较简单，大致分为两类：一种为启蒙性质的，如《三字经》、《百家姓》、《千字文》等；另外就是儒学经典四书、五经等。

新式教育兴起后，过去完全以求仕入仕为目的而使用的经文类教材已不符合教育发展的要求，迫切需要"新式教科书"来适应新教育的发展。在这种情况下，学部曾成立编纂处编译教科书，但是由于官僚气息过于浓厚而且缺乏真正了解新式教科书编纂体例和发展规律的人才，教科书缺乏的问题依然没有得到解决。而早在学部成立编纂处以前，各书局就已经开始探索编译、出版新式教科书。在科学教科书方面，以商务印书馆、文明书局和几个译书

---

① 《光绪朝东华录》（五），"光绪二十九年"，中华书局 1958 年版，第 127 页。
② 《敬上乡先生请令子弟出洋游学并筹集公款派遣学生书》，载《浙江潮》第 7 期，第 2 页。
③ 田正评著：《留学生与中国教育近代化》，广东教育出版社 1996 年版，第 327～328 页。

社的成绩较为卓著。如 1902 年由留日学生陆世芬等组建的教科书译辑社专门翻译出版日本中小学课本，1903 年以江浙地区留学生为主体成立的"国学社"不满足于直译日本教科书，而是借鉴日本教科书的体例和材料来编译教科书。这些书局出版的科学教科书大致通过三种方式编译而成，一种就是自编，小学特别是初等小学科学教科书大致由此而成；第二种是翻译，晚清时期所出版的中学堂科学教科书大都翻译自日本，也有个别翻译自美国的；第三种方式是编译，也就是说出版的教科书是通过翻译而来的，但不是原文，而是经过节选后的译本，这种方式中还有一种特例就是留日学生直接根据自己的听课笔记编成教科书。下面仅以学部第一次审定的科学教科书为例来说明这三种方式①。

表 1 - 2 - 8　学部审定初等小学暂用教科书

书名	出版	用者
初等小学笔算教科书	商务馆	生徒
初等小学笔算教科书教授法	商务馆	教员
蒙学珠算教科书	文明书局	教员
最新初等小学珠算入门	商务馆	教员
心算教授法	直隶学务处	教员
初等小学格致教科书	直隶学务处	生徒
初等小学格致教科书教授法	直隶学务处	教员
初等博物教科书	文明书局	生徒
初等生理卫生教科书	文明书局	生徒

表 1 - 2 - 9　学部第一次审定高等小学暂用教科书

书名	使用者	出版者	是否翻译或编译	原作者
最新高等小学笔算教科书	生徒	商务馆	是	日本人（具体未注明）
小学笔算新教科书	生徒	文明局	未注明	未注明
最新珠算教科书教授法	教员	商务馆	否	杜综大等
高等小学理科教科书	生徒	文明局	是	［日］棚桥源太郎、通口勘次郎合著
小学新理科教科书	生徒	由宗龙等翻译	是	［日］滨幸次郎、稻叶六郎合著
小学新理科书	教员	由宗龙等翻译	是	［日］滨幸次郎、稻叶六郎合著

---

① 表 1 - 2 - 8、表 1 - 2 - 9、表 1 - 2 - 10 系根据《学部官报》（审定书目）第一册第 3 ~ 33 页、第 2 ~ 18 页资料编纂而成。

表1－2－10 学部审定中学暂用书目表

书名	使用者	出版者	是否翻译或编译	原作者
普通教育算术教科书	学生	普及书局	未注明	未注明
新译算术教科书	学生		是	未具体注明
中学适用算术教科书	学生	上海科学会	是	［日］桦正董
中等算术教科书	学生		是	未具体注明
算学自修书	学生	中国图书公司	否	沈羽
直方大代数学	学生		是	日本人
最新代数学教科书	学生	昌明公司	是	［日］真野氏、宫田氏合著
新体中学代数学教科书	学生		是	［日］高木贞治
小代数学教科书	学生	上海科学会	是	［日］长泽龟之助翻译本❶
平面立体几何学教科书	学生	昌明公司	是	日本人
新译几何学教科书	学生	图书公司	是	［日］桦正董
最新中学教科书几何学（立体平面）	学生	商务印书馆	是	［美］宓而
最新中学教科书三角术	学生	商务印书馆	是	［美］费烈伯、史德朗合著
天生术演代	教员		是	日本古算法
新撰博物学教科书（附图）	学生	文明局	否	华文祺
博物学大意	学生	商务印书馆	否	杜就田
植物学教科书	学生	文明局	是	［日］藤井健次郎
最新中学教科书植物学	学生	商务印书馆	是	［日］三好学者
最新中学教科书动物学		商务印书馆	是	白纳
中学生理卫生教科书		文明局	是	［日］吴秀三
中学生理教科书	教员	教科书译辑社	是	［美］斯起而
新式矿物学		启文社	是	［日］肋水铁五郎
最新中学教科书矿物学	学生	商务印书馆	是	未注明
最新中学教科书地质学		商务印书馆	是	［美］赖康式
地质学教科书		商务印书馆	是	［日］横山又次郎
最新理化示教		文明局	是	［日］菊池熊太郎
理化示教		商务印书馆	是	未注明
理化教科书	学生	科学仪器馆	是	［日］和田猪三郎
近世物理学教科书	教员	学部编译图书局	是	［日］中村清二

续表

书名	使用者	出版者	是否翻译或编译	原作者
近世物理学教科书	教员	普及书局	是	［日］中村清二
普通应用物理学教科书	学生	图书公司	是	［日］饭盛氏、本之中村氏
中学化学教科书	学生	文明局	是	［日］龟高德平
最新化学教科书	学生	文明局	是	［日］大幸勇吉
最新化学理论	学生	科学仪器馆	是	［日］中谷平四郎
实验化学教科书	学生	科学仪器馆	是	［日］大幸勇吉
最新化学理论解说	学生	图书公司	是	［日］池田清
普通教育化学讲义实验书	学生	普及书局	是	［日］龟高德平

❶《小代数学教科书》原著者为英国人查里斯密，此处为中国人陈文翻译自日本人长泽龟之助的译本。

从上面三份表格可以看出：初等小学科学教科书国人一般采取自编的方式就可以达到要求；高等小学所审定的 6 本科学教科书中有四本是翻译本且全翻译自日本；中学堂共审定科学教科书 37 本，明确注明是翻译的有 33 本，其中翻译自日本的有 24 本，占所审定书目总量的 64% 强，日本科学教育对中国的影响可见一斑。在学部给审定书目所加的批注中曾提到翻译而来的教科书存在两大问题：一是书中所列举的物种有的在中国国内比较罕见，教师在教授时难以找到相应的实物，学生也难以理解，如《最新中学教科书动物学》为黄英翻译自白纳的著作，学部批示认为这本译著叙述明晰、译笔顺畅，"惟所取动物间有为吾国所罕见者"。有的教材中的理化名词中国与日本、美国等是不通用的，但翻译者没有把这些词改为中国习用之名词，导致师生理解障碍，如《中学生理卫生教科书》是无锡人华申祺、华文祺翻译自日本人吴秀三的著作，学部批注为"化学名词如酸素、窒素皆延自东称，亟宜改正耳"①。这些批注虽然有的并不恰当，略显迂腐，但也提出了一个翻译作品本土化的问题，如何让译著更容易让人理解，如何让译著更符合国人的学习心理、学习方式，这也是值得后世斟酌的地方。

民国成立后，教育部又数次审定教科书，1913 年以前曾公布过十三次审定书目，其中，科学类教科书 26 本，其中有六本翻译自日本，而且也是在前人翻译的基础上改定的，这一阶段出版科学教科书较多的是商务印书馆和文明书局②。

---

① 《学部官报》（审定书目），第二册，第 16 页。
② 《教育部布告审定教科图书》，载《教育杂志》第四卷第十一号，第 75～79 页，第五卷第二号，第 19～24 页。

这一时期先后成立的最高教育行政机构——学部和教育部都只规定各级学校要采用通过审定的教科书,在用哪种版本上学校有自主选择权。值得注意的是这一时期曾有教育者主张在科学教育中废除教科书,如吴家煦所发起的江苏省教育会理科教授研究会第一期研究的问题就是"中小学理科教育该不该用教科书",讨论意见分为三种:用、不用、酌情处置,主张用的教师认为教师教学任务繁重没有精力和义务自编教科书;主张不用的教师认为编纂教科书的人并不了解所用学校的实际情况,而且中国地大物博,适宜一地的教科书在另外一地也许并不适用;主张酌情处置的人则认为在正常情况下应该采用教科书,在与本地实际情况发生冲突时则不用教科书,改用自编乡土教材①。其实对这一问题的探讨至今仍未停息,这也就是改统一教科书为各地学校有自主选择教科书权力,并且鼓励开发"校本课程"的原因。

三、科学仪器

上文已经提到过清末民初的各个学制都对科学科目的教授方法作过具体的规定,要求格致、理科、博物、理化教学应开设一定的实验课,配备相应的并合于章程的实验仪器、标本模型图画、专用教室或器具室,如《癸卯学制》对于理化教法的规定:"凡教理化者,在本诸实验,得真确之知识,使适于日用生计及实业之用。"并要求各学校讲授物理化学课应具备"专用讲堂"、"器具室"、"管理员室",应开设一定的实验课。许多关注科学教授的学者也在报纸杂志上发表言论强调各级学校的设备中应有特设的理科教室、实验仪器等。如太玄认为各小学应该配备特殊的理科教室,他认为理科教室"便于存放器械"、"便于教员准备"、"便于特别设施"、"便于儿童试验"②;吴家煦认为"所谓教授器械者于博物为图画模型标本即实验用具是也,于理化为图画模型器械即诸药品是也,夫此教授器械为教授理科者所不可或缺,如绘图之于颜料,离之不能增其鲜艳,如旅客之于地图,失之不能明其途径。十年以来,各高等小学校虽限于部章不能不以理科一项列入科目,然手理科教科书以作国文之讲解者比比皆是,此等现象凡置身教育界者类能道之,固不容讳,亦不必讳也,以是而欲引起学生之理科观念是南辕而北辙耳。""有教授器械则事事物物均可证诸实验而学生所获之知识自然正确明了,有教授器械则口谈手演咸得有凭籍,而教师所发之讲谈自然兴会淋漓,此教授器械之关

---

① 《吴君家煦交到理科教授研究会简章并报告》,载《教育研究》1915年1月10日第十九期。
② 太玄:《小学理科教室之设备》,载《教育杂志》1913年5月10日第五卷第二号。

系重要自不待言矣。"① 这样看来科学仪器对于理科教授的重要性自不待言，那么实际的情况怎么样？像上文提到的如南洋模范中学、南开中学、南洋公学等情况自然会比较好一些，南开中学的科学馆全国一流，仪器设备品种之全、数量之多已可以满足学生两人一组进行科学实验了，当年的美国哈佛校长伊里奥到南开中学参观时就惊叹于科学仪器的"全"与"多"。但是在中国当时时局不稳、战乱频繁、经济比较落后的情况下，大部分的学校都没有如此幸运。《学部官报》的"京外学务报告"中就提到多所学校缺乏理科实验仪器，甚至有的学校根本就没有实验仪器。吴家煦也谈道："今之小学校无论县立私立其于经济一端未有不患其困窘者，教具不可少，教师不能缺，关于形式诸点无可核减，归根结果则计及于教授器械，于是一无设备者有之，略事购置为玻璃橱内之观瞻品者有之，苟欲用诸于教授之际非缺甲即少乙虽有亦无耳，理科教师之死讲教科书不可谓非办学者有以酿成之也。"②

那么，如何才能解决这种理科仪器缺乏的情况？在整个大的经济情况不能得到根本改观以前就只能"自己动手，丰衣足食"了。吴家煦认为理科教师应该自备实验器械，他认为如果理科教师自备器械，"可以省学校之经济也"，因为当时理科教师大都不是在某校专职而是在多所学校兼课，如果一个理科教师自备一组理科器械的话就可以为数所学校省去仪器钱了；还可以让"教授器械不致虚耗"、"试验不致失败"。③《教育杂志》也从第三年第一期起到第四年第三号止连篇累牍地介绍了日本人中岛吉太郎所著、蔡文森所翻译的《小学理化器械制造试验之简法》，详细地介绍了自制各种理科实验仪器的方法。

应该说在无法改变大的经济环境以前，教师和学生自制实验仪器确实不失为一种应急的解决方法，它一可以解决经济上的困难，二可以引发教师和学生学习科学和研究科学的兴趣，但毕竟不是长久之计。

第六节　日本科学教育对中国的影响

中日甲午战争以后，中国人认识到日本自明治维新以后力行教育改革对

---

① 吴家煦：《小学理科教师宜自备教授器械》，载《中华教育界》1915 年 1 月 25 日第四卷第一期。

② 吴家煦：《小学理科教师宜自备教授器械》，载《中华教育界》1915 年 1 月 25 日第四卷第一期。

③ 吴家煦：《小学理科教师宜自备教授器械》，载《中华教育界》1915 年 1 月 25 日第四卷第一期。

改变国家落后挨打局面所起到的巨大作用，而中国当时的国家状况与日本明治维新前颇为相似，为了尽快摆脱当时的局面，中国开始了自甲午以降近 20 年的"以日为师"学习日本教育的潮流。在这股潮流中，对日本普通科学教育的借鉴显得尤为突出，主要表现在国人教育思想观念的更新，普通科学教育制度的创建、新式教育人才的养成、教学内容的借鉴等方面。

一、教育思想观念的更新

早在维新变法之前，严复就曾指出，以科举为目的的中国传统教育"上不足以辅国家，下不足以资事畜"，对于社会进步毫无益处，而反观当时的日本教育却能够将有用的西学知识纳入教学体系，故能"富国阜民"。并指出日本此前也深受西方列强侵略"非不深恶西洋也，而于西学，则痛心疾首，卧薪尝胆求之，知非此不独无以制人，且将无以存国也。"① 1898 年江西学界人物朱绶前往日本考察学务，此行的目的是亲临其地学习其先进的办学经验。在《东游纪成》中他用如下文字记述了自己亲身体验到的中日两国教育观念的差别："学校之名，中东皆同，而其实迥乎不同：中国之学校专为文教而设；东国则推以教水陆之战阵、有无之迁贸，以及艺术也、农作也、音乐也、裁缝也、盲视哑语也、跳舞体操也，无一事不设学校。中国以文士专讲读书识字目为学校中人，其余则否；东国则中外臣公、文武员弁、大小教习，以及新旧之兵、行坐之商、百业之工、四境之农、闺阁之淑媛、提携之幼稚、残缺之穷氓，无一非读书识字之人，即无一非学校中人也。呜呼同哉?!"② 正如论者所分析，此番议论不仅说明了其时两国学校教育之"实"——教育对象、教育内容、教育目的——的不同，而且在一定程度上转变了自身对学校教育社会功能的认识。

在此后的学习日本的大潮中，中国人逐渐意识到教育普及、发展新式教育——在新式教育中"西学"占据相当的位置——对于"富国阜民"的重要意义，来源于日本的"学制"观念也得到进一步的发展。

二、普通科学教育制度的创建

在学习日本的过程中，国人经过历次实地考察逐渐意识到应该仿照日本建立依次而进、从低到高的学制系统，而《教育世界》也以极大的篇幅连续

---

① 严复：《救亡决论》，陈学恂主编：《中国近代教育文选》，人民教育出版社 1983 年版，第 188 ~ 199 页。

② 朱绶：《东游纪成》，转引自田正平：《留学生与中国教育近代化》，广东教育出版社 1996 年版，第 310 页。

翻译介绍了日本的学制体系，为中国建立学制提供了一个范本。就这个阶段中国的三个学制而言，它们与形成于 1900 年（明治三十三年）的日本学制相比，无论是从普通教育、师范教育、实业教育的设置、学习年限的划分还是从课程的种类上来看都几无差别。

从科学教育方面来看，这三个学制对于日本的模仿程度更深——无论是从科学课程的设置、科目的名称还是从开设的时间和学习的年限来看都近似于相同，如《壬子癸丑学制》规定初等小学堂开设科学教育科目为"算术"，在四个学年的周课时分别为 5、6、6、6，高等小学堂开设科学教育科目为"算术"和"理科"，其中算术在四个学年的周课时都为 4，理科在四个学年的周课时都为 2，这与日本 1900 年学制所开设的科学课程的科目名称和学习时数相比完全相同①。由此可见，日本科学教育对中国的影响和中国科学教育对日本的取法在程度上颇为深刻。

三、新式教育人才的养成

人们在探讨中国近代科学教育的发展路径时都会思考到它的发端与近代西方资本主义国家的不同，也就是后者的"科学"和"科学教育"是自觉自然地萌发的，而前者的"科学"和"科学教育"则是在西方列强坚船利炮的压迫下被动发端的，这就使得中国的科学教育缺乏相应的人才——科学教师以及重视科学教育的决策者和办学者。前者在上节中已经详细论述，在此不赘述，这里再简略谈谈后者。

除了在教育第一线上的大批科学教师外，"以日为师"的浪潮还造就了一批懂得科学和科学教育的决策者和办学者。如曾在 1902 年和 1904 年两度考察日本学务的严修，他回国后不久就署理学部右侍郎，他重视科学，了解科学教育，后来又与同样赴日考察过的张伯苓合创了南开中学，而南开中学对于科学教育的重视在当时和现在都是赫赫有名的。

进入中华民国以后，又有数名曾赴日留学的归国者先后任民国教育总长和次长，对日本科学教育的学习和重视保障了中国科学教育在政策上的相对连续性，这也许是中国的科学教育在民国初期仍然学习日本的原因。此外，根据 1931 年的一份中学校长资历材料统计，江、浙等 19 个省市的 371 所省立中学中，有 66 位留学归国的校长，其中留日者就有 38 人②。如湖南第一所私立新式中学堂——明德学堂，就是胡元倓留日归国后于 1903 年创办的；上海城东女学是赴日专攻女子教育的杨士照创办的。这些学堂都比较重视科学教

---

① 田正平：《留学生与中国教育近代化》，广东教育出版社 1996 年版，第 335～356 页。
② 余子侠：《民族危机下的教育应对》，华中师范大学出版社 2001 年 5 月第 1 版，第 52 页。

育，客观上来讲这也可以算作日本科学教育对中国的影响之一。

四、科学教育内容的借鉴

在"以日为师"为主题的大潮下，中国对日本科学教育的学习还表现在科学教育内容的引进和借鉴方面，具体体现在学校教育中科学科目的设置、教材和教法的引进上。

中国传统教育是不分系别、不分科目的，清初黄遵宪曾经对日本分系科、分专业设置学校教育的科目和课程有过详细的介绍。到了中日甲午战争以后，中国教育界整个的进入"以日为师"的高潮，科学教育也要求借鉴日本各级各类学校科学教育的科目和课程设置形式来安排中国各级各类学校的科学教育课程。清政府和民国政府曾先后派遣过多人去日本考察学务，他们在日本详细地观察、学习了日本各级各类学校的设科方式，这就有了后来中国的三个学制的形成，这三个学制中的科学科目设置如上文所说的一样大都模仿日本相应的学校，而赴日的留学生在专业选择上的广泛性和多样性又为中国的科学教育准备了一定的潜在师资。同时，当时的各类报纸杂志特别是教育类的报纸杂志更是不遗余力地翻译介绍了日本各级各类学校各门课程和各类学科的设置形式，由此借鉴日本的科学教育内容成为一种趋势。

至于教材的引进，前文已有所论述。中国当时普通中小学的科学教科书（"教科书"一词也是从日本引进的）大都自日本引进，正如郭沫若在回忆中学生涯时所说的："中国为了向日本学习，在派遣大批留学生去日本的同时，又从日本招聘了很多教师到中国来。我们当时又翻译了大量的日本中学用的教科书。我个人来日本以前，在中国的中学所学的几何学，就是菊池大麓先生所编纂的。此外，物理学的教科书则是本多光太郎先生所编的。"[1] 这里需要补充的是当时除了出版社译介了大量的日本科学教科书外，各类刊物还翻译、编译了大量的日本科学教科书，一些学者也自编自译了一些日本科学教科书。前者如《教育世界》曾在其"序例"中写道"此杂志中所译各学教科书，多采自日本，考各种教科书有可通用者（如动植理化之类），有须特撰者（如读本地理历史之类），兹译日本教科书为蓝本。"[2] 后者如 1909 年四川速成师范的学生根据日本教材，编写了算学、地理等方面的教材；又如 1906 年江苏留学日本的师范生为求简洁，直接采用自己在日本留学期间的听课笔记整理编辑了《江苏师范讲义》，内容包括物理、化学、矿务、植物学、心理学等方面，此外还有人文方面的讲义，总计 16 册。这个阶段翻译、编译日本科

① ［日］实藤惠秀：《中国人留学日本史》（中译本），三联书店 1983 年版，第 233 页。
② 罗振玉：《教育世界·序例》，载《教育世界》1901 年 5 月第 1 号。

学教科书为日后国人自己编写科学教科书提供了范本，打下了基础。

新的教育内容需要由新的教学方法来实施，传统教育经解式的教学方式已完全不能符合科学教育的要求，因此中国在从日本引进新的教学内容的同时也借鉴和引进了新的教学方法。新的科学教学方法如当时称之为"用实验台之直观教授"法、"以儿童实验为基础之实验室教授"法、"海尔巴德教学法"（赫尔巴特五段教授法）主要是通过两种方式从日本引进的。第一种为派遣留学生赴日学习各科教授法，如张之洞、刘坤一等人曾经指出"事急需才，恐难久持。查日本文武各学校皆有速成教法，于各项功课择要加工，于稍缓者量加省减，刻期毕业。应旨饬出使大臣李盛铎切托日本文部省、参谋省、陆军省代我筹计，代拟大中小学各种速成教法以应急需。"① 由此，日本学校科学教育的各种教学方法经由留日学生传到中国，西方有关教学方法也经由日本传到中国，如赫尔巴特五段教授法。第二种为报纸杂志的介绍，除了文字介绍之外，还有一些图片拍摄了日本学校教授理科的场面，更为直观地向国人介绍日本的科学教学方法，如《教育研究》第三期和第四期就分别在"插画"里刊登了日本青山师范学校附属小学校理科教授摄影"用实验台之直观教授"和日本京都女子师范小学校理科教授摄影"以儿童实验为基础之实验室教授"。这些教学方法在中国传统教育中是不存在的，从日本直接引进这些较为先进的教学方法大大缩短了国人自己摸索的时间，加快了科学教育发展的步伐。

综上可见，在中日甲午战争后的近20年中，日本的科学教育对中国产生了深刻的影响——改变了国人的传统教育观念，将西学正式纳入学制系统，翻译编纂了大量的科学教科书、引进了新的适合科学教育的教学方法。虽然这股轰轰烈烈的"以日为师"的学习浪潮在后来多为人诟病，如照搬学制、"忠君"色彩浓厚、科学教育所占比例不足，等等，但从客观上来讲，当中国正处于民族危亡的紧要关头，当中国的科学文化、科学教育远远落后于日本时，向它的学习是必然的，也是必要的。

总的来说，1902～1915 年的普通中小学科学教育较之第一个阶段已经算是从形式上"步入正轨"——普通科学教育制度的形成为它的发展铺就了轨道，向日本的学习为它的发展提供了范本，中国的普通中小学教育从此结束了混乱的各自为政的局面，数学、理科、博物、理化等科学教育学科在形式上已经确定下来，并得到了初步的发展，有些学校，如前文提到的南洋公学、南开中学、南洋模范中学等在科学教育方面也取得了一定的成就。但在大范围的科学教育实践中，由于办学者对科学教育的认识程度、师资、设备等种

---

① 张之洞、刘坤一：《江楚会奏变法第一折》，载《教育世界》1901 年 10 月第 10 号。

种原因，科学教育的发展存在许多不尽如人意的地方，人们对当时的教育实际多有嘲讽，如在《教育杂志》中曾有插页"绝妙好批"："'善于用笔，举重若轻'某中学堂大考化学试卷之批语也；'无一浮烟涨墨绕其笔端'某高等中学大考化学试卷之批语也。"① （也就是说这两则批语并不是以化学考试应有的评价标准——正误来评价学生的试卷，而是以字体的好坏、卷面的整洁程度作为评价的标准，"绝妙好批"正是对当时科学教育中的不正常现象的"绝妙"讽刺）这种批语应该不是了解科学教育的教师所批注的，与推进科学教育发展和引导学生的探究精神、怀疑精神等科学精神也是风马牛不相及的。

① 《教育杂志》，1910 年 11 月 11 日第二年第十期。

第三章

新文化语境下深受美国影响的
科学教育（1915～1922）

自西方科学教育传入中国以来，经过几十年的发展，中国的普通科学教育从表面上看已经颇为"全备"——普通科学教育制度已经创建，学校开设的数学、格致、博物、理化等科学教育课程也一应俱全，翻译、编译了大量科学类教科书，培养了一批科学教师，但就实质而言，中国的普通科学教育并未因此进入"科学化"的发展轨道。

第一节　对当时科学教育的反思——没有
"科学"的"科学教育"

蔡元培曾指出"吾国教育界，乃尚牢守几本教科书，以强迫全班之学生，其实与往日之《三字经》、四书、五经等，不过五十步与百步之相差。"[①] 新文化运动的代表人物陈独秀也曾指出"我们中国，模仿西洋创办学校已经数十年，而成效毫无。学校处数固属过少，不能普及；就是已成的学校，所教的非是中国腐旧的经史文学，就是死读几本外国文和理科教科书，也是去近代西洋教育真相真精神尚远。"[②] 这里所讲的"真精神"是指民主与科学，也就是说中国当时的教育不但"食洋不化"且缺乏民主与科学。鉴于中国教育存在的种种缺陷，陈独秀表示"中国教育必须取法西洋"，推行"共和国民之教育"，"弃神圣的经典与幻想，而重自然科学的知识和日常生活的技能。"[③]

对于当时的科学教育现状，中国科学社的领军人物任鸿隽也持批评的态度："我国古无科学，故自来无所谓科学教育，自不待言。顾自前清光绪二十

① 蔡元培：《新教育与旧教育之岐点》，载《蔡元培教育文选》，人民教育出版社 1980 年版，第 50 页。
② 陈独秀：《近代西洋教育》，载《新青年》2 卷 4 号。
③ 陈独秀：《近代西洋教育》，载《新青年》2 卷 4 号。

九年开办学校，其奏定章程，在小学中学皆有理科格致科之设置。其后学校章程，虽屡经变更，然理科课程始终无替。故自表面观之，科学教育已早占一位置于我国学校中矣。然夷考其实，则理科设备，不但中小学未能完备，即大学亦多付缺如。以此言科学教育，诚不免名存实亡之感。目下教育家已多注意及此，将来科学教育之进步，固不当于量的方面求之，且当于质的方面求之也。"① 而且问题还不仅仅在于此，对于刚接触西方近代科学不久的中国人来说，即使是知识分子也"只有数学几何学物理学化学等等概念，没有科学的概念"，"中国人因为始终没有懂得'科学'这个字的意义，所以五十年前，很有人奖励学制船学制炮，却没有人奖励科学，近十几年学校里都教的数学几何化学物理，总不见人教科学。"② "科玄论战"中，玄学派张君劢的拥护者菊农曾撰文指出科学包括科学精神、科学方法、科学本身、科学应用四部分，而当时的科学教育只有科学本身，并不教科学精神和科学方法——"学校中的科学教育只是贩卖知识，教员对于学生只负转运知识的责任，科学家做学问的精神丝毫不曾得着。而所贩卖的只是科学的结论，所以得此结论的方法学生并不曾了解，学生在年纪轻的时候听惯了这些结论，都以为是推诸万世而皆准的话，结果只是养成了独断的精神。这真是科学教育所得的最'不科学的'结果，决不合乎科学精神。"③ 正如张准后来所说的自光绪三十一年至中华民国初年为"课本的科学教育"④，也就是说中国当时的科学教育虽然从表面上看似有了完备的形式，但学校仍然没有抛弃惯用的方法——就课本绝对灌输。

从事物的发展规律来讲，中国的普通科学教育从无到有，蹒跚起步，走过混乱与形式的制度化阶段都是必然的，也就是说中国科学教育的低起点决定了当时的科学教育者只能把精力放在最基本的"创建制度"、"完善形式"上面而无暇他顾，更不用说去深入探讨科学教育到底应该教什么，仅仅是科学知识还是包括科学方法与科学精神。但是，如果中国的科学教育永远都只是沉迷于谋求形式上的完备，那么它只能永远停留在形式的阶段而无法进步，所幸的是中国有一批如任鸿隽、吴家煦、蔡元培一样具有自觉的审视意识和自我批判、自我拯救责任感的学者，又所幸赶上了新文化运动的及时雨，中国的普通科学教育从此进入了一个新的发展阶段。

---

① 《教育大辞书》，商务印书馆1933年版，第739页。
② 梁启超：《科学精神与东西文化》，载《科学》第七卷第九期。
③ 菊农：《人格与教育》，见：张君劢等著：《科学与人生观》，辽宁教育出版社1998年3月第1版，第228页。
④ 张准：《近五十年来中国之科学教育》，张子高、周邦道：《科学发达史略》上海中华书局1928年版，第250页。

第二节 新文化语境下的科学教育

1915 年 9 月创刊的《新青年》标志着新文化运动的正式开始，此后的几年中，以陈独秀、李大钊、胡适等为核心的激进的民主主义者高举"民主"与"科学"的大旗，对旧思想、旧文化进行了猛烈的批判，这些批判对教育界特别是科学教育界也起到了不可小觑的作用——"在继洋务教育在技艺层面上、维新教育在制度层面上接受西方教育之后，新文化运动时期中国在思想观念层面上开始自觉接受西方教育、跟上西方教育。"①

一、"民主"与"科学"对科学教育思想的转变所起的作用

"民主"是一个与"专制"相对立的概念，中国近千年封建传统的本质就是专制，是君对臣、父对子、夫对妻的绝对权威。在这种制度和礼教下，处于被统治地位的人没有独立的人格，不允许有独立的认识和见解，不允许对权威有丝毫的怀疑，对事对物只讲"服从"和"接受"，而这一切都恰好是与科学精神——"探究"与"怀疑"背道而驰的。中华民国成立初期，虽然共和政体已经代替了君主专制政体，但封建礼教、文化的遗毒仍然根深蒂固，反映在科学教育中就是教师是学生的绝对权威，对学生缺乏应有的尊重和信任，不能引导学生自己实验、自我探究；而教师本人也是权威、专家、教科书的服从者，这才出现了上文所说的"手理科教科书以作国文之讲解者比比皆是"的局面。新文化运动呼唤民主，折射到科学教育中就是要求教师和学生都要有独立平等的人格，教师和学生都可以对专家、对权威提出质疑，教师允许学生通过实验、探究获得真知。如果说封建专制、礼教是禁锢思想的"牢笼"的话，辛亥革命仅仅是打破了有形的"牢笼"——专制统治，无形的"牢笼"——封建礼教则没有触及，科学教育中的师生仍然在思想上"画地为牢"。新文化运动提倡"民主"的功绩正在于打破这个无形的"牢笼"，解放师生的思想，让师生不再被权威束缚手脚，敢于"探究"、敢于"怀疑"，而这正好是与科学教育的精神相符合的。

如果说提倡"民主"是通过解放人的思想间接地促使科学教育的参与者重视"探究"、正视"怀疑"的话，提倡"科学"则是对理性的怀疑精神和科学方法、科学态度的疾声呐喊，是要用西方近代科学理性精神去反对中国传统思维方式因想象而产生的蒙昧。

---

① 孙培青：《中国教育史》，华东师范大学出版社 2000 年 9 月第二版，第 377 页。

陈独秀认为中国传统思想"有假定而无实证","有想象而无科学"①，对世界的认识和观念的接受，不由实证分析入手，而是主观臆断而来。"民主战士们认为学校引进了数理化生地之类学科，并不表示学校在进行科学教育，社会在讲究科学，重要的是让科学内容和方法深入社会各项事业，改变人的观念和态度。"② 并认为科学教育包括科学知识的获得、科学方法的习得和科学精神的养成三部分，其中科学方法的习得重于科学知识的获得，而习得科学方法的目的又是为了养成科学精神。可以说新文化运动中对"科学"的呐喊究其实质是对科学教育内涵的深化，这一深化正触及了科学教育的实质。

二、新文化运动推动下的科学教育改革

对于一个新接触"科学"不久的国家来说，中国的科学教育在最初的几十年里可以说一直都处于"童蒙时代"，对于这个懵懂的"孩童"，科学教育工作者将更多关注的目光放在了"体面"问题上——如何设置课程、有哪些教育内容、教科书怎么编辑、教师从哪里来，也就是说最初两个阶段的科学教育工作者所关注的问题主要是如何在形式上让中国的科学教育更趋于完备，当然对于科学教育的方法、科学态度的培养不是没有思考，但并不是他们关注的焦点所在。

新文化运动呼唤的"民主"与"科学"解放了科学教育工作者的思想，深化了人们对科学教育内涵的认识，这促使科学教育工作者将关注的焦点转向对科学教育方法的研究和改良，对科学教育中实验的作用——养成探究习惯、培养科学精神的高度重视。

研究者们纷纷撰文在报纸杂志上发表自己对旧式科学教育方法的评价、要求改良的地方、实验观察的重要价值的意见和建议。以《教育杂志》为例，从 1916 年开始到 1922 年结束，主题为中小学科学教育的方法，实验的方法、作用等的文章达到了 32 篇。具体如《教育杂志》第九卷第二号太玄的文章《小学校理化教授之实际》指出"学校所以授学问于儿童以完成其知识者也。然儿童不可专受取他人之知识，宜自行观察实验思考，而富于自发的活动性，故学校教授当捐弃诸如机械的受动之方法而采取使儿童能为能动的创作的发表之方法。裴斯泰洛齐谓一切教育皆当基于自身之活动，盖惟如是而后一切知识方能真为其所有也。""理化学尤以直观实验为生命者，近时东西各国之理科教授皆使儿童自己实验立于发现家发明家之位置，此吾国所亟宜效法者

---

① 陈独秀：《敬告青年》，载《青年杂志》1 卷 1 号。
② 孙培青：《中国教育史》，华东师范大学出版社 2000 年 9 月第二版，第 380 页。

也。"① 第九卷第九号天民的文章《理科教授之根本革新》指出了我国在理科教授上的五点不足之处——"拘泥教科书、不能利用地方的教材、生徒不得行自然科学之研究法、不充分发挥教科之价值、教授事项之谬误及准备之不完全"。也就是说他认为当时的理科教育过于执著于对教科书的书面意思的讲解，没有关注身边的自然现象，学生没有亲手实验的机会——"教师采集实物以示各生徒或为实验而使之旁观如是者已为最良之教授，寻常唯以口头与图解而说明之耳，生徒但为被动之学习而于研究自然科学所必要之观察力比较力归纳力遂至为缺乏。""不充分发挥教科之价值"是指由于教法的拙劣而不能养成学生的观察力、归纳力以及热爱自然之崇高情感。这些批评可以说是深刻地切中了当时理科教育的弊端，更难能可贵的是他还从民族文化心理、教师素质、教育行政等几个方面分析了造成这些弊端的原因，介绍了欧美新理科教授法——"实验的发现的教授法"，并提出了从设备、教科书、教学法、教师自身等方面进行革新的建议。② 诸如此类的文章还有很多，如第十卷第十号贾观仁的《中学校理化教授法改良意见书》、第十一卷第二号《中学校理化教授管见》，等等。同时，教育者也开始注重学生预习与做笔记在理科教学中的价值，如第九卷第二号天民的《理科教授之预习》，第十卷第八号又玄的《理科笔记簿之价值》等。

可以看出，无论是对理科教授法缺点的批判还是对新的教授法的呼唤还是对预习和笔记的重视都是把关注的焦点放在学生身上，是对学生在科学教育中的学习能动性的重视。比较前一个阶段（1902～1915），如果说当时也有对于教学法的批判、研究，也有对重视学生的学习兴趣、动手能力的呼唤的话，这种"呼唤"在当时也只不过是一个特别微弱的声音，昙花一现后又消失了。当时的重点还是放在对单纯演讲式授课的批判上，矛盾的对立面是"教师演讲动口不动手"与"教师出示标本、进行实验"，争论的焦点还是集中在教师身上。而这个阶段矛盾的对立面则是"教师演讲教师实验"与"学生动手参与观察实验"，教学的关注点已经转移到学生身上了。

新文化运动对科学的呼唤反映在现实的科学教育中就是重视提高学生"自我学习"的能力——自己动手实验、观察，发现问题、探究问题——"不少学校都设立了实验室、科学馆，在自然科学的科目中加强学生独立实验能力的培养。"③

1919 年 2 月 8 日教育部抄送中学校校长会议议决中学校应增进理科教育

① 太玄：《小学校理化教授之实际》，载《教育杂志》1917 年 2 月 20 日第九卷第二号。
② 天民：《理科教授之根本革新》，载《教育杂志》1917 年 9 月 20 日第九卷第九号。
③ 孙培青：《中国教育史》，华东师范大学出版社 2000 年 9 月第二版，第 382 页。

办法训令规定："中学校理科教授之设备，宜视地方财力所及，力求完善；教授时注意学生实验，其实验重点至少须占总数四分之一；教授理科时应注意本地之物产及原料并将此项物产陈列校内标本室。""向来习惯多讲演少实验，卒至兴味绝少毫无效果，盖学生自行实验经一番筋肉之动作，更觉易于记忆，且实验愈多，则理论愈明，研究之心油然而起，遂有发明之思想，故实验时间至少应占总时数四分之一。凡定理定律悉令学生自行推求，记其结果，再由教员整理庶可以增进其思考力"①

1919 年 3 月教育部公布全国教育计划书第八条"中学校理科设置补助费，理科教育为一切制造之基础，吾国小学理科教授，类多有讲解，无试验，中学校亦往往因设备不全，不能唤起学生研究之兴味；应由国库颁发巨款，俾中学校理科设备得以完全。"② 1919 年的《江苏教育进行计划书》"中学教育"部分也指出："中学校所最宜注重者则改进理化教授是也，理化学之应用至此次欧战而益著，中学校之于理化教授自当特别注重，惟须增建理化实验室，添置理化实验仪器，增加实验时间，方足以唤起学生研究之兴味。"③ 在改革措施屡屡出台，呼吁重视理化教育，完善设备，重视学生实验的情况下，许多学校都纷纷响应，如江苏省立第一中学适当地增加了博物的授课时间，将第三学年的博物周课时从 2 小时增加到 3 小时，同时将物理化学的学习开始时间从第三学年提前到第二学年④；北京高等师范附属中学于 1918 年建成博物理化专用教室并投入使用⑤。

除此而外，1919 年 4 月教育部还通令中学可以酌量地方情形增减部定各种科目和教学时间，给各地各校以较大自由发展空间，中学从此开始实行选科制，准许学生在完成必修课前提下可以根据自身兴趣与特长选修科目。选科制的施行为热爱科学的学生提供了更多的学习和研究的机会，从客观上来讲是有利于科学教育发展的。

清末民初，在"以日为师"的浪潮中，赫尔巴特的五段教学法传入中国，一时被人称为"适切于理科"之教授法，在科学教育中得到广泛应用。但是，由于这种方法本身的缺陷，加之教师在实践中的机械运用，逐渐演化为"五段讲授法"，即只重视教师的主导作用、教师的讲解而忽略了学生的能动作

---

① 《教育杂志》，1919 年 3 月 20 日第十一卷第三号。

② 《教育杂志》，1919 年 3 月 20 日第十一卷第三号。

③ 《教育杂志》，1919 年 7 月 20 日第十一卷第七号。

④ 《江苏省立第一中学周年概况》载于朱有瓛主编：《中国近代学制史料》（第三辑上册），华东师范大学出版社 1990 年版，第 173 页。

⑤ 《北京高等师范学校十周年纪念录》载于朱有瓛主编：《中国近代学制史料》（第三辑上册），华东师范大学出版社 1990 年版，第 400 页。

用，在理科教学中更是表现出不重视学生动手能力的缺陷，成为对科学教育的发展尤为不利的一种教学方法。新文化运动以来，设计教学法和道尔顿制等以"儿童活动为中心"的各种教学法开始传入中国，中国各学校对于这些以反传统为旗号的教学方法也特别感兴趣，纷纷开始新教学法的实验，20世纪20年代初形成了教学法的实验高潮。

设计教学法主张由学生自发地决定自己的学习内容、目的，学生在自己设计、实行的单元活动中获得有关知识和发展自己解决实际问题的能力。由于设计教学法特别重视学生学习的主动性和独立性、强调学生的学习动机与兴趣，所以它在科学教育中的价值就显得尤为重要，而且它正好符合了前面所讲的要求在科学教育中让学生参与教学、自己动手实验的要求，所以在科学教育中就更是得到了广泛的应用。如吴家煦认为理科的真价值是"养成人利用自然物的知识、独立创造的能力，总之是完全人间生活的一种学问。"而儿童的心理"很活泼，很简单，喜欢注意新奇有趣的事项，不能长时间注意在一点"，所以用呆板的教材凭空说理或者强迫儿童长时间注意一点都不是好的理科教学法，他认为结合理科的价值和儿童的心理来看，注入式教学法和以赫尔巴特五段教学法为代表的启发式教学法都不适合普通科学教育，因为它们都是从书本到书本的教育，"完全装在书本里，教师和儿童跳不出书城范围，所得的结果：儿童没有自动的能力，将来便不能完全人间生活。"发现式教学法虽然既能发扬理科的真价值又符合儿童的心理，但是因为它的目的性不强而留有缺憾，而设计教学法作为发现式教学法的一种特殊形式正好弥补了这一缺憾，且特别适合用来"养成人类知识能力，完成人间生活"，所以别的学科不用设计教学法尚可，"独有理科却不得不用设计教学法"。[1] 因为以上原因，设计教学法与道尔顿制等输入中国后就不断有学者予以介绍研究，并将其运用于教学实践，如俞子夷1919年曾在南京高等师范附属小学主持设计教学法和道尔顿制等的综合试验，反响很强烈；江苏第一师范附属小学也曾经于1921年在沈百英等人的主持下试行过设计教学法，并将其试验过程——从试验学生的选择到试验的具体操作经过完整地记录下来，全文发表在《教育杂志》第十四卷第一号。

但设计教学法和道尔顿制等本身也有其不科学之处——过于强调学生的主动性、破坏了知识的系统性等。当时的研究者也曾经对此发表过看法，如凌昌焕在《小学理科教授法》一文中举出了设计教学法和启发式教学法的实例来对比优劣之处，如设计教学法的主题"声"是由学生无意间发现鸡、鹅、蝉在不同的情况下能够发出高声确定的，经历的研究过程为"设想"、"实

---

[1]　吴家煦：《理科的设计教学法》，载《教育杂志》1921年10月20日第十三卷第十号。

验"、"质问"、"整理";启发式教学法的主题"鸡"是由教师确定的,经历的学习过程为"准备"、"指示"、"直观"、"谈话"、"演述"、"推究"、"质疑"、"整理"。经过比较,他认为设计教学法的长处是活动有趣,但"所虑者材料不能配匀";启发式的长处是井然有序,但"所虑者失之呆板","倘若能相互调剂参酌应用于理科教授上,应有一线之光明乎。"[1] 相对于当时狂热的设计教学法试验浪潮来说,这一看法是相当理性和务实的。正是由于设计教学法、道尔顿制等本身种种无法克服的缺陷才导致了这种试验浪潮在20世纪20年代以后渐趋沉寂,但尽管如此,设计教学法等在理科教育中所曾经起到的弘扬科学精神、重视学生的主动性和学习兴趣等积极作用却是不可磨灭的。

第三节 来自美国的影响

五四运动以后,中国教育改革步入师承美国的阶段,美国进步主义教育思想和实践成为影响中国教育发展的主要因素,美国教育学者来华讲学和考察成为影响中国教育的最直接的方式。在1919年5月之后的四年中,应邀来华讲学和进行教育考察的美国学者主要有杜威、孟禄、麦柯尔、推士等人。

其中,杜威于1919年5月来到中国宣讲他的实用主义教育学说,所到之处反响强烈,"儿童中心"、"教育即生活"、"学校即社会"等思想迅速在中国教育界传播并得到重视。从客观上讲,中国当时的科学教育正处在一个需要改革的当口——脱离社会需要[2]、教学形式不佳、忽视儿童学习和探究的主动性,等等,杜威的"儿童中心"等教育思想正如一剂良丹妙药,它推动了中国的科学教育朝着"科学化"的方向发展——在科学教育实践中重视儿童的参与、儿童的动手能力、更加重视科学教育与实际的联系,等等,甚至可以说此后中国在近十年间所进行的轰轰烈烈的教学法改革运动都渗透着杜威实用主义教育思想的精神。

麦柯尔是美国哥伦比亚大学教育学院的教育心理学家,他于1922年应邀前来帮助中国编制教育测验量表并训练有关专业人才,他对中国教育所做的贡献是促进了中国教育测验的开展,加速了中国教育的科学化进程。

而在他们当中,对中国科学教育影响最大的是孟禄和推士。

---

① 凌昌焕:《小学理科教授法》,载《教育杂志》1921年11月20日第十三卷第十一号。

② 关于这一点在黄炎培的《考察本国教育笔记》(载于《教育杂志》第六七卷)和颖若的《博物教授之商榷》(载于《教育杂志》的七卷第一号)中都有提及。

"科学两字是从日文翻译而来，在新教育制度未采行以前，只有洋务之名，惟不尽指科学。及西艺教育思想发达，始以西艺括现在的自然科学与应用科学。至中华民国十年因美国孟禄应实际教育调查社之聘来华调查教育，力言中国科学教育之不行，而于翌年由教育改进社聘美人推士来华指导科学教育。科学教育四字始通行于教育界。"① 这是舒新城在介绍中国科学教育思想的背景时的一种说法，可以说概括出了孟禄与推士对中国科学教育所起的作用——"科学教育"四字的通行正代表着国人对科学教育的重视——可以说这两位博士来华考察科学教育是继晚清的外族入侵后的又一股推动中国科学教育发展的强大外力。

美国著名教育家、哥伦比亚大学师范学院教务主任孟禄博士于 1921 年 9 月 10 日应实际教育调查社之聘来中国，他在中国的活动是："一、考察中国的教育状况；二、帮助中国办教育的研究改良教育；三、演讲。"② 实际上，由于当时中国教育界已经开始关注科学教育，而且孟禄素来很重视科学和科学教育的作用，所以当时孟禄在考察中国的教育时更多地关注了中国的科学教育。

孟禄特别重视科学在教育和救国中的作用，他认为"教育实为实业发达的基础，而科学又为教育的基础。我观察贵国，实无一科学的国家。所以我对贵国的希望：一、科学的进步；二、科学的使用；三、科学的普及。""我在各地参观，觉得各学校的科学教育实在是不好。设备固然不完备，但在教学上也多不得当。以我的见解看，科学在中国确是有重要价值。打算救中国，不在科学上注意，是无效的。"③ 所以孟禄认为中国的学校课程"宜特别注意科学方面。旧文明与新文明之区别，即在科学。中国欲谋经济政治国防各方面之发展，舍科学无由。中学课程对于科学，尤宜格外注重。"④ 这些言论可以说是指出了科学和科学教育在中国的重要作用和应处的地位。

但是，孟禄对中国科学教育的影响不仅仅在于他对科学教育的重视和提倡，更重要的是经过多日调查和访谈，他发现中国教育尤其是科学教育的主要问题在于教授和研究方法的不当。在与山西督军阎锡山的谈话中他指出："教育制度乃表面的形势与结构，各国每大同小异。所以教育上真正问题，大部分在教授法，少部分在学校组织与管理等。中国高等学校内，书本的讲习似乎太多，实习的训练似乎不足。这是我数日来的感想。"又说："中国研究

---

① 舒新城：《近代中国教育思想史》，中华书局 1929 年版，第 280 页。
② 庄泽宣：《介绍门罗博士》，载《新教育》第四卷第一号。
③ 《孟禄博士来华后之行踪言论》，载《教育杂志》1922 年 1 月 20 日第十四卷第一号。
④ 《再记孟禄博士来华后之行踪与言论》，载《教育杂志》1922 年 2 月 20 日第十四卷第二号。

文学方法颇为可取，但是研究科学的方法还欠精密。"① 他认为中国中学采用的是讲演式的教授法，"教科学只教些名词及公式，教语言只教些文法例子，无用直接教授法者，所以不能引起学生自动，且与实用无关系，学生毫无参与作业及实验之机会，不能发生问题，以求解决，永处被动的地位。"他认为中国教育多用注入式教授法的由来是由于"①教授旧文字之习惯；②由日本输入之方法——日本从欧洲学得。但欧洲学校一天讲演，次日即须考问，中国只有讲演而无考问；③由美国大学学得之方法——美国大学因班次太大，利用讲演式，但正教授讲演后，复有讲师来考问。"而注入教授法所以不能改良之原因是："①缺乏良好训练之教师——此问题须由高等师范解决之；②教师多兼任，不能专心研究教授法——当由行政方面定出俸给标准，并限制兼任。"②

最后，他从四个方面总结了中国中学科学教授失败之原因："①教授法之恶劣——前已说过科学教授不单是灌输些名词公式及分类，要应用'学由于做'的原理，使学生随做随习，而且要与社会发生关系。中国只有注入法，所以失败；②科学教授全赖试验，中国无此设备，学生无实验机会；③缺乏良好的科学教师——此项教师之来源，不应限于高等师范，亦应取材于大学及各种专门学校；④科学观念之错误——对于科学应有功用的（Functional）观念，即如何能应用于实际，去控制天然，不是教些什么科学分类的方法。"并在此基础上提出了两点改良的方法："①主张训练指导员巡视各校，帮助并指导科学教授；②赞成科学器械可以由教师自制，如美国儿童玩具，均含有科学道理。"③

可以说孟禄经过短短数天的参观和访谈而做出的结论——中国科学教育不善，以及所分析的不善之原因都是切中国科学教育的要害的。此后，中国教育界热衷于科学教育的工作者就把孟禄的言论当做了开展科学教育的指导思想大力推进与改革科学教育，对于科学教育的教学法等研究也有所深入。

如果说孟禄对中国科学教育的影响主要是观念上的话，那么1922年6月应中华教育改进社等邀请来华的推士，则对中国的学校科学教育做了更加具体、更加深入的考察和研究，关于推士本书将有专篇介绍，这里不再赘述。

---

① 《孟禄博士来华后之行踪言论》，载《教育杂志》1922年1月20日第十四卷第一号。
② 《再记孟禄博士来华后之行踪与言论》，载《教育杂志》1922年2月20日第十四卷第二号。
③ 《再记孟禄博士来华后之行踪与言论》，载《教育杂志》1922年2月20日第十四卷第二号。

结　　语

从整个科学教育历史发展的进程来看，我国 1922 年"新学制"颁布前这半个多世纪仅仅只是个开端。如果我们从中国的文化传统、当时的社会状况与国外科学教育的发展进程等视角来考察这个"开端"，就会发现这段时期我国科学教育所取得的进步实来之不易。

首先从中国的文化传统来看，中国两千年封建社会的统治思想是儒家学说，而儒家学者向来推崇"天人合一"，在他们的认识中不存在一个与主体无关的客观的自然界，这样人们的认识对象自然而然地就指向了作为主体的"人"自身。这样一来，儒家学者通常进行的认识活动就是自我反思而不是对象性的认识，强调正心、诚意、修身，推崇由正心、诚意达于修身齐家乃至治国平天下，如荀子曾明确指出："错人而思天，则失万物之情。"主张要"敬其在己者"而不要"谋其在天者"，他反对舍弃具体的人事而去思考抽象的形上之道，凡此等等，表现出对人文精神和实用理性的浓厚的兴趣。因而在认识客观对象时便要求一切以对人实用为标准，不为现实服务的理论和技术被斥为"屠龙之术"，这种倾向体现在教育活动中则表现出强烈的功利主义色彩——也就是务实精神，而当时所务之"实"却只是"治国平天下"之道。

几千年的儒家传统在当时人们尤其是学者的心目中是根深蒂固的，这就无怪乎在近代之初洋务派要求在京师同文馆中开设算学与天文课程并聘请外人任教时倭仁等保守派要痛哭流涕了。值得注意的是：这种情况不仅存在于科学教育初创之时，即使是在经历了新文化运动的洗礼之后，也不乏这种鄙薄甚至否定科学教育的例子，如 1923 年吴佩孚曾这样对武昌的教师训话："你们办学校，应当教忠教孝，怎么样说适应现代的潮流？中国的教育与外国的教育，原来不同。外国的教育，就是声光化电；中国的教育，就是礼义廉耻。高等师范理化都不应当要。不读经书，学这些事情，有什么用？不过在乡间去变把戏，或者制些药品害人罢了。"[1] 面对着如此强大的思想阻力，近代的教育者能够把科学教育正式纳入基础教育阶段，从而开创普通科学教育的新局面就已经是非常"不易"了，这就如同俗话所说的"行路不易，开路

---

[1]　滁：《军阀重轧之下的湖北教育》，载《民国日报》副刊《觉悟》，1923 年 4 月 17 日。

更难"一样——科学教育的先哲们是"开路"者，我们只不过是"行路者"罢了。

其次，从当时的社会状况来看，正是中国处于内忧外患的时候——内有军阀混战、统治权力几度易手，外有英、日、美、法等国的频频入侵，国库的亏空已经到了前所未有的程度，清末民初时政府投入一定资金为中等学校和技术性院校配备的少量的、供教师演示用的实验器材和设备得不到补充，加之战争的破坏等原因而破败不堪，虽然几度呼吁重视科学实验，但巧妇难为无米之炊，科学仪器设备的缺乏始终是困扰科学教育发展的一大难题。再如当时科学教育师资的缺乏问题，虽然在新式教育中科学教师缺乏的情况更严重一些，但是这却不仅仅是科学教育一家的困境，所以说当时的社会状况也从很大程度上制约着科学教育的发展。

再次，从国外科学教育发展的进程来看，欧美发达国家的科学教育无不有几百年的发展历史，即使时间较短的美国也有 200 年的历史，相比较而言，要求当时并不发达的中国在短短的四十多年内就发展到理想的、进步的程度是不太现实的。科学教育的先哲们在一个传统思想特别浓厚、社会状况极为落后的国家里开创普通科学教育新局面的"筚路蓝缕，以启山林"的精神却是值得后人学习的。

第二编 推士来华与中小学科学教育改革

引 言

中日甲午战争后，中国教育界掀起一股学习日本的风潮。就中小学科学教育而言，其科学教育思想、内容、制度以及科学教育人才的培养都受到日本的影响。从一个大的范围看，这一时期科学教育对日本的学习是维新教育在制度层面接受西方教育的体现，比之洋务教育在技艺层面上对西方教育的学习和借鉴深入一步，只不过，这一时期的学习和借鉴是通过日本这个"二传手"进行的。

1915 年 9 月，《新青年》的创刊标志着新文化运动的开始，以"科学"、"民主"为旗帜，思想界对旧思想、旧文化展开了激烈的批判。在教育领域，"新文化运动时期中国在思想观念层面上开始自觉接受西方教育、跟上西方教育。"① 此时的"西方教育"的代表不再是日本，而是美国。1919 年 5 月之后的三四年里，应邀来华讲学和进行考察的美国教育学者主要有杜威、孟禄、麦柯尔、推士等人，其中杜威和推士在中国逗留达两年之久。如果说杜威推动了实用主义教育理论在中国的流行，孟禄影响了 1922 年新学制的结构特别是中学模式，麦柯尔促进了中国教育测验运动的开展，那么推士则在五四时期中国学校科学教育中烙下了深刻印记，为中国从"课本的科学教育"转向"真正的科学教育"② 作出了重要的贡献。

推士（G. R. Twiss），美国俄亥俄大学教授，科学教学法的重要奠基人。1922 年接受中华教育改进社的邀请，作为该社的科学教育督导，于当年 6 月 30 日抵达中国。他在中国完成了两年的约定工作时间，其工作任务是调查中国科学教育的境况并制订一个改进中国科学教育的计划。在两年时间里，他

---

① 孙培青编著：《中国教育史》，华东师范大学出版社 2000 年 9 月第二版，第 377 页。
② 1920 年，张准在《近五十年来中国之科学教育》的演讲中，把清同治年间以来的科学教育分为四个时期：1862～1894 年为制造的科学教育；1895～1904 年为书院的科学教育；自 1905 年至民国初年为课本的科学教育；自民国 8 年以后，"总算有真正的科学教育"。参见张子高、周邦道：《科学发达史略》，上海中华书局 1928 年版，第 250～257 页。

先后到达 10 个省、24 座城市，考察过 190 所不同类型的学校，从事讲演、研讨会等不同形式的学术宣讲活动共 176 次。[①]

　　推士离华后，1925 年商务印书馆出版的他的英文著作《中国之科学与教育》（Science and Education in China）一书，全面记录了他本人在华活动的经历、中国教育现状、存在的突出问题及来自文化传统与现实社会、政治、经济方面的致因，以及改造中国教育的系统建议。追溯其在华期间紧密的行程安排，频繁的教育活动及其留下的详尽历史记录，可以使我们获得了解五四新文化运动时期我国学校科学教育的处境和面临的改革任务的独特视角。由于作者科学教学法专家的身份和中华教育改进社科学教育督导的工作使命，推士的观察、记录和思考更值得科学教育的研究者们关注。

　　[①] 当前各种辞书、著述介绍推士在华活动情况时均将所考察学校数记为 248 所，将讲演次数记为 276 次，皆误。据 George Ransom Twiss：Science and Education in China，The Commercial Press Limited，Shanghai，China 1925.8 记载，248 为推士所完成的系列报告页数（不包括特别总结报告、公报、发表在报纸杂志上的文章、最终总结报告），被误传为学校数；276 误记百位数。

第一章

推士来华及其活动

五四运动后，我国教育改革进入师受美国的阶段，美国进步主义教育思想和实践成为影响中国教育发展的重要因素，美国教育学者来华讲学和考察成为影响中国教育的最直接方式。这一时期，美国也乐于向他国输出自己的文化思想，反映了其在国力上升期的开放心态。另一方面，国内有志于推动科学教育的专家、团体也有意向邀请科学教育方面的专家来华指导工作。作为俄亥俄大学教授，科学教学法的重要奠基人，推士自然是可能的受邀对象之一。推士得以来华还得益于孟禄教授的推荐。"孟禄教授去了中国的许多地方，作了有关教育管理的讲座，并对学校和高等教育制度进行了细致的调查。……孟禄教授的活动和建议的结果之一就是，我受中华教育改进社之邀，作为该社的科学教育督导，在中国完成了两年的工作。"①

第一节　调查的源起

1921 年下半年，在中华教育改进社的赞助下，哥伦比亚大学师范学院教授保罗·孟禄到中国工作。孟禄去了中国的许多地方，作了有关教育管理的讲座，并对学校和高等教育制度进行了细致的调查。孟禄发现了中国教育系统内许多严重的缺陷，他尤其指出了科学教学中的缺点和不足以及提高科学教学水平的紧迫。孟禄尤其重视科学知识、用科学手段解决问题的技能的广泛传播以及科学精神的培养。孟禄将前者看成在中国提高经济和社会水平的因素，将后者（科学精神的培养）看成是维护更好的公民意识，维护一个更加廉洁高效的行政体系的中介。

孟禄更是明确地向中华教育改进社建议，一个从事科学教育的专家必须做以下事情才能保证自己的工作质量：他应该花两年时间研究社会的立场、

---

① George Ransom Twiss；Science and Education in China，The Commercial Press Limited，Shanghai，China 1925. 1～2.

工业的需要和学校的情形以及人们关于科学在国家进步中的重要性和科学教育的现代化手段的言论。这些建议，尤其是在最重要和最有影响力的城市和高校中间，为政府和其他行政机关进行的促使中国科教系统现代化的建设性工作确立了一个计划。

孟禄的活动和建议的结果之一就是，推士受中华教育改进社之邀，作为该社的科学教育督导，在中国完成了两年的工作。中华教育改进社安排给推士的工作是调查科学教育的现状并制订一个建设性的计划。推士接受了邀请，携妻子于1922年6月30日抵达上海。轮船一靠岸，推士就受到来自中华教育改进社、中国科学社、东南大学和商务印书馆的代表们的欢迎。推士显然对接待方的安排比较满意，他这样评价初到上海的感受："通常，对一个国家的语言和文化都一无所知的旅行者会遇到许多麻烦，但在这些'士绅'的接待下，我们却一切顺利。"[①]

第二节　推士在华所到过的地方

上海和南京中华教育改进社、中国科学社、东南大学和商务印书馆的代表们友好而欣然地款待了推士，安排推士夫妇参观上海和南京，并在往返这两个城市的旅行中为他们提供私人向导。7月1日，推士在南京的中国科学社总部作了在中国的第一次讲座。听众包括当地的中国科学社成员和东南大学的高年级学生。讲座的题目是"科学教学和研究乃国家进步之要素"。讲座后，中国科学社举行了午餐会，南京的中国科学家和推士做了交流，令推士稍感诧异的是，这些科学家几乎都能够讲一口流利的英语。

和南京的中国科学家们的交流对推士立即就要展开的工作提供了很大的帮助，因为他们使推士总体上熟悉了中国最重要的科学和教育问题。"这总体的了解使我勾勒出一张和接下来的工作相联系的草图，这使我在机会出现时可以更快地工作，因为我已经能够更好地理解我所要追求的东西。"

7月2日，推士夫妇出发前往济南参加中华教育改进社的第一次年会。接待推士的是曾为北京大学教授的商务印书馆编辑 King Chu 先生。对推士而言，这又是一次和中外许多教育领导者沟通的良机。在大会开始前，推士作了在中国的第二次讲座，题目是"教育中的理性手段"，King Chu 教授为讲座做了精彩的翻译。大会期间，到会的科学教师们开了一次圆桌会议，会上，推士

---

① George Ransom Twiss：Science and Education in China，The Commercial Press Limited，Shanghai，China 1925.2.

起草了自己工作的一个尝试性计划。后来，这个计划得到了修改和完善，在接下来的9月，中华教育改进社的理事在北京开会并批准了这个工作计划。

在中华教育改进社年会的休会期间，推士又回到南京给东南大学的暑期补习班开了一门关于科学教学的课。后来在天津的南开大学，推士也重复讲了这门课的部分内容。这门课的主题有：科学教学的基本思想和基本器材，动机，科学和课程，科学学习的顺序，设计教学法等。

在1922年的炎炎夏季，推士的部分时日是在海边胜地北戴河度过的，在那里的短期休假期间，推士和一些"在教育工作上颇有建树的中国人进行了有益的交流"，推士从他们那里获得大量的信息。在那个夏天，推士去南通参加了中国科学社的年会。在这个年会上，推士作了题为"美国学校的科学教学"的讲座。大会指派了一个委员会，推士在中国的工作计划的油印件也被送到每个委员面前，这个委员会将帮助推士把计划付诸实施。

1922年9月，推士在北京开始他的工作，他先从教育部召集召开的几个会议入手。他为"教育重组国家委员会"的地方代表们作了一次讲座，题目是"中国经济之腾飞有赖于教育和科技之进步"。紧接着这个会议，推士在北京开始他的调查工作，在当地的科学教师和中华教育改进社理事的陪同下，深入学校和课堂，考察科学课的教学情况，检查科学仪器的购买、保存、使用等相关情况。

在接下来的秋季和冬季，推士在北京接着做调查工作，同时以北京为工作中心，以辐射的形式往返于沈阳、天津、保定、常德、开封和济南等地。对推士而言，到天津、保定、开封等地都是出差，每一次出差时间五到九天不等，推士在出差期间主要和当地的科学教师、管理人员和政府官员一起开圆桌会议，也给老师或学生或者给师生一起开讲座，作演讲。

按照推士原先的设想，他并不想在公共演讲上过多地耗费他的精力，推士原来计划在每个城市的讲演限制在两次之内：给所有教师开一个讲座或者给所有的学生作一个演讲。推士希望通过控制讲演的次数把自己的精力更多地集中在调查和讨论工作上。然而，事实是很少能保证演讲的大厅可以容纳所有想来听推士讲座的学生。学生们的兴趣如此高涨，他们想从一位美国来客身上获得一些消息的要求是如此强烈，以致推士觉得自己"不太可能拒绝他们。"最后的结果是，几乎在每个走访的城市，推士都要在不同的地方演讲五到十次①。尽管公共演讲耗费了比推士预想的更多的精力，但推士也因此接触到广大的学生听众，而这些听众在他的演讲中始终保持的认真态度以及真诚的回应，让推士出乎意料又着实振奋。推士如此形容自己的感受：

---

① 根据推士自己的统计，至1924年6月15日，他一共走访过24个城市，作讲座、演讲以及参加研讨会共176次，平均每个城市7次多，密度不可谓不大。

"这种演讲使我和数千位中国的年轻人以及上百位他们的老师面对面。在我心中已经萌发了对中国未来的信心,我坚信中国的学生们在精神上的坚定,尽管有时他们会发生一些小小的骚乱甚至有时会有目无法纪的举动。尽管偶然会觉得学生们的方法是不对的,但他们却象征着爱国心和优良的国民性。在一个适当的时候,当对事件的控制权传到他们手里时,这个国家将会变得更安宁,更繁荣,更安全。"①

很不幸的是,1922年冬天的调查工作被推士的一场重病打断了。这场病使推士只能待在医院和家里,近一个月都不能工作。

1923年春,推士参观了无锡、苏州、上海、杭州和南通,在这些城市的调查和演讲和上文描述过的情况相仿。应安徽省政府的要求,推士对芜湖和安庆的教育机构做了一个特别的调查,调查结果收录在一份内容足有100页打印纸的报告中。在这份报告中,推士花了大量的篇幅来讨论关于学校的地方行政和中央财政管理问题。这份报告被译成中文,存于政府的档案,同时也收录在《新教育》杂志中出版②。

1923年夏,推士在国立东南大学开设了"科学教学之原则"的课程,固定地给学生上课。来上课的老师和学生一共有78位,58位登记了想得到这门课的学分,最后54位通过考试拿到了学分。

应江苏教育协会和江苏省教育专员的要求,推士对江苏科学教师培训班进行了两个星期的指导。有58位教师参加这个培训班,由于时间太短,不能做太多的事情,然而参加培训教师的兴趣和能力却使推士觉得这个培训班是十分有价值的。推士对江苏和奉天(辽宁)两省的教育部门十分称道,因为这两省的教育部门选送了大量的教师来参加推士在大学和培训班开的课程并支付了老师们的费用。推士称赞这两省的教育部门"有进取心"且"慷慨",推士认为,在解决如何使大量的科学教师受到更好的科学培训这个问题上,两省的义举为制定一项有助于解决这一问题的政策指出了一条路。

夏季的课程结束后,推士在桂林住了几天。在那里推士和来自教会学校的科学教师一起开了两个"非常令人振奋而有意义"的会。随后,推士飞抵北京参加在清华大学召开的中华教育改进社年会。在会前推士作了一个当今科学调查的进展与发现的报告。

参加完中华教育改进社年会后,推士又到桂林休假。这次的休假更多的

---

① George Ransom Twiss:Science and Education in China,The Commercial Press Limited,Shanghai,China 1925.5.

② 《新教育》,上海,1923年11月,第7卷第4期(原注)。查《新教育》杂志,在第七卷第一期(1923年9月)、第七卷第四期至第八卷第三期(1923年11月至1924年4月)连续刊载有推士博士著、徐澄译:《皖省科学教育状况调查报告及关于科学教育之建议》。

是出于被迫——军匪横行，学校的开学日期延迟了。不过，在这段时间，推士沿着调查路线仍继续他的工作。推士等人成功地调查了九江、南昌、重庆、宜昌、武汉、杭州和南京的学校。在工作过程中，不断有教师协会和一些并不知道推士等人工作范围的政府官员坚持要求推士多开设讲座、多做些演讲。推士戏称这些人的"友好"和"慷慨"简直要"泛滥成灾"。在每一座城市，教师们对他的工作的兴趣和合作都令他感到欣慰。"中国人的慷慨、善良、友好、大方和永不悲观的性格给我们留下了美好的回忆。"

1923 年春天和秋天，推士还特意两次去上海与华东教会学校联合会物理科技分会的成员碰面。当时，该分会的成员正忙于编写一本实验手册和制造物理教学所需要的标准器材。推士对他们的工作相当关注。

1923 年 12 月初，推士回到北京，忙于写演讲稿，为杂志写文章，写报告，忙于为实施一个涉及全中国的建设性计划而写一个组织计划的部分报告。推士还计划 1924 年 7 月 10 日到 8 月 8 日在清华大学为科学教师开一个暑期培训班，由于这个班是中华教育改进社、清华大学和医学部联合资助的，所以推士也忙于和这些单位合作以便将计划实施。这段时间，推士还在两所国立师范学院和北京的其他地区上课。

推士的 1923 年就在繁忙的工作中度过了。

南京和北京无疑是推士开展工作的两个重要中心，1924 年 2 月 5 日到 7 日，推士到南京参加一个教会学院和大学举办的研讨会，这个研讨会被其认为"是我参加过的组织得最好的一个会议。"在研讨会上，推士提交了一篇题目为"教育情境中的一些基本要素"的论文，同时也提出了以下计划：在中华教育改进社、教会教育联合会和中华科学社的支持下，通过一项全国性的提高科学教学水平的活动来促进中外科学教师的合作。在研讨会上，大家投票赞成该计划，决定给予这个计划积极的支持。

1924 年夏，推士实现了 1923 年年底的计划：在清华大学为科学教师开一个暑期培训班。这个班由中华教育改进社、清华大学和医学部联合资助，教师包括 13 位"在中国最成功的科学教师和演说家"。补习班的课程也是精心安排的，内容包括透彻的实验操作，关于学科内容、科学手段以及中学和大学教学的课堂讨论，还包括信息丰富、引人思考的讲座。原来打算把补习班的人数控制在 150 人，后来不得不扩招到 250 多人。生物科培训班不得不加开两个班，限于师资，物理和化学各只开两个班，不能注册的申请者只能转道其他机构办的补习班中。由于有 1923 年东南大学暑期培训班的经验，这次培训班时间更长（4 周）、学员更多（250 人）、课程安排更加丰富。此次培训班取得的效果使推士更坚信"为每个省的科学教师提供有效的课程的建议是正确的。"①

第三节　推士的工作成果

在中国的两年，推士的工作日程常常被安排得很满，下面的量化表（如表2-1-1所示）有助于我们了解推士在这两年中所做的努力。

表2-1-1　推士在华工作统计表

	至1923年 8月20日	至1924年 2月15日	至1924年 6月15日
到达省份	7	10	10
到达城市	15	24	24
考察的学校和学院	125	187	190
已经完成的报告总页数	226	237	248
特别总结报告的页数	30	30	30
公报和发表在杂志上的文章的页数	0	61	61
除总结报告外，已完成打印稿的总页数	256	328	339
已召开的关于科学的圆桌会议总数	15	24	26
为教师所作讲座和演讲总数	15	21	22
为师生所作讲座和演讲总数	20	23	24
为学生所作讲座和演讲总数	15	37	50
在国家级会议上的演讲数	3	5	5
给各种听众所作演讲数	3	4	9
在大学为夏季补习班上课的次数	35	35	35
关于科学和教育的餐后演讲数	4	7	7
讲座、演讲、研讨会的总数	110	156	176
在中国的总行程（英里❶）	3908.5	15112.2	15112.2

❶ 1英里为1.6千米。

这样的工作量和工作成绩，无疑是令人敬佩的。推士的工作把美国先进的科学教学法引入中国，有利于改善当时的科学教育教学以及推动相关的研究，也为中国科学教育人才的培养作出了相应的贡献，对中国科学教育的进一步发展有重要的意义。

---

① 　George Ransom Twiss：Science and Education in China，The Commercial Press Limited，Shanghai，China 1925.21.

第二章

推士对中国学校科学教育的考察

由于推士的工作任务是调查中国科学教育的境况并制订一个改进中国科学教育的计划,所以推士两年的考察首先关注的自然是科学和科学教育,然而,推士所获得的信息却自然而然地促使他从整个学校体系的背景,以及从整个学校体系在其中运行的社会状况的角度来考虑科学教育问题。

"中国的学校体系建立在社会、经济和政治现状的奇特组合上,所有这些都决定着学校是什么以及学校必须做什么来扮演它们在这场历史剧中的角色,——这一切都需要解释。在中国未来的发展中,科学和科学培训肯定会扮演一个非常重要的角色,这种认识使我产生一种无法逃避的责任感。这种责任感促使我不仅要告诉中国人民应该教授科学知识以及怎样教授科学知识,还促使我要告诉他们为什么教授科学知识如此紧迫,告诉他们应该以一种从教学中可得的方式而不是其他方式来教授科学知识。因此,我试图解释和所有学校,尤其和科学培训相关的历史、社会、经济和政治背景。"[①]

基于推士这样的认识,我们可以把其关于中国学校科学教育的考察结果分为两类:一类是关于中国学校科学教育相关的历史、社会、经济和政治背景的考察结果;另一类则是中国学校科学教育专属的问题。

第一节 影响中国学校科学教育的背景因素

历史、社会、经济和政治背景影响着教育的方方面面,这一点是毋庸置疑的。推士在中国考察的过程中很自然地就发现了这一点,或者说,推士很自然地从历史、社会、经济和政治背景的角度去思考他发现的中国学校科学教育问题,并针对这些背景性的问题提出相应的改革措施。"历史、社会、经济和政治背景"是个很笼统的概念,推士考察所得结果的可贵之处在于:一

---

① George Ransom Twiss: Science and Education in China, The Commercial Press Limited, Shanghai, China 1925. 33.

方面他以旁观者的身份指出了这些背景因素对中国学校科学教育的具体影响，由于其第三方的视角以及在科学教育方面的学术素养，他的许多观点体现了国人没有的"精确性"和"彻底性"；另一方面，推士不满足于对中国科学教育现状的批判，他始终站在先破后立的立场上，在指出问题的同时，给出同样精确而彻底的建议。

在本文的这一部分指出这些背景性内容的意义还在于：读者必须在了解这些背景的情况下，才能对推士的思考与建议作出合理的评判；读者也必须在了解推士对当时中国的这些背景的看法基础上，才能明白推士为什么会得出属于他的结论并提出相应的建议。

一、地理和历史

在欧亚大陆板块上，中国西部有高山与荒漠阻隔，东部又与太平洋边缘的大海相连接，这就使中国的地理环境有相对的独立性。中国自称为"中"就与这种地理格局的影响有关。推士很自然地认识到中国地理环境相对独立的特点，并指出这一地理特点的意义：防止外敌的入侵以及有助于形成"自己悠久而独立的历史"。作为一个科学教育专家，推士也从科学资源开发的角度指出，中国东部沿海数量众多的海港为发展沿海贸易和对外贸易提供了巨大的便利，尤其是对外贸易，将来还会有重大发展；而丰富的水资源、森林资源、矿产资源等都有待于以科学的手段加以保护和开发。

"由于中国在地理上的隔绝，也由于中国人倾向于关注自己的事情而不问他人是非，中国形成了自己悠久而独立的历史，这段历史只有到近代才被世界政治和复杂的国外因素所打断。"在过去的四千多年里，大部分中国人追求和平，勤奋地过着日子，虽然，历史上中国的传统政权有两次被北方的少数民族所掌握，但无论世事如何，耐心的劳动者始终坚持他们耕种、织布、冶炼的生活，商人继续着他们的买卖，艺术家和手工劳动者继续创造着令人惊异的财富，而学者们继续著书立说。而即便国家"像今天这样四分五裂，处在时局混乱、政治独裁的环境中，中国的学者依旧创造出具有永恒价值的诗歌、散文和小说。"推士以一个比喻总结了他对中国历史特点的认识："就像风暴在海面肆虐，把船只和货物抛向空中的时候，大海的深处依旧平静一样，在政治密谋、军事冲突甚嚣尘上的时候，大多数平民仍然能保持稳定和坚持。"——显然，这个特点就是稳定。

推士认识到，大约从乾隆皇帝统治时期，中国人就很少接触外界的文明了。他们极少有机会和外界交换日用品，进行文化交流，也不知道正在西方和其他国家起作用的思想。16世纪后的三个世纪中，几乎没有任何西方的地理、物理和自然科学方法方面的知识传入中国。在中国，人们和物质与自然力打交道的过程中也没有产生科学的观察和实验的方法，没有产生科学的、逻辑的分析问题和解决问题的方法；在中国，也不需要那些天才学者将文化研究和文化批判的科学手段用于对传统典籍的研究中。

基于上述认识，推士指出中国缺少真正的科学精神："中国没能应用科学手段来开发其巨大的自然资源来解决其复杂的经济和社会问题，这是关系中国现状和将来发展的最大因素。我冒险猜测中国在发展科学上的失败是由于人口过多造成了经济身份的束缚所致。这种身份束缚在古希腊也造成了同样的失败，而在美国的蓄奴制则延缓了科学的发展。在人们很容易就能生活，劳动力很低廉的地方，在手工业和机械化生产被能干的统治阶级鄙视的地方，科学和发明从未曾繁盛过，也从未曾结出过有益的硕果。这条真理即便是现在最发达的国家也才刚开始发现——每个国家的工业革命不都是带来不公平、不满和灾难性的冲突吗？这不是科学的错，这是某些人的错——他们握有经济、军事、政治和知识的特权却少有良知。他们肆无忌惮地侵吞社会财富，不仅拥有自己的那一份还霸占了本应属于劳工和大众的那一大部分。应用科技和工业革命带来社会产品的增加却使富的更富，使穷的变得更穷，更加不满，使所有阶级都更加无所顾忌，只知放纵。除非隐藏在'兄弟情谊'字眼下的科学利他主义控制了经济组织和分配体制才能改变这种状况。"——难能可贵的是，推士把科学主义提升为和科学改造自然功能并重的地位，这在当时并不多见。

推士也看到，进入近代以来，伴随各国入侵带来的罪恶，也带来了"一些不能忽视的积极因素"，比如，铁路的修建、航道的开通、许多矿山和工厂现代设备的配置和管理方式的更新，等等。"对中国而言，最大的价值也许在于进入中国的一切带来的示范作用，这些东西告诉中国人民只要他们明智地选择并应用西方的科技以及西方诚实、经济而高效的管理方式，他们也能取得同样的进步。"戊戌变法、派遣留学生、废除科举毕竟意味着进步，而当时正是中国改变历史上的混乱状态，建造一个坚实的共和国的最佳时机。

二、社会因素

在社会因素层面，推士一针见血地指出"中华民国政府在形式上是共和国的，在本质上却只有封建政府的实效。"

从内蒙古和甘肃的原始的农耕文明到无锡和上海的现代工业文明，中国的社会正展示着发展的众生相——现代的器械已经渗透到城市生活的每一个角落，现代观念和现代欲望像这个社会的酵母一样令生活沸腾，这一切又和依然存在的中世纪式的生活复杂地交织在一起。用"变化的中国"和"历史全程的动画片"来形容中国社会的面貌是恰当的。推士指出，这种"旧环境与新思想"是由于中华民族还没有了解科学，也没有了解现代经济组织的艺术。对科学和科学化的组织方式的真正了解意味着能够有益地使用它们。中国人还没有学会利用科学来使他们的生活更舒适、更健康一些，还没有学会利用科学来抵抗洪水和饥荒，还没有学会利用科学来开发巨大的经济资源，还没有学会利用科学来达到政治稳定且高效的状态。

在推士看来，当时的中国社会面临着以下几个问题——而如果对科学有更多地了解和利用，这些现状是可以改善的。

（一）人口的不正常的集中

部分土地被高度地开发，人口甚至要超过土地的承受能力；另有广大的土地没有被开发和耕种，人口稀少。由于缺乏专业知识和对巨大的自然资源进行高效、有益的开发所必需的资金，各省人口分布极不平衡。在精神性格上，中国人缺乏开发、殖民、创业和冒险的精神，加上早婚、以多子多孙为福、安土重迁的文化习俗，使人均土地占有面积减少，带来人口过剩、拥塞和投资不足的状况。推士悲哀地看到，"尽管中国人勤奋、清醒而节俭，但他们还是明显地倾向于降低生活的水准，降低到仅仅保存肉体的水平。人们的这种情形只会摧毁他们的进取心和主动性，同时，使他们支持地方的现代教育变得不可能。"

（二）交通工具的缺乏

"第二个明显的社会特征是令人沮丧的交通工具的缺乏。"除了在最大的城市和按和约开放的口岸，其他地方的交通工具还是中世纪的甚至更加原始。交通道路常常是小径、泥泞的土路或堆满石块的崎岖大道，运送货物常常依靠人力和畜力。全中国的铁路总长还不到7000英里，电车、汽车和马车只有大城市和通商口岸才有，而中国广阔的运河体系也没有达到现代标准（事实上，运河的情况在恶化）。这样的状况限制了贸易和交往，限制了日用品的交换并且使人们处于中世纪的文化中。

（三）饥荒与疾病的蹂躏

"第三个给观察者留下深刻印象的社会状况是：饥荒和疾病对中国人民生命的危害令人吃惊。"三个原因造成了这种惨相：干旱、洪水和有效的运输设备的缺乏。然而，在中国谈现代的市政建设和卫生设施建设还为时尚早，像南昌（推士去参加过中国科学社在南昌的年会）和杭州这些城市在这方面的建设也才刚刚起步。当时中国已有的医院对中国人民而言只是杯水车薪。推士说"用一点点东西维持生命的能力，中国人超过世界上任何其他民族……他们当中成千上万的人的收入仅仅能养活自己，而很多人甚至连糊口都困难。"

尽管推士看到了中国的种种社会问题，虽然科学教育是如此欠缺，经济基础薄弱，政治制度也不尽如人意，但推士指出了改变现状的一种潜在力量：在行会、商会和学生组织身上体现的合作与组织能力。推士认为行会、商会和学生组织本质上都有民主的因素在内。因为这三类组织的责任和形成大众观念之间的联系，它们成为有重要意义的社会组成因素。——显然推士的观点是改良主义的，和马克思主义指导下的社会改造手段有所差异。推士进一步认为，"这次罢工和随后的抵制日货活动（指五四运动）以一种最使人信服的方式表明了，当中国大众因为重大的问题而团结起来并得到确定和可行的组织的时候，中国大众的观念的巨大力量就会显示出来。这两件事也清楚地展现了如何引导大众的意志来反对邪恶、支持正义的方法和手段。中国目前的社会暴政当道、动荡不安，在各种事件中出现的富有朝气的学生是最令人鼓舞和最有意义的社会因素。"

三、政治、经济与教育

政治和经济因素无疑是考察一种社会现象的重要指标，正由于这两项背景因素是如此重要，以致它们差不多可以成为任何一种社会现象的致因——至少，许多的解释都把根源归结到这些因素上。然而，其适用的广泛性同时正意味着对具体问题的解释力是欠深入的。因此，这里有别于之前两小部分对大背景的介绍，而是把范围适当收缩，指出当时的政治、经济对教育的影响，——实际上，推士虽然对当时中国的政治、经济环境多有描述，但其重点正是关注这两者与教育的关系。

推士关注了教育财政问题——既有"财"也有"政"，这恰恰是政治、经济在教育中体现的集中问题。推士认为："财政问题与在中央和地方是否有一个稳定、诚实而高效的政府密切相关。财政问题也是最基本、最突出的问题。财政问题的解决以经济的发展为条件，只有经济发展了，才可能办足够的学校，才可能有利于提高全民的健康水平和效率观念，有利于使全民的生活更加舒适并提升全民的精神世界。"由于当时国家经济力量的薄弱，不可能在教育财政上有大的作为——这一时期的教师待遇不仅低而且薪水常被拖欠，而推士提出关于科学教育的建议时常常以不增加财政拨款为考虑条件。

糟糕的是，"现在，不仅是给学校拨款的手段在政治的控制之下，而且学校本身的行政管理也在政治的控制之下。如果学校和学院的经费支持以及内部管理不与政治脱钩，那学校是不可能达到它应有的高效率的。"① 推士详细

---

① George Ransom Twiss：Science and Education in China，The Commercial Press Limited，Shanghai，China 1925.14.

记述了政治对中国教育严密的控制情况:①

（1）学校的控制完全是政治性的，通过教育厅长、省长等集中行使学校管理的权力。

（2）学校内部的管理由校长一人行使。在遵循一般规则的前提下，校长在学校中的权力是至高无上的。教育厅长或教育部长的检查员或代理人对校长并没有威信。如果校长对高级政府官员具有足够的政治影响力，那他可以忽略教育部长或厅长的代理人，他可以根据自己的需要来处理各项事务。在他所能影响到的最高地位的政府官员的权力范围内，校长可以随心所欲。他所做的事情，对他管理的学校可以是有益的，也可以是有害的。

（3）如果校长在政治上足够强大，具有足够的影响力，那他就能成为一个独裁者。如果学校的教职员工和学生团体，借助公众舆论或者家长和学生的某些在政治上很权威的朋友的帮助，强烈反对校长，那么，校长就会被核查，甚至驱逐出校门。

（4）反常的是，任何强势政府官员，只要他愿意，就可以通过政治渠道干预教育，任命或罢免教师或者校长；还可以干预对学生的奖惩，甚至可以废弃那些对自己或者朋友不利的规章制度。

此外，掌握军队的督军是一省的绝对权威，可以干预政府采取的各个行动。而对于一个学校官员，为了保住自己的职位，必须注意不要给政府官员添任何麻烦，他的行为也要为督军所接受，或至少不能引起反感。如果一个省市的军队领导关心教育发展，那么该地区的教育就会发展得比其他地区要好，否则，没有资金和管理自由，教育就会举步维艰。

政治控制的恶果至少有两大方面:②

（1）政府和军队官员以及一些有影响力的上流社会人士，以各种各样的方式利用学校体制，为他们自己的目的和利益服务。这成了科学教学、学校教育、学校管理和纪律的沉重的羁绊。这个事实表现在以下诸多方面，比如：中小学和大学校长的胁迫，教师任命的偏袒，配备过多能力平庸无关紧要的管理人员，对教学质量低下的沉默和无动于衷，教学配备的缺乏，学校绿化得不到清洁和养护，对学业、奖学金和学生行为的评估降低标准，等等。有一些非常优秀的管理者，他们可以抵制政治的压力，但是，还没有听到一个例子，说这样的管理者不为此付出代价的。实际上，为此而辞职的例子不在

---

① George Ransom Twiss：Science and Education in China，The Commercial Press Limited，Shanghai，China 1925. 82 – 84.

② George Ransom Twiss：Science and Education in China，The Commercial Press Limited，Shanghai，China 1925. 14.

少数。

（2）通过税收和政府部门筹集的资金经常被军队或其他不具公共利益的项目所挪用，这在中国是很常见的现象。结果，学校得不到应有的供给，进而挫伤了学校人员的工作积极性。当然，有一些重点学校情况不会如此糟糕，但是，人们还不确知，还要经过多长时间，学校才能真正由有能力、富有智慧的人来领导，学校经费才能得到充分的供给。

就微观层面而言，也许最糟糕的是"学校里相对较少的一部分人沉溺于政治这一历史悠久的'倾轧'游戏之中。这少数人已经做了足够多的事情使学校来迎合政治的需要。"

推士本人显然是倾向于教育独立的，比如，他指出学校的经费应该在税收中占有固定的比率，而这一部分税收必须掌握在"地方学校代表委员会"手中，而且这一委员会的行动不需屈服于地方其他行政官员的命令。也因此，面对中国的学校普遍卷入政治体系的状况，推士指出"如果学校置身于政治之外，不陷入政治压迫带来的恶劣影响的包围，那么，政治和压迫也会被排除在学校之外"。同时推士希望学校的工作人员摆脱政治恶习对自身工作方式的坏影响，"每个地方的学校工作人员必须停止和自己学校的种种小冲突，在不同的学校，他们都必须注意不要结党营私而破坏学校的整体性；他们必须为了学校的利益而不是为了一些小团体和私党的利益结成一条战线，在一起谦虚地工作，他们也必须在自己的系统内接受并实施改革。"

值得注意的是：推士在主张教育独立于政治的同时，指出"要特别注意将科学教育和道德教育、公民教育结合起来进行，否则，从内部而言，科学知识和技术上的熟练会被极少数富人和有特权的人自私地用于剥削劳工和大众。同样，从外部而言。没有深植于内心的利他动机，知识以及对科学和机器的控制也许会把中国带上罪恶的经济帝国主义之路。这样的事情正在西方国家发生，如果他们迷途不返，那么，科学和机器会成为他们彼此毁灭的工具。在世界大战以及在步其后尘的国家间的冲突中，他们已经这么做了！"①可见，一方面教育需要独立于政治才能实现自身应有的价值；另一方面只有独立于政治而且是好的教育才可能不被政治利用，科学才不至于成为毁灭人类文明的工具。

关于经济体制与学校的关系，推士不无讽刺地指出"当国家的资源和经济体制不能提供足够的保障时，学校就肯定不能良好的运转。当经济萎靡的时候，学校通常是第一个受害者；当经济好转的时候，学校又往往是最后一

---

① George Ransom Twiss：Science and Education in China，The Commercial Press Limited，Shanghai，China 1925. 15.

个得益者。因为，学校必须独立于政治，政客又总是首先关心自己的利益，然后才会想到为学校做点什么。除非公众的力量强迫他们这么做，否则，他们根本不管学校。"而实际上，在一个复杂和高度组织化的社会里，职业和活动的专门化促生了一个更加复杂多变的知识技能体系，专业教师成为社会的需要。因此，推士说："忽视学校，是最愚蠢的经济和社会行为。"关于教师的薪水、教师培训的经费保障、科学教育器材经费的保障等问题下文会有详述，有一点是十分肯定的，那就是"在你还没有训练出能够管理自己的教师之前，在你还不能为合格的教师提供相应的薪水之前，你是不可能办成一所真正的学校的。"

第二节　中国学校科学教育的突出问题

中国当时的科学教育是低效的，面临种种问题。

一、科学教育经费

很显然，公共机构的每一个事关改革和进步的问题都最终归结为税收问题；教育体系的基础是经济资源和经济体制。推士来中国看到的现状是"中国还有大量人口生活在贫困线上甚至在贫困线以下。尽管中国政府官员想出了各种税收的合理利用办法，还是无法保证各种政府职能的顺利实施。当然，腐败现象大量存在，这是事实。但即使腐败现象不存在，还是没有足够的税收供给各种紧迫事务的开支。"在这样的经济背景下，对科学教育经费的投资量就可想而知了。

经费投入的不足首先反映在老师的待遇上。在 1921～1922 年之间，南京东南大学附属小学校长余子夷就初等学校教师的经济状况问题向外界发送了上千份的调查问卷。他总共收到了 400 份回复，其中 256 份来自江苏省，其他则来自邻近的省份。毫无疑问，这些数据的回复者都是一些头脑最清醒的教师。他们的年龄在 18～56 岁，平均为 25.9 岁，男教师平均年龄为 26.4，女教师平均年龄为 22.1。只有极少数的女教师的年龄超过了 30。而平均教龄为 4.4 年。[①] 最初平均薪水为每年 125.10 美元，现在为平均每年 160.25 美元。按照余子夷的估计，对一个有家室和两个孩子的男教师来说，每年应付开销的收入必须为 316.45 美元，而只有双亲的未婚男教师则需要 218.95

---

① George Ransom Twiss：Science and Education in China，The Commercial Press Limited，Shanghai，China 1925.131.

美元。

推士对初等学校教师总体经济状况的总结是"很明显在中国有将近一半的小学教师都生活在贫困线下。""这种情况发展下去的必然结果是：中国的初等教育与其说是一种专门的职业倒不如说是一种暂时性的零活了。这意味着不论其发展如何，这种教育服务的质量都将持续恶化，除非教师的工资问题得到解决。"

就中学教师的薪水，推士进行了问卷调查，[①] 主要关注两个方面：①目前所在学校给教师们的年薪；②教师们从事教学工作所得到的全部收入，因为很多情况下他们会拿到 2 或 3 个不同学校给的薪水。结果显示，参与这个项目调查的 82 名教师从所在学校获取的平均薪水为 612.50 美元，而平均所有教学收入为 625 美元。能拿到大约 1100 美元收入的中学教师是很少的，一般都只有 600～700 美元。有 16 人的薪水和 12 人的收入都在 400 美元以下。虽然 400～900 美元的薪水都是高于最低经济水平线的，但教师要考虑自己的学业进修、孩子的教育、家人的生活，这点工资是没有什么富余的。

事实上，就是这样低的薪水，也常常不能按时发到他们的手上。在推士考察的每个省份，教师们的工资至少都拖欠了两个月，在北京甚至达到 7 个月。在如此不公平的环境下，仍然有很多教师坚守岗位并且任劳任怨，这与其说是应该为这种不公平待遇负责的政府官员们的声望在起作用，倒不如说是教师们的职业信用在支持他们。

教师薪水无疑是教育经费投入的最集中反映，薪水的情况如此，在其他方面政府对科学教育的投资可想而知。比如，当江苏和奉天（辽宁）两省的教育部门支付参加推士举办的暑期科学教育培训班的教师的工资时，推士对两省教育部门大为夸赞，由此可见，其他省的教师未必能够获得培训经费。再比如，推士在对学校的现有仪器和设备加以调查时发现，清末民初大量资金投入到师范和技术学堂购买仪器，但之后就没有经费投入购买新仪器，也没有经费维修破损的设备了。对一般的中小学而言，昂贵的科学实验器材和设备更是遥不可及。

教育经费投入缺失最直接影响到教师的薪水，而合格的科学教师被推士认为是中国科学教育的第一大需要[②]，低工资且拖欠工资的状况"必然结果就是那些主动而有志向的教师就会将大量的精力放在对高收入工作的寻找上，

---

① George Ransom Twiss：Science and Education in China，The Commercial Press Limited，Shanghai，China 1925. 159～160.

② 推士认为中国科学教育的第二大需要是更多更好的科学教科书、实验手册、中文参考书；第三大需要是可靠的设备、化学药品、生物标本、地图、图表、模型，等等。见 George Ransom Twiss：Science and Education in China，316.

只要一有改善自身处境的机会他们就会马上离开学校。不容置疑，正如我们已经看到的，这是中学教师教龄偏短且教师队伍更换速度过快的主要原因。"

推士建议，建立一个规则严密的薪水升级标准。按照升级标准，教师们可以通过自身的努力而得到提升；而且教师也只有在教学上的不断积累和自身素质的不断提高，他们才可以得到更高的待遇。校长们应该在政府权威和公众面前，给坚持学校工作的人员和教师们按月及时发放薪水。建议虽好，但推士并没有提到经费的来源或政府拨款之类，那么由谁来维持递进的工资制度，校长如何获得发薪水的经费这些问题其实都悬而未决。这也许受限于推士的地方教育财政独立的观点以及对当时政府保障经费的不抱希望。

值得注意的是：推士注意到在中国许多中学入学率偏低，从北京、江苏、安徽、福建、浙江的调查看出，在中国的中学中一般都是一名教师和官员负责8～9名学生，而美国是25名。显然，这样的师生比是浪费的。[1] 因此，推士指出如果入学率按一定的速度提高，那么可以以学生的学费来增加学校的教育经费，增加的教育经费除部分用于扩建校舍之外，剩余部分可用来改善教师收入。[2] 这个不依赖额外拨款而发挥学校规模效应的观点，推士多次提及，但面对贫穷的中国学生，恐怕难以奏效——中学的低入学率恰恰说明中国的许多孩子上不起中学。

此外，推士指出，与拖欠薪水相关的还有两个影响教育功效的惯例应该被取消。这就是：①支付薪水是以小时计算而不是以年薪计算；②允许教师们同时任课于不同的学校。推士认为，这些惯例往往打击了教师们的士气，削弱了他们对学校组织的忠诚度，浪费了他们的时间，也容易使他们的教学例行公事而没有任何创造性、建设性和生动性可言。

总的来说，推士看到了当时科学教育限于经费限制的窘境，但对如何解决似乎无能为力。

二、教师素质

推士认为，"中国人天生具有耐心、勤奋和尊重常情的特性，他们本质上持一种民主的'民胞物与'的态度，真心赞赏美和善，持久地深爱理性、和平和秩序，上天赋予他们的智慧也不输于世界上任何一个其他国家的人。然而，这个民族还没有了解科学，也没有了解现代经济组织的艺术。……中国

---

① George Ransom Twiss：Science and Education in China，The Commercial Press Limited，Shanghai，China 1925.135.

② George Ransom Twiss：Science and Education in China，The Commercial Press Limited，Shanghai，China 1925.163.

人还没有学会利用科学来使他们的生活更舒适、更健康一些，还没有学会利用科学来抵抗洪水和饥荒，还没有学会利用科学来开发巨大的经济资源，还没有学会利用科学来达到政治稳定且高效的状态。如果中国人善于使用科学，中国将成为现代世界的主导国家之一。……中国人并不缺少任何天赋的能力，但他们普遍缺少有效的科学训练，普遍缺少关于个人责任，关于市民义务和公共服务的知识和意识。要想消除这些障碍必须依靠广泛散播更好的教育。"①

（一）科学教学技巧的缺失

对于中国的教师，推士视察了各类学校的近百余个班级，大体上将各个地方相同级别的教师在智力上、人格上进行了对比，得出这样的结论：

相对而言，几乎没有一个科学教师在教学艺术和技术上有很高的技巧。在绝大多数的情况下，教学只知道灌输：教师一味地讲，而学生极少或从不予以回应。在大多数情况下，甚至在初级学校中都是这样。至于自然科学，学生在教师指导下在实验室里进行系统的实践活动很少，甚至在高校也是如此（化学的情况稍好），仅仅在有的中学和师范学校是例外。

一般而言，中等学校的教师自己在做实验上和在指导学生做实验上都没有什么技术，而且他们不知如何通过叙述的方式来授课。清楚简洁或高水平的演讲并不少，也许有5%～10%的科学教师是很好的演讲者，有些甚至很优秀。但颇为明显的是：从大体上看，中等和普通学校的教师们并没有能给予学生真正的训练，没有能够传授学生对于科学真正的洞察力和解决问题的科学方法。这些教师的失败并不在于缺少能力，而在于他们自身训练的缺陷。他们自身没有在实验室得到仔细的训练去进行仔细详尽和精确的实验和推理。他们中的大多数人都选修过许多科学的科目，但许多人都没有经过真正的科学训练。②

（二）初等学校科学教师

对初等学校的科学教师，推士主要关注了自然课、农艺和地理三科的教师情况。认为在这些课的教学上，中国的教师整体是失败的。"对地理、农艺和自然的教授完全是按照课本进行的，有时教师会提几个问题，但是这些问题都不是发人深省的。如果问题都不需要经过思考就可以回答出来，那么学生们就几乎没有机会深入到带有思考性质的学习中去。……通常教师占据了课堂上所有的时间，读课文、解释课文，甚至小到某时某刻的一个句子和一

---

① George Ransom Twiss：Science and Education in China，The Commercial Press Limited，Shanghai，China 1925.48～49.

② George Ransom Twiss：Science and Education in China，The Commercial Press Limited，Shanghai，China 1925.17.

个词语；这中间没有任何图片、标本或者实物的展示，更不用说学生们对这些东西的亲自观察了"。①

（三）中等学校科学教师

对中等学校的科学教师，推士指出，教师的天赋和个人特质和美国的科学教师并没有大的差别，中国的中学科学教师在科学教学上的生疏主要是由他们受的训练造成的。推士在参观的过程中，特别注意了学校里的教授科学科目的教师，在他们中间，很少有不是高等师范或者相对著名的大学毕业的。②

推士的调查显示，中学科学教师的主要来源是高等师范学校的毕业生，而且他们应该最善于利用各种教学手段；调查也显示，由于当时的技术行业还不够开放，吸引不了太多的毕业生，很多从北京大学理工科以及一些技术、工程和农业等学院毕业的学生都流向中学去教授科学科目。因为这些毕业生所受的科学技术方面的训练，以及他们自身的品质都是很好的，③ 如果在教学中能够发挥出来，无疑有助于中学科学教育的发展，但是他们的表现反映出，在科学教学技能方面并没有得到很好的训练。

教师素质是包含个人修养、教学理念、教学技能、学科知识等诸多方面的综合体，整体而言，大部分中学科学教师的素质仍然有待提高，下文的教学案例说明了这一点。

三、教学方法

推士记录了在中国 5 个城市的课堂教学案例，这些案例为我们提供了当年科学课堂教学的第一手资料，也让我们对当时的科学教学问题有直观的了解。

城市 1　推士共记录了在城市 1 所听的 6 堂科学课，另外提到了一堂化学课和一堂物理课，但具体内容不详。这 6 堂课内容如下：

---

① George Ransom Twiss：Science and Education in China，The Commercial Press Limited，Shanghai，China 1925. 124～125.

② George Ransom Twiss：Science and Education in China，The Commercial Press Limited，Shanghai，China 1925. 151.

③ George Ransom Twiss：Science and Education in China，The Commercial Press Limited，Shanghai，China 1925. 155～157.

科目	内容
物理	平面镜成像的法则
化学	制取乙炔
植物学	菊科植物的花
化学	制造硫酸
化学	制取氯气并测定成分
生理学	血液循环

在城市 1[①] 的听课，推士思考了在课堂上提出的问题的种类。他认为课堂上教师的提问有三种类型：记忆训练或者记忆测试问题；激发和引导观察的问题；激励思考的问题也就是"有问题特性"的问题。在城市 1，推士在一些学校中听到了一些第一类问题，"但是它们是相当无效的，因为仅仅有一些学生回答，而没有注意任何问题都应该确定让所有学生都做出正确反应。"

在一堂课上（内容不详），当老师让一些学生在黑板上画图写公式时，剩下的学生就无所事事地闲着。

推士评价自己在一所师范学校看到的制取乙炔的化学课"是一堂很好的化学实验课"。学生在教室里的桌子上制作，因为没有足够的仪器，学生们三四个一组地在工作。因为有很好的指导，学生们表现得特别感兴趣。但是教师的管理并不如他应有的那样有效，比如，在孩子们点燃乙炔和检验作为结果的二氧化碳的性质时，当时形成的热的二氧化碳大都泄漏到了房间里。当给出了如何使用第二个瓶子把燃烧生成的产物限制住时，孩子们就完全成功了。

推士参观了某女子师范学校的一个化学实验室，根据总的外表、条件和设备仪器的种类、数量，他推断出这所学校也只能让学生做极少的实验实践。

在某高级师范学校，推士在停留期间没有机会去观察任何实验操作，他所看到的唯一一节课是物理课，"是讲授式的，在讲课的质量和趣味性方面都无法和我们在低级师范学校观察到的相比。"

在"菊科植物的花"的课上，师生画图的熟练、迅速让推士赞叹，学生的笔记也安排得很有条理，而且有精美的外观。

C 中学"制造硫酸"这堂课，学生的实验也很顺利，但学生很少甚至没有做认真的、令人满意的、有条理的笔记。

D 中学"制取氯气并测定成分"一课，学生在使用仪器和材料时显得非

---

① 推士不愿意把个人或学校或城市置于公众之前而与其他的个人、学校或城市进行比较，所以把城市和学校名称都隐去了。

常笨拙而不灵活，不幸的是教师也没有通过给他们演示更好的使用方法而帮助他们。

"血液循环"一课的教师很好地使用了生理学图表，这个教师的课不但使循环过程清晰化、抽象的循环图具体化，而且给了整个学科一个充满兴趣和真实的氛围。推士的建议是：如果教师用手头的和能够在肉品市场上可轻易买到的材料讲授一些实验课，那么，他就可以使自己的教学给人留下更加深刻的印象，从而为其他教师提供一个样板。

城市 2 推士在城市 2 记录的课主要有以下几堂：

科目	内容	备注
化学	氢气的燃烧	"犯了一个非常严重的错误"
物理	不详	"忽略了学生的实验实践是遗憾之处"
生理学	不详	"（该教师）不能同时画图和讲课"
物理	波义耳定律	"没有针对单个的学生提问思考性问题"；没能成功地完成波义耳定律的演示实验
生理学	不详	较好地使用了问答方式；"没有使用任何种类的用于解释的材料"
普通科学	不详	"大部分问题仅仅要求回忆，很少要求思考"；"学生没有机会通过观察和试来学习"
植物学	开花植物	画图熟练、漂亮；"最严重的缺点是没有要求学生的自身活动"
化学	不详	花很长时间介绍实验，却没有做这个实验
生理学	咀嚼系统	"教师讲得太多了"

在城市 2 的一堂生理课上，授课教师的讲课很有逻辑，很好地关注了结构和功能之间的关系，他使用了一面墙壁的骨骼图并通过黑板上的图样来补充它们。但是他不能同时画图和讲课的事实让这节课进展缓慢而又令人疲倦。而且他画得非常慢。除了画图的速度缓慢以外，这名教师也没有利用储藏室里一副很好的骨骼模型。推士评论说："疏于使用实际的观察和学习材料并趋于完全依靠讲授或者印刷出来的文字和图表是中国的科学教师的一个最普遍、最严重的缺点，而且也是除中国教师之外的许多外国教师的缺点。"

"波义耳定律"一课，推士评价教师非常积极、热心，但没有针对单个的学生提出思考性问题，而是让全班都回答，——在讲课中这种"齐发式"提问是无用的，因为教师无法从混乱的声音中把正确答案和错误答案区分开来。同样是这位老师用 U 形管演示波义耳定律时，不知道如何使用这个管子和水银，以至于在管子的两边的水银柱达到了相同的水平。他也没有读出气压表以确定此时的大气压力，而是假定它正好是 76 厘米。推士评论道："这种不熟练的、错误的实验和教学与科学教学中所要训练的精确的科学性和严密的思考正好是背道而驰的。只有中国的学生被训练得可以进行精确的实验而且能够根据实际观察到的条件和结论做出严密的推论，中国才能从运用科学的好处中获得利益。像刚才描述的这种和其他许多我见到的不精确的实验是在教导学生变得'不准确'，并使他们认为'准确度'是不重要的。"

在"开花植物"一课上，由于教师没有要求学生自己的活动，学生没有机会通过触摸、解剖等方式自己去检验这些花。这个缺陷也导致学生临摹老师黑板上的画，而不是临摹一朵真正的花。

而城市2的一堂化学课更具有代表性。这名教师的这节课的唯一优点是他把实验仪器摆到操作台上准备做一个非常引人注目的、有趣的、有启发性的实验。然而，之后这位老师没有做实验而是把所有的时间浪费在讲解这个实验和解释他将要做什么上。最后，虽然学生能够清楚地看见这些仪器但是这名教师却花费时间在黑板上画了一幅仪器的图案让学生去临摹。

在一堂生理学课上，教师没有使用任何的解释材料，"完全是书本的详述。"在一堂普通科学课上，"（教师）所提的问题大部分都是仅仅要求回忆，很少要求思考"。而对一堂生理课，推士直接评价"教师讲得太多了"。

城市3 推士在城市3记录的课主要有以下几堂：

科目	内容	备注
物理	摄氏温度计和华氏温度计刻度之间的关系	很好地利用了图表和实物，教学很成功；学生齐答的方式要改进；建议提供适当的训练题
矿物学	萤石的认识	教师提到了萤石的商业用途；没有指导学生做笔记；很少的学生来到讲台前看蚀刻玻璃
动物学	蚕	"讲授式教学……没有单独的提问"；只字未提和蚕文化有关的事实以及中国的丝绸制造
生理学	骨骼的构造	"课上得相当好"；"应该更普遍、更彻底地强制学生作认真的笔记"

根据"摄氏温度计和华氏温度计刻度之间的关系"的教学，推士提出，在学生获得了一些知识后应该立即让学生做练习来运用这些知识并指出了具体的指导方法。这种方法也就是美国最近经常说到和写到的"问题方法"（the problem method），推士建议将它作为教学的一种标准方法。考虑到在使用中掌握科学知识的教学意识正是国内科学教师欠缺的，推士的建议是有针对性的，而其实"问题方法"也正是杜威当时在中国的演讲中讨论最多的方法之一。

对于"蚕"一课的教学，推士认为不能把蚕仅仅当做一个带有抽象的生物学知识体系的单纯的物体，只不过是需要讲解的动物形体的行列中的一种。"应该把这节课作为人类努力的一个伟大领域的必不可少的生物学因素来讲解……对于年轻的研究者来说，研究上述动物的更有益的起点应该建立在他们的实用性和人类利益方面，因为这样做有望激起他们对于科学的持久的兴趣。"可见推士不仅要求特定的教学内容要和本国的文化相结合，而且要求"从用于科学研究的事物与人类的利益的关系的立场上"去看待问题——解释科学与人类之间的关系不正是科学教育的使命之一吗？

推士也参观了城市 3 的其他一些课，"通过观察我发现有以下的几点比较有趣"①：

（1）教师大量地讲、学生消极地听成为一种很强的倾向。

（2）完全依靠教师的口头讲解和学生学习教科书，忽略使用充分的实验、图表、图片、标本、幻灯片等让科目对学生来说真实而具体的事物是一种趋势。绝大多数的教师随意地在黑板上画的图画并不能替代仪器、标本、模型等，而只能作为它们的补充。教授必须涉及实物，如果完全抽象化，那么这种教学就是不科学的。

（3）在那些使用了一些具体的辅助手段的教师中，没有充分地使用它们或者没有充分的能力精确严格地操作，这也成为一种倾向。

（4）应该向学生提更多的思考性问题，应该具备前面部分所描述的较好的提问技巧。

正如前面所讲的一样，这个城市的教师在整体上犯这个错误的比其他我所看的一些城市少。在讲课的方式技巧上，一个非常值得注意的趋势是使用了大量的较好的问题、比较具体的材料、可见的视觉辅助物，而且对于每一个学生都应当观察和检验的那些辅助物也照顾得很好（让每一个学生都能看见）。

（5）实验课讲授作为一种给人留下深刻印象的科学的教授方法是绝对必要的，然而，普通学校和中学几乎完全没有。

推士在这个"整体上犯这种错误比其他我所看的一些城市少"的地方得出的观察结论足以揭示当时中国科学课程的基本概况。

城市 4 推士在城市 4 记录的课主要有以下几堂：

---

① George Ransom Twiss：Science and Education in China，The Commercial Press Limited，Shanghai，China 1925. 238～239.

科目	内容	备注
物理（同一教师）	流体静力学基础	讲解大部分都有条理，但太快了；应该让学生而不是助手来协助完成实验
	帕斯卡流体实验	实验失败了，"他所要教给学生的结论就与学生从观察他做的试验得到的结论恰恰相反"
	同一深度液体压力相同的实验	教师还是不很小心、不熟练，学生不能观察到实验结果
化学	波义耳气体定律	应该给学生一些例子而不是自己把全部例子都做出来；实验是错误的，而且本质上还是讲授教学
物理	流体静力学基础帕斯卡流体实验	与观察的绝大部分物理课比，这是比较优秀的一节课；忽略了让学生参与到实验中来
生理学	头、鼻子和喉咙结构的复习	问题很长，学生齐答，绝大多数是记忆性问题；应该使用更多的解释性的材料
物理	无线电报	没有使用任何仪器；教师画图非常拙劣；讲解不连贯且缺乏逻辑顺序；没有提问；学生消极并明显厌烦
代数学	解二项式方程	遗漏了必要的联系；"绝对需要更大、更好的黑板"
生理学	人体结构复习	"这位年轻的教师就有非凡的人格力量和魅力"；"仅仅有一个地方好像会招致批评，那就是提问思考性问题时没有让单个学生回答而是让全班回答"
矿物学	结晶	"这是一节精彩的课，但是如果让学生做笔记而且在笔记本上画图，让他们观察到的结果在大脑中系统化固定化，那么这节课会更好"

在城市4所听的课中又有几个典型的课例。第一个物理教师演示帕斯卡流体实验时，由于操作不当，"他所要教给学生的结论就与学生从观察他做的试验得到的结论恰恰相反"。推士指出，所有的科学教师都应该避免犯这种错误，因为失败的实验会导致学生"怀疑教师的能力，或者会认为科学是欺骗感官的一种方法。"因此，当遇见这样的情况时，教师"应该解释失败的原因，而且应该重做这个实验，做的时候要非常小心以避免犯错误，并能得到准确结论。"同样是这位老师做的"同一深度液体压力相同"的验证实验，因为粗心基本没有达到效果，推士批评道，"由于运用肤浅的和不认真的方法做实验而带来的一些坏的影响，这种实践的结果是直接与科学精神和思想态度的谆谆教诲相背离的。"

而"波义耳气体定律"这堂化学课，教师利用气压计测量气压的操作是不规范的，但教师根本不是以实验的结果为依据而是以预设的结果为依据进行推论，这样，他所做的实验只是一个幌子罢了，本质上还是讲授的教学：把正确的结论告诉学生。所以，推士不无讽刺地说"这个教师又在教学法上犯了一个错误——没有让学生自己去读气压表——是幸运的，因为如果学生读了气压表，那么他们就会被这种逻辑上的不协调关系所迷惑，他们就自然会不再相信教师的讲述或者科学定理，或者全部不相信。"

推士对"人体结构复习"一课的教师赞叹有加，"这是一节对于最苛刻的评论家来说都会欣赏的课，仅仅有一个地方好像会招致批评，那就是提问思考性问题时没有让单个学生回答而是让全班回答"——推士再次提到思考性问题要单独回答这一原则。

推士说自己还能描述其他大量的课，但是这些课虽然科目不同却极为相似，"他们除了直接的教师讲授之外没有使用任何应该使用的仪器、地图、图表或者其他实际的辅助材料，在这些课里教师和学生都没有提出问题，而且学生的兴趣和注意力当然不是非常好。这些课的大多数教师提供所教的材料简洁而又有合理的顺序，而且使用黑板总结观点、写出计算结果或者化学等式等。这些课在讲课的观点和逻辑上很少是真正拙劣的，但是，他们缺乏与真正的事物联系起来的生动性，他们在得到学生的充满活力的反应和自我活动上是完全失败的。"最后，推士发人深省地指出："教师必须具备这种观念——判断他们的教学成功与否的依据不是他们自己做了什么，而是他们的活动引起了学生什么样的学习反应。"

城市5　推士在城市5记录的课主要有以下几堂：

科目	内容	备注
矿物学	晶体	"这真的是一节非常好的课"；"如果让一些沉默的学生回答问题可能会更好"
物理	简单的机械设施	"如果教师仅仅在讲解最难的地方时运用讲授法，而在其他地方用问题回答法，这节课会更好一些"
化学	氯和氯化物	"这是一节非常好的课，明显很有效，这节课上的学生表现得相当有化学思想"
动物学	不详	"如果提问的问题更符合逻辑更具有连续性，而且如果思考性问题多于记忆性问题的话，这节课会更好"

推士对课堂的描述明显简略了，因为，毕竟当时的课堂呈现出相似性。从推士对不同课的评价往往提出同样的建议（教师少讲一些，多提思考性问题且让学生单独回答等）也可以看出当时科学教师在教学中比较普遍的问题。

值得注意的是：推士在城市5的考察让他确信了中国的孩子并不如教师

所说的那样天生不爱提问——问题是教师的教学方式需要改进。[①] 推士也看到了自己考察所产生的推动作用：在城市 5 后半星期看到的几节课的教学技术都有了很大提高，"认真管理以让仪器、标本、图表、骨骼或者其他手头的实际的辅助材料有更完整的分类，而且更注意把学生的注意力吸引到这里。更注意确保每一个学生都能看到甚至触摸到这些标本。更注意关照他们提供的实物、图表或黑板图之间的关系，提出了更多的思考性问题，而且分布得更加合理。更注意放慢语速、吐字清楚，并提及实际的运用，把教学与日常生活联系起来。教师在我们参观的刺激下所作的教学技术上的改善与教学状况联系起来是非常鼓舞人心的，因为这表明了当中国教师对立刻提高自己的教学技术变得感兴趣时，实现这一点是多么的容易。"

四、科学教育设施

科学教育设施包括科学教育的场所和建筑物、教室与实验室设备、教学仪器和设备三大类。推士在考察期间特别留意了相关的情况。

（一）科学教育的场所和建筑物[②]

推士记录到的中国用于教育事业的建筑物明显地可以分为四类：①老式的仅一层的宅子、寺院、衙门（yamens）；②狭窄的两层长方形建筑物：一侧是靠近露天走廊的教室（内有扶梯），外面则是长方形的院子或花园；③宽敞一点的两层长方形建筑物：居中是室内长廊，长廊两侧则是一排排的教室，在四个拐角处设有进出口大厅；④现代化的或半现代化的由砖或混凝土建成的两层或三层的建筑物（设计成 E 形或 H 形）——有些有地下室或顶层小阁楼或二者兼有，后来这样的建筑物大部分都成为各种各样的学院或技术学校。

许多学校是由以上四类建筑物中的两类或更多类构成。大多数建筑物由砖头或木头或砖头、木头、灰泥混合而成。没有防火设备，也没有火灾时的紧急通道。

在第一类中，约 30% 的建筑物采光条件非常差，其他三类的采光条件还过得去，只有 10% 采光很好。采光条件较好的建筑物大多是教会学校新建立的。在几乎所有的建筑物中，采光都是来自两边，因此会产生交叉的影子。在第三类和第四类中，有几所建筑仅从左侧便可获得充足的光线，事实上就应该如此。在几所学校里，阴天还可以使用电灯。但这种有良好光线并合理

① George Ransom Twiss：Science and Education in China，The Commercial Press Limited，Shanghai，China 1925. 254.

② George Ransom Twiss：Science and Education in China，The Commercial Press Limited，Shanghai，China 1925. 283.

分配的情况很稀少。北方的天气通常比较晴朗，所以采光不足也不会很严重；南方的天气很多时候是阴沉的，所以自然光线不足再加上人工光源的不足导致的后果非常严重。毕竟，交叉的影子，从右侧采光或者从背后采光对学生的眼睛是相当不利的。

在调查的建筑物中，75%的建筑物的窗户很短，其余的即使窗户很长，高度也不够，致使光线被上层走廊、屋顶或屋檐遮住。许多学校设有电灯，但数量不足。在中学和师范学校中，用于科学实验的专用场所很稀少。并且一般只有一间普通教室和一个储藏室。按照常规，储藏室应当紧紧靠着实验室，但这些储藏室却通常建在另一幢楼里。有的学校会设有两个储藏室，一个储藏物理和化学的实验设备，一个储藏生物实验设备。虽然不符合要求，但这样的情况也很难见到。

总之，当时中国没有足够的、专门的科学教育的场所和建筑物，已有的场所和建筑物也往往有采光不足、设计不合理等缺陷。

（二）教室与实验室设备①

最先引起推士注意的是：科学教学的教室和其他的教室没有任何的不同，西方科学教学必不可少的仪器和设备在这些教室中几乎看不到。当时中国的教室中最一般的配置是这样的：教室的前面有一张 2×3 英尺（1 英尺 = 0.3048 米）大小的桌子；一块约 6 英尺长、4 英尺宽的黑板；两人甚至三四人合用的书桌；极其粗糙的椅子；教室墙上有几张科学图表。当然，也有的教室黑板更大且由两块可以移动的黑板组成，有的教室里桌子是单人使用的，但如此配置的很少。根据观察，推士指出"最普遍的不足就是黑板空间的不足和摆放科学仪器和做演示用的桌子空间的不足。"

科学仪器储藏室通常是这样的情况：①空间太小，要么箱子排列拥挤，要么箱子数量不够；②由此，仪器便堆积在楼层的拐角，或箱子压箱子，非常杂乱，上面盖了一层灰尘；③由于隔板空间（shelf space）不足，仪器放到拥挤的箱子中，没有统一的秩序，需要时很难找到；④通常，这些箱子非常简陋，既不防尘也禁受不了不负责任的移动。在这样的状况下，仪器很容易损坏。许多仪器因此被清除掉，剩下的也仍然处于非常糟糕的境地，价值不是很大，所以很少有人使用。

当然也有一些例外。有的学校能够充分利用设备，并有条理地保存收管设备。这样的学校中，储存空间充足、仪器箱子优良、有大量的搁架、仪器封闭良好、看管严密。

---

① George Ransom Twiss：Science and Education in China，The Commercial Press Limited，Shanghai，China 1925. 293.

推士还发现有的设备明亮耀眼，不禁使人怀疑在实验中是否用过。

在中等学校中，极少数化学实验室配备通常类型的桌子，这些实验桌大多由当地的木匠制作而成，并有广泛的用途。所有实验桌都有柜子，但很少使用。考虑到学校有限的教育经费，学校通常每天都向学生公布当天储存室的设备供应情况，供学生借用，并规定必须归还的日期。这样，学校就不必建造一个巨大的储存室了。

就实验室而言，推士看到：①化学实验室通常建有一个或更多个排风罩，但都无法使用，因为没有有效的排气装备；②几乎所有的化学实验室都受到缺乏燃气和自来水的困扰，但天津和上海租界区内的学校很少遇到这种情况；③大量的实验室使用构造简单的酒精灯或酒精炉来加热，有的政府机构有汽油气工厂，但由于缺乏技术性的监控和照料，这些工厂也不能使用了；④学校中很少提供生物或物理实验的设备，这类实验或者在普通书桌上进行，或者在化学实验桌上进行。即便这样的实验，数量也很少。

这样的教室和实验室设备条件，教师进行实验的难度就可想而知了。因此，只有极少数的教师能够克服以上的困难来做一些精彩的演示和成功的实验教学。一旦成功，学生们便会产生巨大的兴趣和对教师的敬佩之情。

（三）仪器和设备①

清朝末年和中华民国初年，大量的资金投入到中学，尤其是师范学校与技术学校里，以配备科学仪器和设施。但不幸的是，大部分的学校所购买的设备仅仅是供教师在上课时给学生们演示和实验使用的。除了很少的几所大学和技术学校，以及相当有远见的几所中学外，其他学校几乎没有供学生个人实验使用的器材。这些演示器材，大多是 15 年或 20 年以前从日本购买的。与美国学校相比，中国的仪器设备和教学方法至少落后了 40 年。

推士认为给学生用的实验器材比演示器材更加重要，然而即便是这些演示器材的状况也已相当糟糕。推士在调查中发现许多以前存在的演示仪器现在已经丢失或完全损坏了。据反映是在国内一次革命和二次革命时，很多士兵驻扎在学校里的情况非常多。1923 年 10 月推士等人被困在重庆，发现很多士兵驻扎在学校里，并亲眼看到了士兵们在学校里作出的毁坏。尽管他们只是想住在那里，但他们取走了一切物品，甚至去卖窗户玻璃，把窗框当柴火烧。

这一些，并不是全部原因。很多在那时并未取走或破坏的仪器，在时间的流逝中，由于缺少适当的保管也都被破坏了。很多器材严重腐蚀，或者处

① George Ransom Twiss：Science and Education in China，The Commercial Press Limited，Shanghai，China 1925. 311～313.

于糟糕的境地。大量的学校里不仅如此，还把器材杂乱地放置，缺少有系统、有秩序的管理。另外，还发现仪器上覆盖着数月或数年飘落的灰尘。

推士还发现了这样的现象：由于缺乏必要的知识，日本生产的许多设备，如气泵、静电机、验电器、电阻箱等，其实根本就无法使用。也因此，推士建议购买德国或美国制造的设备——当然，最好是中国自己建立可靠的设备制造厂。

此外在标本的购置上，"明显可以发现学校最初成立的时候，大量的资金用于购买每所正规学校'完整的标本'，这些标本包括动物学、植物学、生理学、矿物学等方面的大略的收集。"然而这些标本中，很大一部分其标签是不可靠的；有的图表和模型是日本对德国标准产品的劣质模仿，或者是中国又根据日本的仿制品造出来的更加劣质的产品。更进一步讲，这些材料几乎未被生物教师在教学中使用。教师们不知道这些标号是否是正确的，不知道标本是好是坏，也不知道如何在教学过程中使用这些标本。当然，偶尔也会发现有的教师在教学过程中灵活地使用这些标本，因为这些教师在演讲知识方面受到过培训，但也不是标本知识和实验室知识方面的培训。这些标本通常情况下都锁在一个房间里，很少打开，除非有参观者或视察者到来。

五、其他问题

有一点值得提醒，那就是推士考察中国的科学教育问题有两个潜在的参考标准：一是美国的相关情况是怎样的，二是应有的状况是怎样的。

推士记录了在中国考察中发现的各类问题，以上四方面仅仅是其中和科学教育关系比较密切的部分问题。而其实，推士对科学教育之外的教育组织、学校管理、课程设置都有自己独到的观察，有时还涉及中国文化的深层结构问题。试举两例。

（一）有检察无督导

"在中国，国家教育部和各省教育厅的检查员或代表对学校有许多'检查'。然而，在中国几乎完全没有建设性的、系统化的'督导'。……除了校长和主任，中国没有其他人的职责包含了真正的督导。教育部的官员代表和所谓的地方督导员的职责仅仅限于对学校做个'检察'——即便是这种检察他们也是敷衍了事的。"

"检查"一词有政治色彩，"督导"强调的是对教育教学行为的评价和规范，推士的观察说明当时教育督导的缺失。这一方面是由于教育还不够独立，受政治影响的体现；另一方面也是因为教育督导需要专业素养，而不具备相应素质的人员把督导降格为检查。

（二）缺乏彻底性和精确性

推士认为，比起其他国家，在中国的学生和几乎其他所有阶层的人当中，有两个阻碍科学发展的现象更加流行，那就是①在做事和描述事实时习惯性地缺乏精确性；②嫌恶知识分子做任何要动手的事情（仅画画、写字可以除外）。"科学教师应该超越这些习惯，否则，中国在科技上将永远落后。"

因此要让教师在实验工作中坚持精确性和彻底性。许多方面显示中国人擅长在对变动的调和中获得技巧；而且只要说服他们彻底性和精确性是有价值的，他们就能做出连细节都极端细致和精确的东西来。在许多必须彻底和精确的事情上，中国人却毫不精确。其中的原因是在那些事情中，关于精确的必要性没有以一种令他们信服的手段展示给他们看。

因此，科学教师应该经常向学生展示，不论在科学和技术工作中还是在实验操作和思考过程中都是多么需要精确性。教师应该坚持展示这一点。

教师也应该形成学生体力劳动高贵的观念（当体力劳动被很好地完成，并为了一个善的、有益的目的时），而且应该坚持用每一种可行的方法让学生去实际操练并让学生在使用工具中获得实际的技能。这些技能是穿着长袍马褂袖手旁观的人所学不到的。学习科学和技术的中国学生必须乐意把他们的长袍换上工作服，必须克服对双手沾满泥污的厌恶之心。教师必须通过榜样和训导反复向学生灌输这个道理。如果年轻人不认识到这些道理，中国将不会有合格的商店领班、工程师和经理，中国将只能在外国人的帮助下发展自己的工业。除非一个领班、一个工程师或一个经理能熟练地做自己的工作，他才能指导他的手下做事并成功地控制和安排这些人。而工作的技能只能在做的过程中学到。

第三章

推士对中国科学教育改革的建议

如前文所提及，推士指出："在中国未来的发展中，科学和科学培训肯定会扮演一个非常重要的角色，这种认识使我产生一种无法逃避的责任感。这种责任感促使我不仅要告诉中国人民应该教授科学知识以及怎样教授科学知识，还促使我要告诉他们为什么教授科学知识如此紧迫，告诉他们应该以一种从教学中可得的方式而不是其他方式来教授科学知识。因此，我试图解释和所有学校，尤其和科学培训相关的历史、社会、经济和政治背景。"①

一方面推士坚信科学对中国的重要意义，另一方面推士历来把中国的科学教育放入"何以如此"的社会大背景中去考虑。基于这样的认识，推士关于中国科学教育改革的建议至少有两方面的侧重：一是改革科学教育本身，比如他在中国一再强调科学的意义，以让人们正视科学价值、弘扬科学精神；他批判在中国占绝对统治地位的灌输式教法，倡导新的教学法以适应学生的科学学习；他发表对科学教师培训的观点并举办培训班；他对如何规范科学教育设施提出详细的建议。二是改革科学教育的环境，比如，提出一个整体的教育体制设想试图使教育离政治更远一些；对经济建设的看法；提出完整的课程方案以使科学教育和其他教育门类更加和谐，等等。

第一节　着眼于整体的建议

一、学校如何从政治和贫困中脱离

如前文所述，推士认为政治的干预不仅使学校的高效率变得不可能，而且会带来种种恶果。注重科学教育与道德教育、公民教育的结合，要求学校工作人员不要沉溺于政治"倾轧"的游戏，都是推士倡导的保持教育独立于

---

① George Ransom Twiss：Science and Education in China，The Commercial Press Limited，Shanghai，China 1925.33.

政治的方法。除此之外，推士不惜笔墨地介绍了一个包含更多民主特征的教育制度。

简言之，推士设想，A. 教育部内部划分如下：①财政与统计；②初等教育；③中等教育；④高等教育；⑤职业教育；⑥社会教育；⑦教育调查和研究。B. 对每个省来说，省学校董事会由省长来任命，有点类似于国立大学的管理委员会和首都的学校董事会的合成物。这两大部分分别下设的相关学校和教育管理机构以及相应的功能在此处不一一赘述。① 这一教育制度是推士参考美国的教育制度提出的甚至比美国的教育制度在民主上的要求更进一步，"在美国至今囊括了（这个制度）所有特征的州还是微乎其微的……在美国很多教育思想家的思想是通过长期立法才能确定那么一两个特征。"推士如此考虑很有"取法乎上"的意味，"美国学校的不足主要表现于在很多案例中其管理太过于民主和分散，然而在中国，学校的管理则接近于与其相反的另外一个极端。中国学校的官僚气氛过于强烈。"

至于学校普遍面临的经济困境，推士设想过通过提高入学率来改善经济情况，然而，面对当时贫困的国人，不管是提高小学还是中学的入学率希望都不是很大，以此来改变学校的经济状况的希望更加渺茫——怎么能指望生活在贫困线上的人们为自己的教育投入经费呢？因此，同样在这个教育制度中，推士坚持一贯的教育财政地方独立的设想，其经费来源是从地方税收中按固定比率提取的一部分，"当地方政府发挥自己的主动性去进行管理和进行财政预算时，才可能使教育得到最好地发展，才可能最好地发展民主和提高工作效率"。当然，面对诸如职业教育、扫除文盲等都需要激励全国上下协调一致的教育事业时，"中央的援助也是必不可少的"，但"中央政府仅仅是在涉及国家利益时，需要激励民众和提供援助的时候才出面的，这是我们应该记住的原则"。

从推士的考察报告中我们还可以看到，推士对中国人通过科学技术来进行自然资源开发抱有很大的期待，因为在他看来，学校获得的补偿最终来自于"那些从事生产、交通和商业等更加物质化职业的人们的部分过剩产品。"而个人或者国家增加剩余产品积蓄有两种方式：节约消费或者增加生产。推士曾惊讶于"在中国，任何东西都不会被浪费"，同时他又看到"在目前的经济体制下，中国的生产力已基本达到最大限度"，那么唯一可行的方法无疑是以科学技术来提升生产力，增加生产，最终使教育获益。②

---

① George Ransom Twiss：Science and Education in China，The Commercial Press Limited，Shanghai，China 1925. 91~101.

② 具体可参考《教育和经济重建》原著第70~76页。

二、关于教育制度的改革

可以这样说，中国整体教育制度的种种缺陷都和科学教育最终能够取得的效果相关，因此，推士对教育制度提出了一些改进意见，他的这些意见是针对整个教育制度或制度的某个层面的，但建议最终的指向是为科学教育服务。

针对"有检查无督导"的现状，推士建议建立适当的督导体系。

"为了建立适当的督导体系，第一步必须是使各省的教育协会真正清楚地理解督导的必要性。第二步是学院、大学和师范院校提供培训督导员的课程。这些课程应该教授适合中国学校的督导理论和实践方法，而且，如果可能的话，应在任课教授的指导下进行实际的督导实践。"

"教育行政课程应该强调督导的必要性，对组织督导的方法、需要怎样的督导人员、他们的职责是什么以及他们之间的关系应当如何都要具体说明。为实现真正的督导，教育部受过培训的督导员、中学和师范学校的校长和主任以及各乡村地区受过培训的督导员都应该为督导作出一些规定。"

"在督导和督导培训中都必须记住，一个督导员首先要具备全面而实际的知识，要能知道教师在学习某科目时应该怎样做才能取得最佳效果。因此，任何一个希望成为督导员的人都应该有作为一个成功的教师的经历。"

对学制的意见方面，推士批评 1904 年的癸卯学制规定的修学年限过长，认为这和中国人一直把读书人作为一个独立的阶层，使每个读书人的唯一任务就是读书、准备更高一级的考试直到最后金榜题名这样的历史有关。正因此，推士认为学制的修学年限应该减短，课时也要相应减少，这样的话学制就更有效率，学生也有更多的个人时间去学习课外的东西。①

中华民国初的"壬子癸丑学制"和清政府的学制相比有了改变：对许多专科学校和中学的中央直接管理权下放到省级政府；在教育内容上大幅度减少了对儒经的要求而注重具有实际价值的知识的学习；减少了教育总年限；并且创办女子中学——这些改变使教育在精神上与民主共和政体靠拢。尽管推士看到了民国教育的进步之处，他仍然建议"目前最需要的就是建立一个新的行政考察制度，而原先所采用的原则（对学习的强调以及按能力选择的原则）将继续使用。这个制度对要修订的地方所制定的新规定应该能适应环境的变化，将对教育制度产生长久的激励作用。"1922 年的新学制颁布的法令为现实提高了较大的弹性，而且"除了师范学校、职业学校和工业学校外，

---

① George Ransom Twiss：Science and Education in China，The Commercial Press Limited，Shanghai，China 1925. 107.

该体制基本上类似于美国现行体制"，推士对此是比较赞赏的，不过他还是认为新学制的课时偏多。此外，课时偏多和课程偏多有时是同一个问题，推士认为新学制的诸多课程在师资不具备的情况下，初等教育的种种课程只能流于肤浅的教学，效果不会好；[①] 而对中等教育，推士更是批评"（中学）课程方案最大的缺点就是所定的标准远远高于实际所能达到的水平。其结果就是学生们、教师们以及公众都联合起来自欺欺人。"[②] 所以，推士面对新学制，一直强调课时要适当、课程不宜过多、教法需要改革、学校质的发展先于量的发展等数条原则——从中可以看到推士务实的风格。

第二节 改进中国科学教育的具体建议

一、提高教师的素质

（一）教师的培训

上文引述的在 5 个城市中的听课记录似可以作为当时教师素质的一个佐证——虽然有个别老师上出了精彩的课，但推士通过对各类学校近百余个班级的观察得出的结论依然是"几乎没有一个科学教师在教学艺术和技术上有很高的技巧。"[③] 而推士不止一次地提到，这些教师教学失败的原因"不在于缺乏能力、开放的头脑和进取心，而完全在于没有经历过有效的科学训练。"因此，"补救是非常需要的。必须给他们机会，去弥补他们在学院和大学中所学科目的缺陷，尤其是要给予有关科学思辨、精心实验和如何教学方面的训练——这些训练正是他们所缺少的"。

推士认为应该在正常的学期，尤其是在暑假的时段，给教师开设培训课程。实际上推士 1923 年在东南大学、1924 年在北京清华大学开设的暑期培训班都获得了成功，这也让他确信"为每个省的科学教师提供有效的课程的建议是正确的"。[④] 由此推士对建立系统化的教师培训体系提出了自己的建议。

---

① George Ransom Twiss：Science and Education in China，The Commercial Press Limited，Shanghai，China 1925.124.

② George Ransom Twiss：Science and Education in China，The Commercial Press Limited，Shanghai，China 1925.143.

③ George Ransom Twiss：Science and Education in China，The Commercial Press Limited，Shanghai，China 1925.18.

④ George Ransom Twiss：Science and Education in China，The Commercial Press Limited，Shanghai，China 1925.21.

在培训组织上，推士看到了当时中国进步教育协会领导的一项涉及全国的，旨在提高科学教学水平的运动，他认可这样的组织结构：在其"科学教育部"下，物理、化学、生物、地理、科学常识、卫生学、公共健康、教师培训分会，另有科学教师俱乐部分会（每个分会的名字代表了不同的领域）。

在培训提供的支持内容上，[①] 推士认为最迫切需要的是用中文写的、从中国人的生活和现状中选取应用案例的教科书和实验手册——推士注意了教科书和实验手册的本土化问题。另一个方案是出版一些能给老师以实践提示和帮助的刊物。比如：①对于教不同的科目会有一些对教师有帮助的经验总结，可以按字母顺序汇编这些资料；②最佳演示和实验的汇编，展示如何来做实验以及如何纠正实验中的错误；③实验必备的设备列表，以及哪里可以买到，如何最好地利用，能否本土制造；④列出建设科学教室、储藏室、实验室的标准计划以及建设所需的必要设备；⑤在不同的年级提倡制定和使用标准化考试和测量手段；⑥为初等学校的老师出版各种他们所需要的、对他们有益的刊物以及有关自然学习和农艺的课堂指导小册子。

为了更好地培训科学教师，推士对大学、师范院校等相关机构提出了关于课程设置的要求，他认为大学应该做到以下几点：[②]

（1）决定在给中学教师进行教育的时候都应该包括哪些课程，以便使教师获得作为一名公民所需具备的广泛的基础知识，并形成看待国家大事的视野。这样的学习在每一个教师的培训中必须作为必备课程。

（2）开设每个教师必须具有的心理学和教育学知识的最低训练课程，还应该包括科学知识教学法等专业课程。

（3）开设一系列的物理、化学、生物课程，由此决定教师们的专业，并使他们具备一系列的科学知识。

（4）开设一系列有助于扩大教师知识面和有助于科学教学进行的选修课程，一些满足教师具体需要的专业课程应该包括在内。这样教师通过文化性和信息性比较强的课程的学习，能够扩充自身的知识水平，在本身的专业知识之外还有丰富的想法。

（5）以上面的列举，也可以说是学习计划作为基础，把教师的课程安排作成表格，并反复检查，保证能够实施。

（6）不管每所学校是否欢迎这样的课程或认为可行性有多少，都把它出

---

① George Ransom Twiss：Science and Education in China，The Commercial Press Limited，Shanghai，China 1925.22~23.

② George Ransom Twiss：Science and Education in China，The Commercial Press Limited，Shanghai，China 1925.351~352.

版发行，作为范例或标准。

为了帮助学校编制教师培训课程，推士设计了一个包含多学科课程（适用于培养不同学科的科学教师）的课程体系并对该体系详加解释（表2-3-1）。

表2-3-1 推士提出的科学教师培训课程体系①

年级	I		II		III		IV		一学期总学时
学期	A	B	A	B	A	B	A	B	
本国语和文学	语文 I a C(3)	语文 I b C(3)	语文 II a C(3)	语文 II b C(3)	语文 III b C(3)	语文 III b C(3)			18
外国语和文学	英语 I a C(3)	英语 I b C(3)	英语 II a C(3)	英语 II b C(3)					12
历史、社会科学和哲学	现代世界史 I a C(3)	现代世界史 C(3)			经济学 III a 或政治经济地理 III a O(3)	社会学 III b 或文化工业历史 III a b O(3)	现代逻辑和科学方法 IV a C(3)	道德 IV bC (3)	18
心理学和教育学	个人和学校卫生 I a C(1)	公共健康和卫生 I b C(1)	基础心理学 II a C(4)	教育心理学 II a C(4)	科学教学方法 III a C(3)	专业课教学方法 III b O(3)	辅修课教学方法 IV a O(3)	教学实习 IV b C(3)	22
专业和辅修课	专业课 I a O(3)	专业课 I b O(3)	专业课 II a O(3)	专业课 II b O(3)	专业课 III a O(3) 辅修课 III b O(3)	专业课 III B O(3) 辅修课 III b O(3)	辅修课 IV a O(3)	辅修课 IV b O(3)	30
数学	混合数学 I a 大学几何 C(3)	混合数学 I b 或三角学 C(3)							
自由选择			(3)	(3)	(0 或 1)	(0 或 1)	(6 或 7)	(6 或 7)	18~22
一学期学时	16	16	16	16	15 或 16	15 或 16	15 或 16	15 或 16	124~128

注：①基础课程：74学时。科学方面的选择，30课时；个人选择，12课时。选修课，18~22课时。毕业水平的最低要求，124学时。

②第二、三、四学年的学习允许有所变动，以方便选修课的进行。

③Ia表示正常情况下是第一年的第一学期开设。Ib表示在第一年的第二学期开设。依次类推。C表示该门课程是基础课程，所有的学生必须上。O表示可从该门课程和其他课程中选择。或者可以从这一系列的课程和其他系列的课程中选择。阿拉伯数字代表该门课半年的学分，也是该门课每周应开设的学时（实验室中的两小时以教室中的一小时计算）。

④主科目是每个学生选择将来教学的主要科目，次要科目是学生希望教授的第二门课程。每个学生的主科目必须包括三门课程，次要科目包括两门课程。

⑤每一个学生必须在他的主科目和次要科目之外的科学教育方面另外选择两门课程，相当于6个学时作为选修课。

① George Ransom Twiss：Science and Education in China，The Commercial Press Limited，Shanghai，China 1925. 352~353.

推士还对这一教育进修课程安排做了如下的几个解释：①

（1）首先，制定一个满足所有系别和个人意愿的计划是很容易的。但是，这些课程安排成一定的时间和数量，使学生每个星期上课16小时确实可行，这并不是一件轻松的事情。学生感觉特别乏味的课程还需做相应的比较或去掉。

（2）所有人都同意有前途的教师应该学习汉语言文学。但18个学时是否足够有很大争论。我想这个问题应该由汉语方面的专家来解决。但是也有一个问题，就是假如汉语的学习时间增加的话，相应的必然有一门课程的时间减少。

（3）很多人也同意为了满足中国科学教育方面的教师阅读教育和科学外文书的需要，安排最低12学时的英语课也是合理的。同时也应该尽量在这一时间里阅读大量的关于科学和教育方面的书籍。因此在第二年的阅读练习中，应该最大限度地阅读科学和教育方面的著作。这些书包括：Tyndall 的《光学六演讲》、Slossom 的《创造化学》、斯宾塞的《教育学》、詹姆斯的《给教师的心理学演讲》等，这些书富有趣味、结构简单、内容生动丰富。

（4）在美国学过教育学的人可能会认为心理学和教育学的时间太少了。在我看来，这一课程的目的在于加强教师的训练，以培养教育实践家和自然科学的领导者，而不是培养教育理论家！这一安排已经包括满足他们实践需要的最少的课程时间，我认为这一时间已经足够。

（5）既然科学知识的学习和教学方法的训练是教学过程的第一要义，所以安排了主修科目和辅修科目的30个学时的科学课程。除此之外，还要求学生选修一两门科学方面的6个学时的课程。这样学生可以学到其他的生物、物理、化学、天文学、气象学、地质学或矿物学方面的知识。

（6）选择物理作为主修科目的学生，除了一年级必须学习的数学之外，还应该学习解析几何学和微积分。

（7）选修科目应该包括数学，6个学分；地质学，3个或6个学分；天文学，3个学分；气象学，3个学分；自由书写绘画，包括黑板速写，3个学分；手工训练，3个或6个学分；物理超市（包括修理设备、制作仪器、玻璃吹制等），3个学分；摄影术和幻灯片制作，1个学分；生物技术（动物标本的剥制、收集、保存和装置，以及植物和昆虫的辨认），3个学分。

（8）一周最多的课时是16个，最少的是15个。不允许学生再多于16个课时，除非情况特别例外或某个学生确有潜力。

---

① George Ransom Twiss: Science and Education in China, The Commercial Press Limited, Shanghai, China 1925. 354～357.

由于在现今的中国，每周要求学生上课 25～36 个课时的现象非常普遍，这一建议对很多人来说是惊奇的革新。毕竟，学校必须明白，是学生们要学习这些课程而不是仅仅为了制定课程。学校要想给学生真正的训练，使学生在操作中学习，就必须给学生课堂之外的时间，而不是利用课堂时间。一旦学生每天上课 5～6 个小时，他们就会像海绵吸水一样，实际并没有学到多少知识。

（9）一年级学生每周除了一个小时的卫生和公共健康外，还应该有身体检查和健康计划。这应该成为大学中的除了课程要求外的一项基本规定。

关于健康计划，有人认为未来的教师如果不能从体质检查和健康习惯中获得好处，那么他们就很不乐意在学校里制定健康规定，并强迫学生实施。

就某一科的中学科学教师，推士精简出最基础、最适用的培训内容和要求：[①] ①话题选择的学习；②热点问题的集中学习。最困难的部分使用举例和讨论的方式进行，并配以实验和演示；③对课堂演示和实验室操作有严密的思考，以使之与课堂的内容和话题有密切的联系；④简单的演示实验可以轻松地越过去。在实验操作或思想表达任何一方面有困难时，都应交由一个班级成员向大家演示。负责演示的学生应该事先与教授讨论或预先操练一下，以达到最好的状态。最后，如果有必要的话，在实验进行完毕，以及与之有关的在中学中应该讲授的知识讲完之后，还应该有必要的讨论；⑤进修的每个教师在实验室中都应该认真、完整、准确地操作自己选择的实验，并把实验认真地记录下来（正如教师要求自己的学生做的）。负责的教授应该检查改正教师的记录，并让教师修改（对中学生也是这样要求的）。经历了学生们必须经历的一切，教师们就会明白怎样监督和指导他们的学生，教会学生如何处理困难，给予学生需要的帮助和鼓励；⑥指导教师如何购买以及去哪里购买设备，如何储存、保管、修理，如何制作设备，如何在当地的店铺、居民家中、大街上找到与学科相关的设备并观察它们的实际应用情况。生物科目，还应该指导教师如何收集、保存、装置、辨认标本，以最终帮助学生在实验室学习中使用；⑦正如教师在要求学生时一样，每个进修的教师应该在实验室中做一次最难的实验，并记录下实验的过程；⑧还应该安排实验方法和作业的讨论。

在经历了如此完整的认识之后，每一名中学教师都有能力成为监督者或优秀的教师。他知道最有效的步骤是什么，并知道如何去实施。

为了培训的范围更加广泛，推士建议"每一个省份都应在每个学期、每

---

① George Ransom Twiss：Science and Education in China，The Commercial Press Limited，Shanghai，China 1925. 357～359.

个暑假挑选出几名教师进修，回来之后，要求教师把他们所学到的精华部分向其他的教师做一个讲解。"

此外，推士注意到了培训方式本身蕴涵的教育意义，在培训方式上注重示范和案例法的使用。

（二）学生的培训

推士并没有专门提出"学生培训"的专题，但是他提出在"科学教师的培训"的专题中，得出的两个重要结论之一就是"教学的最终提高取决于对中学、师范学校、学院和大学中的学生的训练。"——师范学校、学院和大学中的学生有许多将是未来的老师，从这一点看，学生的培训和教师的培训是合一的。当时的现状是"大多数学校（中学）的教学方法和设备种类并不能保证学生得到真正的科学训练。学生们学到的知识不足以明白科学内涵和科学真理，也不能把书本上的理论知识运用于实践。"而大学生则是"不仅缺乏基本的科学知识和理论，还缺乏准确认真的科学习惯，完整严谨的理想，科学研究最本质最基础的观察、实验和思考所必需的细心和方法。进一步讲，他们如此缺乏科学知识和素质以至于他们根本认识不到自身的不足。他们也不会去考虑是否已经为大学的学习做好准备。其结果便是：他们一进入大学就开始学习科学方面很高级、很深奥的知识，而不愿意安下心来刻苦学习以前就应该掌握的很基本、很基础的知识。他们喜欢学习数学公式和抽象的理论，看不起他们认为自己知道但实际上不知道的基础课本和课程。……结果，他们非常厌恶考试，竭尽心思想办法。罢课、逃学、请假条、病假条在考试时都很常见。"[1]

基于这样的学生素质状况，推士指出：[2]

"必须在重要科学问题的实验方法、观察和推理方面给予学生真正、准确、完全的科学训练。教会学生正确的学习方法，包括正确地收集资料的方法，保存资料的方法和使用资料的方法。这一培训应该从有系统的观察和自然学习开始，从幼儿园一直延伸到每一个年级。这一计划要稳步过渡到初中和高中，并配备科学教学的方法和原理。进入大学和学院以后，还要包括更加成熟和深入的学习，不仅在科学知识方面，还有改进教学方法方面。"

"教师们应该慎重对待这个问题，在一年级的时候，给学生们补课，充实基础，使现状有所改变。①首先，学生们应该认真复习课程，减少抽象、难

---

① George Ransom Twiss：Science and Education in China，The Commercial Press Limited，Shanghai，China 1925. 340～342.

② George Ransom Twiss：Science and Education in China，The Commercial Press Limited，Shanghai，China 1925. 342～343.

懂课程的比例。对于探索更高级、更困难的事物和方法所必需的基本的事实、思想和方法，应该首先掌握。对这些基础知识，应该有完整的学习和测验；②在学习更高水平的知识之前，向学生解释掌握基础知识的必要性，并通过提问或测验的方式考察学生，保证90%以上的学生已经掌握了基础知识。这样，再进行更高水平知识的学习才是明智的；③对每门课的每一章节进行最初复习的时候，教学过程中应把仔细的讲解、熟练有逻辑的提问、简短而又深入的测验结合起来。很多大学里的教师一周接一周地讲解新课，而缺少必要的测验。当我们阅读学生学期结束后的考卷时，惊奇地发现：讲解过程中的关键部分，他们掌握的竟是如此差劲！我们什么时候能做到教师教得少，而学生却学得好呢？我们什么时候才能真正认识到：学生若能完全掌握几个重要的关键问题远远胜过读过或听过大量的知识却立刻就忘记，或记得很模糊以至于没有任何的用处的状况；④从每一节课开始的时候，把实验室操作作为一个重要的部分。把实验与课堂中的讲解紧密结合起来。或者在实验室，或者在教室里测验学生实验与课堂上讲解的事实和原理之间的关系。同时，教师应该保证每项教学工作都是完整地、准确地、忠实地进行，记录也是有系统的、真实的，确保学生明白实验和要讲授的原理之间的重要意义。"

二、转变教学方法

讲授法在中国根深蒂固，和中国经注式教学传统密切相关，它充分运用于传统教育中对以人文为主体、以书本为传媒的静态文化体系的诠释，但不完全适合以自然实体为对象，采用观察实验等实证方法为研究手段，处在不断发展，不断创新中的近代科学教育。推士观察到"教师中有一半以上仅仅使用中规中矩的讲授方式，很少或者从来不尝试从学生那里得到各种响应，他们甚至不要求学生对他们的讲授做笔记。大多数教师随意地使用黑板，讲课时随意做图表、画图画或者列提纲"。

讲授式教学的最普遍的缺点是：① ①不充分使用试验、操作或者准备类似标本、图表、地图、图片、模型、幻灯片、显微镜等可见的辅助物，即使学校的设备中可以找到这些东西；②当演示操作、实验或者出示标本时，不能充分考虑以确定让每一个学生都能看到他期望学生看到的部分，即使完全有可能这样做时也没有做到；③有时（虽然不是特别普遍）教师讲话的声音不大、不清楚，不能让学生清晰地听到；④很大一部分的讲授课教师仅仅提供教科书上的事实、实验和问题，几乎都是用同样的顺序而且同样的缺乏仔细

① George Ransom Twiss：Science and Education in China，The Commercial Press Limited，Shanghai，China 1925. 205～206.

推敲。因为目前盛行的绝大部分教科书都仅仅只是枯燥的事实集合的压缩，所以，这种讲授课无法鼓舞和激励学生；⑤绝大部分教师没有把自己的实验和演示发展到一个非常完备的程度，结果导致了这些实验对于学生来说不具备充分的说服力，这样学生就不能理解实验演示的意义，一个原则或者一个普通的陈述一般都需要多种大量的事实去证实它是一个普遍的真理或者只是一个运行中的假设。

为改变这种状况，推士在他的著作中系统介绍了种种可以用之于科学教育的传统的和近代的教学方法及其适应的科目和教学环节，如记诵法、练习法、讲授法、小组讨论法、实验法等，还有当时新流行的设计教学法（Project Method）和道尔顿制（Dalton Plan）。

推士对中国的课堂教学特别是科学教学提出了一系列建议，认为急需改变的有以下几个方面：①不要连续地专一使用讲授的教学方法，讲授的时间应该削减到不超过分配给某主题的时间的 5% 到 10%；②在较长时间使用记诵、主题记诵和班级讨论的方法时，教师在课外应有充分的预先准备；③无论是在讲授还是在班级讨论中，教师应尽量多地使用适当的器材、标本、图表和其他形象生动的辅助物进行更多的实验和展示。给学生更多的机会和黑板上的空间让他们来解决问题并展示答案；④提倡由学生独自进行实验活动。即便大部分学生不能做到还有小部分能，就让那一小部分去做；⑤要求学生对在实验室里所做的和在课堂上演示的实验做仔细而精确的笔记。应该经常检查他们的笔记，看看实验有没有被及时准确地详细描写，并采取措施防止学生抄袭他人的笔记。另外推士还针对当时学校中难得配置的科学实验设备常因保管不善而废置的现象，强调科学教师有责任维护设备，使它们始终处于良好的状态。①

在各种教学方式的讨论中，推士特别强调发展学生主动性和思维能力的重要。推士认为，教师的作用主要在于激发、引导学生自身能力的发展，帮助学生克服那些在无人协助下难以克服的困难。教师之于学生越是显得"不必要"，越是说明他取得了真正的成功，因为这表明他已经教会了学生独立思考、讨论、作业和实验。要达到这一点，启发学生主动思考是至关重要的，而要让学生主动思考就必须让他面对一个问题情景，没有问题就没有思考。已经知道答案的"问题"不是问题，心理学研究揭示，如果你给一个人一个他已经知道答案的"问题"，他就只会试图回想出答案而不是去探究它，对于他来说仅仅是一个记忆问题，只有在他想不起答案时才会变成问题。在几何

① George Ransom Twiss：Science and Education in China，The Commercial Press Limited，Shanghai，China 1925. 29～30.

课的教学中极容易设置这种问题情景,但是推士发现中国许多几何老师"都没有掌握这个心理现象,他们几乎浪费了所有的上课时间让学生背诵所谓'规则定理'而不是花时间让学生去运用这些定理,去解决那些只能靠自己推出结论而不是直接从书上找到答案的问题。"而教师自身的活动"通常都是自己叙述、解释所有的定理而学生仅仅坐着听。最好的学生也只是听并通过预测教师下一步会说什么而作一些思考。而那些最差的学生就只有看着窗外或者打盹了。"①

实验课是科学教学中最具特点和必不可少的部分,推士在书中给予了更多的阐述。实验首先是培养学生认识科学价值,理解科学思维的方法与过程,进而理解科学和科学工作的重要方式。推士认为:所有科学知识的基础都是观察和实验,科学家的大部分工作是由观察和实验组成。因而,如果我们想培养科学工作者,或者培养能够理解、欣赏和支持专家所从事的科学工作的人,当他们还是学生时我们就应该给他们观察和实验的机会,要真正理解科学就必须自己实际地去做实验。而在中国,除了一些学院和大学外,在讲授中普遍使用这种方法的学校很少,只有非常少的一些中学、师范学校和一些技术、农业学校在使用,而且也很少充分或者说普遍地运用。因而,在中国,从提高科学教学出发最重要的一步是让实验课教学更普遍和适当。②

诚然,在当时社会还非常落后,科学教育才刚起步的中国,学校中的实验教学还存在很多困难。缺乏实验设备,没有专用和像样的实验场所,有限的实验设备只能供教师做实验演示而很难让学生亲自动手。但推士认为,只要教师有决心,几乎所有的科学教师在自己的课堂中引入一些单独的实验练习给学生都是可能的。如果教师留心考察当地的商店,他就会惊奇地发现那里可以用不多的钱买到试验装备或制作装备的材料。③ 所以问题的关键是科学教师是否愿意引进更多的实验,改进自己的教学。

为了在制度上有所保障,在初等教育领域,推士认为"非常需要成立一个国立初等学校自然课委员会,专门来计划和指导各种教学方法的实验。""这样一个委员会应该是一个综合性的国家组织(领域包括了自然、与初等教育相适应的农艺学、适合初级中学的科普知识、生物学、物理学、化学、卫生学,这些学科教师的培训、俱乐部建设,以及普通地理学),其目的是为了

① George Ransom Twiss:Science and Education in China,The Commercial Press Limited,Shanghai,China 1925. 182 ~ 184.

② George Ransom Twiss:Science and Education in China,The Commercial Press Limited,Shanghai,China 1925. 192 ~ 193.

③ George Ransom Twiss:Science and Education in China,The Commercial Press Limited,Shanghai,China 1925. 193 ~ 195.

发展科学教育，在委员会内部的每个部门都由会长领导，而会长应该是一个优秀的组织者，并且也要身体力行地实施他自己的教学计划。每个部门都负责科学教育事务的支流，并且所有部门应该与会长保持一致成为一个政治上的联盟。"推士以改进地理、自然和农艺等科目为例，指出这样一个组织在教师转变教学方式上可以提供的帮助：①

（1）准备一系列课堂上用的小卡片，卡片上是和孩子们的日常生活、家庭和社区相联系的自然科学方面的内容。比如花草树木、土壤、沙砾、矿石、昆虫、鸟类、家养和野生的多种动物，以及在家中、店铺、街上经常见到的物理和化学的简单应用情况，正如各种天气现象等。这些内容的长片可以从有能力创作它们的全国各地的教师、科学家和博物学家等人手中搜集列。

（2）相关部门在一边准备和收集这些资料的时候应该对它们进行修订和整理，同时进行分类以便适合初等学校的不同年级使用。这些资料不需要非等到成为一个完整的系列才出版，这样做的目的是在使用的过程中尽可能多地获取一些好的经验，直到一套完整而且经各个年级实验证明效果良好的资料全部投入到使用中。

（3）相关部门应该准备一个自然科学教学的指导手册，来辅助教师的教学。这个手册为初等学校6个年级概括了自然、农艺、园艺等课程大体的教学安排，并且介绍了一些管理课堂的有效的方法。针对一个学校博物器材的储藏室，它包含了选择、保存、安放、识别和分类各种器材等各方面的指导。为了野外观察、采集不同的标本，也为了使学生们课堂上学到的知识得到运用，学校会组织学生们远足，这个手册同样地也告诉了怎样去组织这样的活动。该手册还可以指导教师们对当地的自然界的遗迹进行研究，为标本的识别提供指导作用，或者通过专家进行鉴定。它应该帮助教师们通过第一手的研究学习，在他们自己的领域内成为一名自然学家。

（4）因为准备这样一个手册需要一定的时间，可能两年或者更长，所以以简短的报告形式发布是比较可行的。按照这种方式，可以马上对教师们的工作起到作用。这样在集册出版之前将提供许多修订的机会。当修订工作持续不断地进行，这样的工作方式，可以保持委员会和教师们的兴趣，同时，也让修订工作看上去不至于那么艰巨。

（5）美国的两本书所包含的资料将对委员会编写这个教师手册起到帮助和借鉴作用。它们分别是：①C. F. Hodge 著，波士顿 Ginn 公司出版的《自然研究和生命》；②G. H. Trafton 著，波士顿 Houghton，Mifflin 公司出版的《初

---

① George Ransom Twiss：Science and Education in China，The Commercial Press Limited，Shanghai，China 1925. 128 ~ 129.

等学校的科学教育》。

在中等教育领域，为了转变教师的教学方式，推士提出了教师自助的11条——这11条是教师可以参考的教学标准（第212~214页）：

（1）让教师自己完全掌握学科资料并在让学生做实验之前教师自己先掌握相关的实验技能，这意味着要在制定课堂计划、练习和为执行计划做准备工作上花费一定的时间。

（2）应尽可能快地使自己取得进步，减少讲授的量直到它占整节课的时间不超过五分之一或者十分之一为止，相反的，应该通过回答问题、课堂讨论、商议、实验室操作、计划、主题回答和图书参考等发展多种教学方法。

（3）最大限度地使用手头上的仪器和设备，提高仪器和设备的地位，并增加一些可以自制的设备和仪器，至少安排一些使用简单装置可以做的实验。在课堂上让每一位学生都自己完成一些实验。

（4）不要忽视使用任何手头上的可以以任何方式使讲课更清楚或者更真实具体或者更生动有趣的设备。

（5）激励学生帮助教师进行课堂准备。让学生频繁地参加到课堂中的实验演示中，在他们中间树立一种能表现在使用仪器和用仪器操作中最熟练和最富于帮助性的竞争精神。教师在取仪器、清洗仪器、用完后有秩序地放仪器，把仪器放回原来的盒子里时多让学生帮忙。鼓励学生研究仪器并发现所有的基于科学的操作法则和证明法则的基本方法，鼓励学生在研究中要认真而又准确以得到精确的结果。

（6）要求每个学生都有一个精心准备的笔记本，让学生在所有讲授的重要部分都做充分的笔记——特别是每一个实验室实验和课前教师和学生演示的实验。

（7）自己少讲而让学生多做，让学生讨论实验和操作的条件和结论，让学生陈述证实了什么，为什么必然是这个结论而不是其他的结论。

（8）（为了提高学生的技巧）通过激起学生的兴趣而让学生自己参加活动，把课堂所学事实和原则与学生的日常生活和社区利益联系起来。试着从中国人的每日生活可以观察到的事件中发现更多的关于科学的实践应用。学生不理解外国的教科书上提到的东西，因为学生从来没有见过它们。学生首先应该学习中国的设施和应用情况。问学生许多与黄包车（ricksha）、中国车床、风车（windlass）和滑车、火柴的制作和蚕的饲养等有关的问题，以发现科学原理，让学生在课堂上解释他们观察到的东西和通过观察总结出的结论。

（9）尽可能多地自制仪器、装配生物标本、图表、模型等，让学生参加这些工作，或者把这些工作作为计划分配给小组和个人，尽可能多地使用设计教学法是行得通的，很少的设计教学也强于完全没有。

（10）可以在以下书中找到帮助教师的方法：G. R. Twiss 的《科学教授法原理》（The Principles of Science Teaching. Macmillan, London and New York）、Lloyd and Bigelow 的《生物教学法》（The Teaching of Biology. Longmans, London and New York）、Smith and Hall 的《化学和物理教学法》（The Teaching of Chemistry and Physics. Longmans）、Ganong 的《生物学家教育》（Macmillan）。

（11）立即成立一个科学教师俱乐部（a science teachers' club），一起讨论和合作研读提到的教学指导意见，至少一个月聚会一次交换经验，让每个成员都真心实意地参加，展示一些仪器或实验，或者提供一些用于讨论的观点。

此外，推士认为，为了使教师转变教学方式，校长应该对教师有适当的监督和积极的评价。

三、规范科学设施

由于中国近代学校是利用传统书院、寺院、旧衙门等已有设施因陋就简办起来的，教室条件难以符合科学教学的要求，即使是专门建造的教室、实验室（这种情况极少），也缺乏科学的规划和设计，不能满足科学教育的需要。既有的不多的科学场馆、仪器、设备也因战争以及人为等因素而大受破坏，针对这样的现状，推士对"科学教育场馆"、"教室与实验室设施"、"仪器与设备"等问题作了专门论述。

（一）科学教育场馆

推士建议以 24 英尺×32 英尺（约 70 平方米）的规格为标准面积，建立科学教室，这样大的教室可以容纳 36～40 个学生上课。根据学生人数以及教室的用途，可以建造 1.5 倍（24 英尺×48 英尺）或 24 英尺×10 英尺标准单位大小的科学教室；也可以把标准大小的教室根据需要分割使用。

推士以标准面积的科学教室为依据，列出了采光标准。"①通常情况下，窗户的面积应为地面面积的 1/5，不得少于最低值——地面面积的 1/6。②大教室中，最前面的窗户应距离前墙 8 英尺，小教室中，这一距离可以按比例缩小。③窗户到地面的距离应为 3.5～4 英尺。④窗户最上端到地面的距离不应小于教室宽度的一半。在有大量的书写或绘画活动的教室中，所有的光线应从左侧进入。"可见推士的建议是十分细致的。除了采光标准外，推士对科学教室窗户的大小、个数、类型，甚至窗棂的材料、窗帘的样式都给出了具体的建议。

针对中国科学教室设计以及安排上的缺陷，推士对科学教学大楼的规划和安排提出了具体建议。"①用于一定科学教学的教室必须组合在一起，并尽可能地把储藏室和准备室设置在教室和实验室之间，以便为教室、实验室提供方便。②一般说来，最好所有的用于某一科学教学的教室均设置在同一楼层上。③不同的系别，有时会使用同一间教室，或某一程度上使用相同的设备时，应尽量安排得靠近一点。④无论何时，在规划楼层，尤其是科学教学的楼层，通风井和水管管道必须方便铅垂，以及便于热水管、电线通到不同的教室中。使用垂直的通风井和水平的管道，可以容易地到达教室，方便铅垂以及当电线需要增加、修改、变更时，不必花大力气毁坏楼层或墙壁。⑤用于物理或基础科学教学的教室应尽可能地建有一个朝南的外墙，并设一个扇性或环行的开口，这样在光学实验中，有利于光线射过来。在这样的教室中，还可以通过镜子来引导一束束光线。⑥生物实验室从北部取光是最好的。因为在显微镜下工作时，北部的光线最适合。另一方面，考虑到观察植物生长的需要，生物系的教室应当能够得到东部或西部的光线。尽管南部的光线最有利于植物生长，但如果实现此要求的话，实验室与教室就不得不设在楼层的两端。若把生物实验室和教室设置在一个东西方向的大楼的两端，就可以从南、北向获得光线，也就不会出现什么问题了。⑦建筑工程师要修改校长和教师们一致通过的决议是要付出很大的努力的。但无论如何要坚持以上的标准和原则。"

（二）教室与实验室设备

推士在考察中发现科学课的教室和其他课的教室毫无差别，而既有的科学储藏室、实验室往往也不科学，对此推士建议规范科学教室和实验室的配备，并就化学、物理、生物以及其他不同的科学科目提出了不同的配备标准。

推士首先建议教室的讲台应更大一些：12英尺长、2英尺宽、3英尺1英寸高（约为3.6m×0.6m×0.94m）。桌面采用当年木料，至少1.25英尺厚，表面涂有石蜡以防水、防酸——不建议用混凝土桌面，因为对玻璃器皿比较危险。桌腿之间通过木棍或铁棍连接起来。桌子的下面可以分割建造几个大小不等的柜子和抽屉，以盛放经常使用的实验仪器、工具等物品。使用气体、电、冷热水的桌子还应该配备洗涤槽、水管、气管、电流的插头。

学生使用的实验桌则因不同的学科而有不同的标准，比如，就桌子的大小和高度，推士指出，"化学实验桌应当4英尺宽，3英尺1英寸高，长度则可以根据喜好和具体情况而定。""中学的物理实验桌，最好的尺寸是6英尺长，3英尺宽，3英尺1英寸高。大学里的物理实验桌，4英尺宽，2英尺6英寸高则是最为理想的。""生物实验中，学生大部分的时间是坐着的。因此，生物实验桌只能是2英尺6英寸高。"对于化学、物理和生物实验室，推士就如何安排实验桌，如何更合理、高效地使用已有空间提出了建议。此外，对化学实验室中的水管、气管、插座、洗涤槽、排水管、药剂架等，物理实验室中的气体、电流使用以及插座的安排，生物实验室中的抽屉、柜子、洗涤、槽、流水管、气体使用都提出了具体详尽的建议。

推士的建议不仅详尽、细致，有的地方更是体现了他的良苦用心。比如，实验室配备的仪器柜"只要能够防尘，可以不造贴墙的挡板"；"北方几个灰尘比较严重的省份尤应注意（防尘）"；"化学实验室中，经常使用的药剂架可以不安装门"。

对于科学教室、仪器储藏室，推士也提出了具体的建议。比如，"科学教学的教室不仅要靠近实验室，同时还应该靠近存放器材的储藏室和准备室。""在所有的教室里，应尽量在教室的前面、后面、左右两边的墙壁上设置黑板。""教室中还可以放一个可拖动的桌子，用来挪动器材。""可以在储藏室的前面、后面或墙壁周围建造橱柜。四面均是玻璃的四英尺深的双层橱柜可放于教室中央。""如果一个储藏室供几个学科使用（比如物理和化学，或生物和基础科学），那必须是标准大小（24 英尺 × 32 英尺）。""物理实验设备一定不要放在做化学实验的地方，以免被有侵蚀性的气体毁坏掉。"

（三）仪器与设备

针对中国学校科学仪器与设备的缺少以及日本制造的仪器与设备有大量不合格的情况，推士首先建议中国可以向美国、英国或德国购买设备。不过，推士本人也知道，中国自己建立可靠的设备制造厂才是更好的解决之道。"我后悔建议中国从国外购买设备了。因为我坚信，应当大力支持中国的制造行业生产和经营教育设施。"[①] 为此，推士建议可以以订单来鼓励中国有能力生产科学仪器和设备的厂家来生产这些东西；建议有才能的专家参与对生产的监督；建议由高校设立物理委员会联络生产的相关工作。推士对上海的仪器制造厂以及其他的商业公司来承担这个责任寄予厚望。

关于仪器和设备，推士不是立即建议购买新的，相反，推士希望学校能够立即行动把已损坏或久置不用的仪器和设备整理出来。

"首先要做的第一件事情就是：通过教师或当地的工人把那些还可以使用或还可以维修的器材挑选出来，清洗干净，置于最好的工作条件下。接下来的事情就是彻底清洗箱子、盒子，并加以修理，使之防尘。如果不能的话，那就必须更换新的。其他的完全不能使用的摔破、腐蚀的无用的器材应当放到一个屋子里，以便日后制造其他仪器时使用。这样的器材不应放回箱子里。最后，把好的仪器按照教学使用的顺序放进箱子里。每一件物品在摆放时都应注意：在使用该仪器时可以方便快速地移动或挪动，而又不会损坏干扰其他的设备。做到'物尽其用、各得其所'。科学教师们应负起责任，保证器材

---

① George Ransom Twiss：Science and Education in China，The Commercial Press Limited，Shanghai，China 1925．314．

保管良好。"①

在此基础上，推士给出在有限条件下如何满足学生实验器材需要的方法。

"如果没有足够的资金使所有的学校都配备器材，那就使每个城市中有一两所学校能够配备完好。其他学校则配备最需要、最经常使用的仪器，比如天平、计量器等。比方说，物理方面有一所学校正学习热能，那就让另一所学校学习电，另外的学习声音，还有的学习光。这样，可以让第一所学校使用机械设备，第二所使用热能设备，等等。所有的学校可以轮流使用每一科的不同部分的实验仪器，到学期结束的时候，每一所学校都有机会使用所有的设备。"②

推士认为，购买实验设备的正确方法是："①把课程中要讲授的内容做一个教学大纲。②把讲课内容中要做的实验一个个列出来。③决定哪些实验需要教师在演示桌上进行，哪些需要学生自己在实验室里操作。④一旦实验室中要进行的实验确定了，再把每个实验需要的仪器设备一件一件地列出来。⑤为每个实验预定与学生数匹配的用具，并预定还需要使用的其他物品，比如电线、金属片、化学药品等。"③

即便在论及购买设备的方法时，推士也不忘经济、高效的原则。"对于相当昂贵的设备，可以为两个、三个或四个学生准备一件，这样可以使两三个或四个学生小组合作同时使用，或者让学生轮流使用。也可以在同一时间里使用两件、三件或四件不同的设备。小组合作，或学生轮流使用，或两者混合进行，可以大大减少使用仪器的数量，但管理、指导学生操作的难度却大大增加了。同时，按照教育原则，要保持课堂描述和实验室操作的紧密结合也更加困难了。"④

恰如推士更加推崇科学仪器和设备制造的中国化一样，推士也推崇自制设备"很多的设备可能构造比较简单，有技术的教师可以自己制造出来，或者在他们的指导下通过当地的木匠做出来。"只是，推士颇为无奈又略带幽默地指出，"自制设备同其他的设备一样，都是用来使用的。但我看到，不管是自制设备，还是工厂制造的设备，好像唯一的用途就是保存起来，展览给参

① George Ransom Twiss：Science and Education in China，The Commercial Press Limited，Shanghai，China 1925.313.

② George Ransom Twiss：Science and Education in China，The Commercial Press Limited，Shanghai，China 1925.319.

③ 见原著第 320 页。

④ 见原著第 320 页。

观者和视察者。"①

　　总之，推士以相当长的篇幅剖析了中国科学教育场所和建筑物、教室与实验室设施，以及仪器与设备的现状和问题，并给出了具体的建议。这些建议的详尽、细致和高度的可操作性今天看来仍然有其价值。而推士在提出建议的字里行间体现出的务实、负责的态度，让人肃然起敬。

---

① 　George Ransom Twiss：Science and Education in China，The Commercial Press Limited，Shanghai，China 1925. 322.

结　语

推士在五四时期中国学校科学教育中烙下了深刻印记，但与杜威相比，推士当年的思考有被人逐渐遗忘之虞。今天我们借《中国之科学与教育》（*Science and Education in China*）这本推士自己所著又一度被人遗忘的著作，重新聚焦推士在华的工作，还原五四时期中国科学教育的现状并借推士的视角更加深刻、全面地了解当时中国科学教育的改革使命。

应该说，推士对当时的科学教育的考察是极为全面而深入的，他所指出的当时科学教育中存在的问题到今天有的依然存在，他所提出的解决问题的方法到今天也依然有借鉴的意义。推士作为当时教育改革的重要组织——中华教育改进社聘请的科学教育督导，他所提出的改进建议在 20 世纪 20 年代初的科学教育改革中曾产生过很大的影响，如中华民国中、后期小学科学教育年龄的下移（初级小学也开设科学教育课程）和科学教育时数的增加等；他所提出的提高科学教师科学素养的办法，如暑期培训班等一直为后人沿用；而他的《科学教授法原理》一书翻译成中文后，成为当时国内教育界理科教学的指导用书，一直沿用到中华人民共和国成立之前①。再者，推士和孟禄这样的国外专家能够亲临中国长时间、大范围、深入地考察科学教育，发现科学教育的问题，提出解决的建议并多次发表演讲，这种行为本身就足以引起国人对于科学教育的重视，从而加强对科学教育理论的探讨与研究，在实践中注意纠正既有的不妥之处，起到从客观上推动当时科学教育发展的积极作用。

历史总是向前，个人的生命体验太短，"朝菌不知晦朔，蟪蛄不知春秋"，百年之内的人、物、事，今天能够进入人们视域的能有几何？我们不能从历史直接获得什么，但我们必须以历史为坐标走今天的路。重新发掘、介绍推士的著作或许有"借鉴历史"、"指导今天的实践"的作用，但以此获得对历史的全景体认比这些客套话要重要许多。

---

① 杜成宪、丁钢：《20 世纪中国教育的现代化研究》，上海教育出版社 2004 年版，第 231 页。

第三编 中国近代中小学科学教育（1922～1949）

引 言

　　五四运动之后，我国教育改革进入到师受美国的一个时期，1922 年"新学制"的颁布是向美国学习的综合性成果。从 1922～1949 年，虽然只有短短的二十几年时间，但中国社会的动荡多变不亚于前一个阶段。1927 年南京国民政府的成立，1937 年抗日战争的全面爆发及至抗战之后的内战，都给教育变革刻入了深深的时代烙印。"新学制"颁布后，为配合"分科选科制"而尝试开办的综合中学，南京国民政府成立后对学制系统的全面整理，抗战爆发后教育政策的调整和短期学校、国立中学等的设立，都必然给中小学科学教育带来新的变化。

　　在新的形势下，中小学科学课程体系也出现了一些变化，这从一些与科学课程相关的词汇的演变可见一斑。谈到中小学科学课程时，我们常提到"理科"、"自然"、"常识"等词汇，其中我们说得最多的是"理科"，这是与实行文、理分科的高考制度密切相关的。现在意义上的"理科"是个很广泛的概念，基本等同于科学课程。"理科"最早是作为一门科目出现在清末的《奏定学堂章程》里，当时它主要是指一般的物理、化学知识。到 1916 年《高等小学校令施行细则》的颁布，其中关于理科的内容已经包含了有关动物、植物、自然现象及人体生理卫生等方面的知识，当时仍然沿用了"理科"这一名称。直至 1923 年《新学制小学课程纲要》颁布，才将"理科"改为"自然"。而到 1932 年《小学课程标准总纲》颁布后，将社会、自然、卫生三科在初级小学合并为"常识"一科，"常识"才作为课程名称在小学课程设置中正式出现。这些课程名称的变化正反映出了对科学课程理解的变化。

　　我们这里所讨论的普通中小学科学课程包括数学和自然科学两类，前者主要包括了近代西方数学教育的几大框架，以及结合中国实际在小学开设的珠算。而后者涉及的内容极为广泛，涵盖了物理学、化学、生物学、矿物学、地学等各方面的知识，其范围较之前有所延伸。值得一提的是：因为"地理"一科难以划分文、理科性质，一方面其一般都和历史科同设，且教学相辅相成，另一方面其涉及的地学知识以及气象天文知识又和自然科学息息相关，所以这里对"地理"这一科目并未进行论述。

近年来，国内对中小学科学教育的研究日益升温，也凸显了近代普通中小学科学教育史研究的必要性，不时有相关研究成果出现。如在小学方面，有王权主编的《中国小学数学教学史》、田正平主编的《中国小学常识教学史》等，对中国近代普通小学科学教育的课程设置和教学概况进行了较为具体的阐述。对中学科学教育问题的考察，也散见于一些专著的个别章节之中，比如对物理、化学、数学等学科的教育史论著等。本篇以 1927 年南京国民政府成立、1937 年抗日战争全面爆发为时间节点将 1922～1949 年的历史划分为三个阶段，就每个阶段的中小学科学课程的设置、科学教育目标、科学教学状况以及相关的科学教育保障措施分别进行论述，以期能对考察近代中小学科学教育提供一些新的视角和材料。

第一章

"新学制"与普通中小学科学
教育（1922～1927）

任何一种思想只有落实到制度层面上才具有更广泛的社会推广效果。在教育改革的呼声中诞生的 1922 年"新学制"，对辛亥革命以来科学教育改革的理论和实践进行了较好的总结。"一个与中国传统知识体系完全不同的，以驾驭自然力为归旨的充分外向的西方近代知识体系，在中国各级各类的课程设置及课程标准中，完全占了主干地位"[①]，这个评价真切道出了 1922 年"新学制"颁布后普通中小学科学教育制度进一步得到完善的历史状况。

第一节　"新学制"影响下的普通
中小学科学教育概况

1920 年，张准在南京高等师范学校教育研究会上发表了《近五十年来中国之科学教育》的演讲，谈论自清同治年间以来的科学教育。他把 50 年来的科学教育分为四个时期：第一时期自 1862～1894 年，为制造的科学教育；第二时期自 1895～1904 年，为书院的科学教育；第三时期自 1905 年至中华民国初年，为课本的科学教育；自民国 8 年（1919 年）以后，为第四时期，总算有真正的科学教育。[②]

张准所指的"真正的科学教育"，显然是指在五四新文化运动推动下对科学观念的宣传和科学精神的倡导。只有到五四运动时期，我国教育界才真正形成了这样的共识：科学是一个不断发展创新的体系，科学教育不仅是传授相关学科的理论、知识、技能，而且要培养受教育者的科学态度、科学方法和科学精神。特别强调形成受教育者的探究意识和人格，无论对科学的进步，

[①]　李华兴主编：《民国教育史》，上海教育出版社 1997 年版，第 168 页。

[②]　张准：《近五十年来中国之科学教育》，引自张子高、周邦道：《科学发达史略》，上海中华书局 1928 年版，第 250～257 页；陈青之：《中国教育史》，北京师范大学心理室 1926 年版，第 708 页。

还是将科学应用于解决实际问题，这一点都尤为重要。1922 年"新学制"的颁布，不仅学校科学教育的地位进一步得到制度保障，更在于它在美国实用主义教育观念的引导下揭示了一种新的科学教育理念。

一、《新学制中小学课程纲要》与科学课程的设置

1922 年《学制系统改革案》颁布后，为配合新学制的施行，全国教育会联合会组织了新学制课程标准起草委员会，拟定了《中小学各学科课程要旨》，经后来的反复讨论、重申、修订后，于 1923 年刊布了《新学制中小学课程纲要》。该纲要有两大特色：①内容详备，如各科教学目的的厘定较前具体而详细；各科教学内容的顺序多分年逐项排列；各科教学方法也较之前周到而详明；②体现儿童本位的教育观念，顾及儿童的经验、兴趣、能力和需要，并根据学习心理的研究成果来确定组织教材、运用教法的要点。

（一）初等教育

原来的学制系统中从清末到民初的初等学校由最初的九年到八年再到七年，1922 年"新学制"小学为六年，年限最短，但在科学教育的内容上并不比之前减少。

1923 年的《新学制小学课程纲要》提出小学设国语、算术、卫生、公民、历史、地理、自然、园艺、工用艺术、形象艺术、体育、音乐。该纲要改理科为自然，初小增加社会、自然两科；前四年，卫生、公民、历史、地理四科合并开设为"社会"；园艺并入自然科讲授。"理科"作为一门科目的名称，起源于清末的《奏定学堂章程》，当时主要指一般的物理、化学知识。到 1916 年的《高等小学校令施行细则》中，关于理科的内容，实际上包含了有关动植物、自然现象及人体生理卫生等方面的知识，因此这一名称已经不很确切。到《新学制小学课程纲要》颁布后，变更了这一名称，且把有关人体生理卫生的知识归到专设的"卫生"科，把物理、化学基础知识以外的所有关于自然科学方面的基本知识进一步扩大到教学内容中，这反映出"新学制"颁布后的小学科学课程的外延和内涵都有扩展。授课时间以分钟计算，初小一、二年级每周至少 1080 分钟，三、四年级 1260 分钟，高小 1440 分钟。每节课 30、45、60 分钟不等，短的有 10～15 分钟的。课时比重为初小社会科为 20%，自然园艺科为 12%；高小自然科为 8%。

（二）中等教育

《学制系统改革案》颁布后，中学实行两段制，分初中和高中，全国教育会联合会发起组织的新学制课程标准起草委员会即会集专家于当年 12 月在南京开会，拟定了初级中学必修科科目学分表、高级中学公共必修科及普通科分组必修科科目和学分分配表。1923 年讨论后，初级中学未变，高级中学作

了部分修改，最后形成并公布了《中小学课程标准纲要》。初级中学必修课的课程和学分分配如表3-1-1所示。①

表3-1-1 1922年"新学制"初级中学各课目学分分配表

学科	社会科			言文科		算学科	自然科	工艺科			体育科		选修	合计
	公民	历史	地理	国语	外语			图画	手工	音乐	卫生	体育		
学科	6	8	8	32	36	30	16	12			4	12	16	180
百分比	3.33	4.44	4.44	17.8	20	16.7	8.89	6.67			2.22	6.67	8.89	100

　　从上表可以看出：算学科与自然科（含物理、化学、生物）约占总学分的四分之一强（25.59%），这与民国初年的学制比，显然加重了自然科学的分量。

　　高级中学采用分科制：分设普通科和职业科。普通科以升学为主要目的，又分两组：第一组注重文学和社会科学，第二组注重数学和自然科学，各修满150学分才毕业。普通科分组科目的课程和学分分配如表3-1-2和表3-1-3所示。②

表3-1-2 1922年"新学制"高级中学普通科第一组各课目学分分配表

科目	（一）公共必修科目									公共必修科学分合计	（二）分科专修科目					分科专修科学分合计	（三）纯粹选修科目	毕业学分总额
							体育				（甲）必修				（乙）选修			
	国语	外国语	人生哲学	社会问题	文化史	科学概论	卫生法	健身法	其他运动		特设国文	心理学初步	论理学初步	社会学之一种	自然科学或数学之一种			
学分	16	16	4	6	6	6	10			64	8	3	3	4（至少）	6（至少）	32（或更多）	56（至少）	30（或更少）	150
百分比	10.7	10.7	2.67	4	4	6.67				42.7	5.33	2	2	至少2.67	至少4	21.3以上	至少37.3	少于20	100

---

① 王伦信：《清末民国时期中学教育研究》，华东师范大学出版社2002年版，第100页。
② 王伦信：《清末民国时期中学教育研究》，华东师范大学出版社2002年版，第101页。

表3-1-3　1922年"新学制"高级中学普通科第二组各课目学分分配表

科目	(一) 公共必修科目						体育			公共必修科学分合计	(二) 分科专修科目						(乙) 选修	分科专修科学分合计	(三) 纯粹选修科目	毕业学分总额
	国语	外国语	人生哲学	社会问题	文化史	科学概论	卫生法	健身法	其他运动		(甲) 必修									
											三角	几何	代数	解析几何大意	用器画	物理 化学 生物 选习二科(每科6学分)				
学分	16	16	4	6	6	6			10	64	3	6	6	3	4	12(至少)	23(或更多)	57(至少)	30(或更少)	150
百分比	10.7	10.7	2.67	4	4	4			6.67	42.7	2	4	4	2	2.67	至少8	15.3以上	至少38	少于20	100

"新学制"在中学阶段实行选科制，其课程设置的优点在于机动灵活，如能实施得当，可以充分适应学生个性和发挥学校风格。但是选科过多又导致散漫和缺乏标准，事实上经实施后中学生的科学训练和素养反而有所下降。

二、"新学制"与普通中小学科学教学

（一）科学教学目标

"新学制"深受杜威的实用主义思想的影响，在其后制定的中小学各学科课程目标里充分体现了这点。

以算学科为例，1923年制定的《小学算术科课程纲要》明确指出小学算术科的教学主旨为"练习处理数和量的问题，以运用处理问题的必要工具"，其要点为：①在日常的游戏和作业里，得到数量方面的经验；②能解决自己生活中遇到的问题；③能自己寻求问题的解决法；④有快速、准确计算的习惯。[①] 初中算学课程纲要规定其教学目的为：①使学生能依据数理关系，推求事物当然的结果；②供给研究自然科学的工具；③适应社会生活的需求；④以数学的方法，发展学生论理的能力。综合小学和初中的算学科教学目标，可以看出它们的共同点：强调与生活实际相结合，既能利用算学知识解决生活问题，又通过实际问题的解决获得数量概念和理解数理关系。学生获得数量的正确观念，掌握一定的计算技能，目的是去解决他们日常生活中的数量问题，为将来适应社会生活做准备。而在此之前，无论是1904年的《奏定学堂章程》，还是1912年的"壬子癸丑学制"，在运算及思维能力上，都提出算术教学要"使精确其思考"。1923年的算术课程纲要则注重培养学生熟练的

---

① 俞子夷：《算术科课程纲要》，载《教育杂志》第15卷第4号。

运算技能，主要着眼于实际操作和应用，无疑反映了当时实用主义的教学指导思想。

关于自然科课程目标，综合来说，在于通过自然教学指导学生认识自然、欣赏自然，以陶冶情趣，指导学生研究自然、学习怎样支配自然，以培养科学的研究方法与理性精神。小学阶段则同时注重养成学生健康卫生的生活习惯，中学则同时注重科学史的介绍。如1923年新学制课程纲要中高级中学公共必修的科学概论课程的教学目标为：①注重科学精神及方法，以矫正吾国自来为学弊病；②少作论理上言谈，以期合于高中学生程度；③多叙科学发达史，以补学生科学知识之缺乏；④略阐科学上重要概念，以引起学生研究趣味。当时教育界人士对自然课程的教育目的的认识大体反映在十方面：①使儿童对于自然界里的物质和现象，具有正确的解释以形成与其能力相应的宇宙观和人生观；②使儿童明了自然和人类进化的关系；③使儿童明了宇宙自然的进化发展和相互间的联系；④使儿童明了自然界的现象变化所受的自然法则的支配；⑤使儿童明了自然界所具的艺术的意向和理想；⑥使儿童具有日常生活所必要的知识和职业的根柢；⑦教学自然不仅灌输知识给儿童，尤其同时训练儿童的智能，使儿童具有科学的方法以应付一切自然问题，因为科学的事实非常繁复，科学的原理求之不尽，我们不能把世界上一个一个的事实完全教给学生，应把研究科学的方法教给学生；⑧使儿童具有科学家的态度，能破除迷信、偶像，不为邪说所惶惑；⑨使儿童具有独创发现的能力；⑩使儿童有崇高的德性。[1]

这时期的科学教育目标的制定很大程度上受杜威的儿童中心和实用主义教育思想的影响。南开校长张伯苓在教育实践中提倡的学校要联合社会、书本知识要联系实际、发展个性以及崇尚自然等教育主张，特别是学校的自然科学课程，基本上是在杜威以及西方科学方法论的指导下进行的。如高一的普通化学强调"注重日常生活中关于化学之普通事实，借以引起研究化学之兴味"，"此科目的不专在所得之知识，尤注重在研究科学之方法"。物理课规定，"使学生了解其周围之自然环境与其生活之关系，且更使之能知利用自然，改造自然"，"使学生明了物理与人类幸福有密切关系，因而增加其对于科学之兴趣，与增进其人类之同情心"，"养成学生有科学之态度，使之思想有系统，观察正确，判断忠实，同时更培养其独立之创造能力"。[2]

（二）科学教学内容

新学制颁布后，中小学课程纲要规定了各学科的教学内容，与过去相比，

---

① 《一个小学十年努力记》，第102页。
② 《南开学校中学部一览》，1929年10月17日校庆25周年，天成印字馆。

体现了对教材的革新精神。

1. 初等教育

1923 年的《小学算术科课程纲要》内容如表 3－1－4 所示。①

表 3－1－4　新学制《小学算术科课程纲要》内容

年级	课程纲要
第一学年	①随机或用游戏法解决数量问题——不必用计算的形式 ②随机教学共多少、剩大小、长短、方圆等数量用语 ③随机读写数目符号
第二学年	①十以下的加减九九，几十上加几和凑合成十的补法加法，用二为法数和加倍折半的乘除法，两位数的加减法（不进位不退位的） ②单数、双数、多少、长度（如尺寸）、量数（如升、斗、石）、方、立方……的数量观念和用语 ③二位、三位数的写法、读法，以及加法、减法、乘除、简除法的形式
第三学年	①同第二年，加减九九（全），二、三、四的乘除九九，有进位、退位的加减法，几十乘几十的有进位的乘法、有余数的除法 ②度量方、立方，1/2、1/3、1/4、…的数量观念和用语 ③四位、五位数的读法、写法，罗马数字的认识
第四学年	①同第三年，加乘除九九（全），两位法数的乘法、退位的除法、长除法 ②小数、度、量、衡、方、立方、时间、货币、法票，1/5、1/6、1/7、1/8、1/9 的数量观念和用语 ③明了小数和诸等的读法、写法
第五学年	①同第四年，加四则练习、诸等、小数、百分数初步的教学 ②分数化法，分数和小数的关系，分数、小数和百分数的关系
第六学年	①同第五年，加简利法、简比例、求圆积等 ②百分数的应用……

与之前相比，其主要有三方面的特点：①突出整数、小数、分数、诸等数四则运算的实际运用；②去繁存简，删除一些费时耗力、对适应实际生活并无多大用处的繁芜计算；③富有弹性，随各地各时的具体情况进行调整。《纲要》在附注里说明："根据主旨第一项和第二项说明，数量问题各地不同，各时不同，各校不同，各级不同，所以不能定出具体的限度，请各地学校参看最合用的教科书，参酌学生生活状况而自由变化。"此外，在教材内容的编排上，该纲要也有相当大的变化：①缩短了修业年限；②圆周式的编排体系；③重视数量观念、数量用语和数目符号的教学；④随机教学。

----

① 《算术科课程纲要》，载《教育杂志》第 15 卷第 4 号。

关于小学自然科，教育部制定了《小学自然（包括自然园艺）课程纲要》。内容主要包括自然和园艺，自然的内容为动物、植物和矿物及自然现象，园艺的内容为普通简易的田间作业。在该纲要提出前后，各地小学开展了自然课程改革的实验，其中比较典型的是东南大学附属小学的教学实验。其在实验过程中对自然教材进行改革，把教材内容分为三个部分：第一，自然界的现象，主要研究阴晴寒暖的变迁和昼夜四季的更迭；第二，自然界的生活，研究动植物的习性、形态、构造和繁殖方法等；第三，自然界的利用，包括研究衣、食、住三方面材料的来源和处理方法，机械器具构造的原理等。全部内容均为儿童日常生活接触到的自然界的材料。① 总的来说，新学制课程纲要较之前扩大了小学自然科教学内容的范围。

2. 中等教育

1923 年公布的新学制中学课程纲要里，初中算学内容规定为：①算术——四则、质数、因数、约数及倍数、大公约、小公倍、分数、小数、比及比例、乘方、开方、求积、利息；②代数——符号、式与项、正负数、四则、一次方程、因数、倍数、分数、联立一次式、指数、虚数、比例、级数、对数、利息；③几何——公理、直线、角、垂线、平行线、三角形、平行四边形、多边形、平圆、弦切、作图、面积、比例、相似形；④三角——角之量法、正负角、弦切割各线、浅近公式、边角相求、三角应用大意。可以看出其课程内容并不多，算术与代数注重基础知识及其与实际应用的联系，反映了目标中对数学知识应用能力的培养，几何与三角内容浅显，旨在于对基本概念与关系的了解。高中算学课程纲要中对理科组的 4 门算学课程的内容作了详细规定。对比初中和高中的算学课程内容，可以发现，高中课程内容与初中有一部分是重复的，这一点在几何课程中尤为突出，而代数课程中已初步涉及概率与分析的知识，注重对学生空间想象能力、推理能力及知识应用能力的培养。

1923 年的新学制中学课程标准纲要里，初中设了必修的自然科，《初级中学自然课程纲要》规定自然课程的内容包括动植物、矿物、理化学、天文、气象、地质等。高中以升学为目的的普通科，分为注重文学及社会科学的第一组和注重数学及自然科学的第二组，课程分为公共必修的、分科专修的、纯粹选修的。分科专修的科目又分为必修科和选修科两种。公共必修科目中有科学概论。普通科第一组的分科专修的必修科中规定"自然科或数学之一种，至少 6 学分"。普通科第二组的分科专修的必修科中规定"物理、化学、

---

① 参见课程教材研究所编：《20 世纪中国中小学课程标准·教学大纲汇编》（自然·社会·常识·卫生卷），人民教育出版社 2001 年版，第 6~8 页。

生物三项选习两项，每项 6 学分，至少 12 学分。"其中由任鸿隽起草的高级中学公共必修科目《科学概论》的教学内容如下：

（1）科学之起源：（a）好奇心；（b）实际需用。

（2）智识之进化：迷信—经验—正确智识。

（3）智识之种类：文字的智识，事实的智识，学术分类的大概。

（4）科学精神：求真、尚实、贵确、存疑。

（5）科学目的：发见事物公例与因果关系。

（6）科学方法：论理上的——比较、归纳、演绎。

　　　　　　　实施上的——观察、试验、推理、假设、证验。

（7）科学发达略史：文艺复兴以后科学研究之崛起——由神力说至近世天文学——由魔术说至近世物理化学——由创造说至近世天演说。

（8）近世科学概念：物质、能力、空间、时间。

（9）科学之应用：科学发明，科学与工业，科学与疾病等。

（10）科学在近世文明之位置。

从中可以看出当时普通中学科学课程特别注重科学史、科学精神、科学方法等方面的教育，这也意味着对学校科学教育理解的深入。

（三）科学教学方法

随着各种教育思潮的不断涌现，中小学各学科的教学法也发生了重大变革，其中"设计教学法"和"道尔顿制"对当时的普通中小学科学教育产生了巨大的影响。

1. 设计教学法

设计教学法是美国教育家基尔帕特里克（旧称克伯屈，1875～1965）于1918 年以实用主义教育思想为理论基础创立的一种教学模式。它的施行过程是：①学生根据其兴趣和需要，从实际生活中提出学习的目的（要解决的问题）；②制订达到目的的工作计划；③在自然状态下，运用具体材料，通过实际活动去完成这项工作；④检查其结果。

1919 年以后，我国教育界开始了设计教学法的试行。首先开展试行工作的是俞子夷主持下的南京高等师范附属小学，实验者把克伯屈提出的四个步骤简称为目的、计划、实行、批评，把学校各科按照其性质分做观察、游戏、故事、运动、练习等"系"，便于儿童提出问题。同时为了帮助师生克服教材组织和问题设计方面的难题，学校还自行编辑出版了一批教材和辅助读本，教材如《自然研究》，辅助读本有《印第安人》、《印度人》、《树居人》、《穴居人》、《各地方的小朋友》、《世界伟人故事》、《动物故事》、《死的研究》、《热水瓶》、《寒暑表》、《食物的研究》、《雷电》、《疯狗》、《肥皂》、《冻疮治疗法》等 22 种。① 南京高等师范附小的实验在当时小学教育界引起很大的轰动。1921 年，全国教育联合会通过《推行小学校设计教学法案》，号召全国教育界"指定各省区师范学校将设计教学法加以研究，并由师范附属小学及城市规模较大之小学先行实施，作为模范，俾资仿效；庶教学良法，可逐渐推及全国矣"。下面摘录了一例算术设计学习片的编制过程，以说明设计教学法在算学科中的运用。②

（1）先编制学习片的内容纲要，共 24 组。如：第一组。

1）数量的环境事实：每日游戏和作业以及衣、食、用品等所发生的度量问题；参观杂货店、食物店、布店所见的度量器具和依照各种度量衡器具计算的物价。

2）应用的计算单位：切实指导寸、尺、丈、丈尺、尺寸、尺寸分等单位的实际问题。

3）需要的计算：10 以内的加减；2 的乘法和除法；100 以内的加减；加法、减法的算式。

4）做成习惯的材料：用本组材料编制系统的基本四则闪烁练习片。

初步算术练习片。

（2）调查算术学习的时间（新学制规定算术学时占总学时的 10%）以及注意事项。

（3）编制学习片。现举第一组里面一片题为《装饰教室》的内容如下：

装饰教室

今天装饰教室，昨天买来的四张绸纸，该怎么用法？大家想法子。

还有别的装饰品，怎样布置？

现在我们要做下面两件事：①用尺量教室多长？多宽？多高？要量的正确！各人记在练习簿里。②再量绸纸多宽？多长？我们决定剪成一寸宽一条，每张绸纸可剪成几条？每条可伸出多长？各人记在练习簿里。

法子想好了，分组装饰起来！

别的装饰品也在今天装饰好！

大家对丈、尺、寸的计算不纯熟吗？明天我们做练习片子。

2. 道尔顿制

道尔顿制是美国教育家柏克赫斯特于 1920 年创行的一种个别教学制度。它的特点是打破传统的年级或班级教学形式，也取消按钟点授课的办法，但

---

① 田正平主编：《中国小学常识教学史》，山东教育出版社 1996 年 8 月版，第 169~170 页。

② "设计组织的小学算术学习片编制法"，载《教育杂志》第 21 卷第 11 号。

仍然保持各学科之间的界限。具体做法是：①凡可以试行这种教学形式的学科，每科设置一个作业室或称实验室，所有有关这门学科的参考书、图表、仪器都陈列在室内；②每科设置一两位教师任指导员；③每学期开学之前，由指导员把本学科必须学习的教材编成半年或全年的计划，并分别指定出每个月和每周的进度，画成图表张贴在实验室内；④学生进入实验室进行研究，师生订立学习公约，学生根据自己的兴趣和能力自由支配时间。学习进度进行登记，完成一个阶段后，经教师考核合格，可进行下一阶段学习，学习进度快的学生可以提前结束这门课程，毕业年限也因之缩短；⑤有些课程不适宜按此法进行的仍按钟点授课。[①]

早在 1921 年《教育杂志》第 8 期上即有《达尔顿案》一文介绍该教学方式。1922 年《教育杂志》刊登了鲍德徽的"道尔顿实验室计划"之后，其他教育期刊纷纷刊登相关译著及试验报告，道尔顿制在全国开始传播。1923 年，全国教育联合会第九次会议作出决议，向教育部及各省区教育厅推荐并建议在新学制中学和师范学校试行。到 1925 年，试行此制的中小学达到 57 所，到 1929 年已经普及到 8 个省。道尔顿制传入国内之时首先是在一些中学里推广，如著名的上海中国公学中学部（后称吴淞中学）、东南大学附属中学和北京艺文中学等，也曾在一些小学里试行，如江苏第一女子师范附属小学、江苏第四师范附属小学等，但其中成效较显著的是东南大学附属小学的实验。该小学的道尔顿制主要在高年级试行，设置了国语室、社会室、自然室等作业室，其中自然室是进行自然、卫生等课程教学的场所，放置了许多挂图、模型及简单的实验仪器。教学内容预先由指导员分成不同单元，排好进度列表挂出，学生逐个学习，完成一个单元，经教师考核合格后开始下一个单元的学习。东大附小的试验到 1927 年秋后停止。就当时国内的实际情况看，道尔顿制不如设计教学法在小学教学中的影响大，其各种专门的作业室的布置对经费、设备的需求大于设计教学法，这在一定程度上限制了其普遍推行。

总的来说，设计教学法和道尔顿制的理论基础都是杜威的实用主义教育理论，它们在当时国内得以传播与试行，正是实用主义教育思潮在中国教学法改革上的反映，对开创中国普通中小学教学实验，探索科学课程的教学法起到了积极的推动作用。设计教学法和道尔顿制都主张废除班级授课制度，摒弃教科书，由学生在教师的指导下，制订计划，进行学习，但是它们共同的弊病在于忽视了班级集体的作用，也不能使学生学到系统的科学知识。此外，这两种教学法主要是在城市里条件比较好的学校中实行的，大多数条件不具备的学校仍然主要以班级授课制的形式和课程讲授的方法进行教学。

---

① 田正平主编：《中国小学常识教学史》，山东教育出版社 1996 年 8 月版，第 172 页。

自然科教学法还有各科联络法、实物教学法、修学旅行法等。下面所附为一篇修学旅行教案，① 从中可以看出该教案集地理、历史、自然等知识于一体，内容丰富，目的明确，准备也很充分。

校外教授案

教材 昆山电灯厂

时日 4 月 25 日

目的地 自本校赴沪宁车站，附客车达昆山。入朝阳门，小憩于昆山电灯公司，并午餐焉。餐毕，登昆山。旋循原道出朝阳门，参观电灯厂。继附快车返沪。

方法：

预备 24 日散课时，举行旅行训话，并宣告应携诸物品（铅笔、小册、指南针、皮带尺、望远镜、橡皮膏、白布少许、草纸、毒药瓶、皮囊）。

教授

1. 昆山 盖即所谓实地试验。足迹所经，都凡一草一花，一邱一壑，悉足与平日所学互相印证也。昆山为吾沪邻县，虽非通都大邑，而清旷秀丽，亦足观览，且怀古采风，随在足增学识，探水寻山，到处皆生兴趣。此旅行昆山之本旨也。

昆山县城周围十里二百七十八步。西北有昆山，广袤三里，高七十丈，其右孤峰特秀，称一邑之胜，先贤朱柏庐、顾亭林辈，均产是邑。

游山者由山王庙登山，至灶君殿。向东行，经小石塔及玉泉井，井已涸。山顶为华藏寺，中有凌霄塔，凡七级，其顶已?

昆山石质甚美，自昔称产玉之地。

参考

昆山当秦时为娄县地，梁时始置昆山县。昆山旧名马鞍山，唐天宝中移县治于山之阳，固改今名。昆山县治南九里有吴淞江，西接吴县，东入嘉定，东南六里有新洋江，南纳吴淞江，北入太仓塘以入于海。东南六十里有淀山湖，西北二十里有巴城湖。华藏寺，梁武帝时新建，清光绪二十五年重修。武帝崇信佛法，故其时建寺甚多。

朱柏庐名用纯，明时人，隐居不仕，著有治家格言。

顾亭林名炎武，明末人，周游天下，有经济才，著书甚富，入清亦未仕。

2. 电灯厂 电气应用愈繁，电灯尤为日用之物，不可不加意考察。兹就昆山电灯厂，详述其情形如下。（略，原教案附有关于昆山电灯厂的沿革、设备、生产等详细表。——引者）

---

① 《中国近代学制史料》第 3 辑（上册），第 193～195 页。

在实际教学中，一些中学在科学课程的教学法上进行了积极的探索，呈现出学校和社会互动的特点。如苏州晏成中学于科学一门素注重，有科学研究社之组织，每月请科学界著名人士演讲。"今该社特于五月二十日晚七时编演新剧，寓科学智识于剧情中，一以唤发各界研究科学之兴趣，一以科学破除各种迷信。"① 江苏省更是在全省进行理科实验竞赛会，从竞赛会之办法、规则到积极筹办、举行过程以及竞赛会尾声颁发实验竞赛奖状，都一一有详细的报道。而且"很多学校都在校园内进行园艺工作。为园艺计划而开设的自然课将可以补充到很多这方面的必需的实际训练，包括土壤、施肥、耕耘、筛选种子、植物的构造、植物的成长、繁殖、养料的保存以及它们的用处、对植物有害的昆虫和有益的昆虫、植物果实食用外的价值（比如衣服、庇护所、燃料、医药、香味等），还有这些植物与空气、湿气、土壤和阳光之间的关系。所有这些的关键不是仅仅让孩子们读到或听到这些东西，而是要让他们在鼓励、引导和老师间或的帮助下自己独立地去发现这些东西。"② 以当时的南开中学来说，在张伯苓的主持下非常强调和重视科学教育，竭力进行教学方法革新，为青年学生营造新的学习环境，其采取的措施主要有五方面：①启发学生自我意识，克服学习上的依赖思想；②注意教学信息的反馈，促进教师培养学生学习兴趣；③鼓励学生组织学科性的课外研究会，如数学研究会、科学研究会、生物学研究会等，且经常约请名人学者来校做学术报告；④辅助教学，组织年级或全校性学科竞赛，如数学赛速，以激发学生学习科学的兴趣；⑤因材施教，奖掖学生脱颖而出。③

总的来说，新学制颁布后，普通中小学科学教学法的革新进入了一个新的阶段，而且因为这一时期课程纲要对与教学法相配套的教学目标、教学内容都进行了革新，因此教学法的试验比之前进行得更为彻底。

（四）科学教材

20 年代教学改革的一项重要成就就是采用了白话文教材。早期虽然废除了读经课程，但是一些科学课程教材仍然用文言文编写。新文化运动提倡文学革命，为普通中小学的科学教材和课外读物采用白话文编写创造了条件。1920 年，教育部明令，小学一、二年级国文改为语体文，并规定至 1922 年止，凡旧时所编的文言文教科书一律废止，改为语体文。这样，各地中小学科学教材在编写时均以白话文取代文言文，这是中国科学教育史上的一次重

---

① 《苏州：晏成中学科学演剧》，载《申报》1922 年 5 月 19 号。

② George Ransom Twiss：Science and Education in China，The Commercial Press Limited，Shanghai，China 1925.26.

③ 梁吉生著：《张伯苓教育思想研究》，辽宁教育出版社 1994 年 7 月版，第 60～64 页。

大改革。

为了适应小学科学课程教学的实际需要，各书局根据新学制小学课程纲要编辑出版了相应的教材。1923年商务印书馆编辑出版了《新学制算术教科书》，包括《新学制初小算术》（八册）、《新学制高小算术》（四册）和《新法后期小学算术》（四册）。总体上说，这套教材在教学内容、编排体系以及教学方法等方面都有所革新，增加了大量直观形象的插图，虽然注重了算术知识在实际生活中的运用，但是与以往教材相比，在程度上有所下降。各地小学普遍采用的自然科教材主要有：①凌昌焕编《自然》，商务印书馆1923年出版；②杜亚泉编《自然》（商务印书馆1924年出版）；③姜文洪编《自然》（世界书局1924年出版）。这些教材在运用过程中教员可根据当地情况酌量修改。此外，各地还有内容多样的自编教材。

这一时期，一些科学家和教育家也在努力解决中学科学教材的问题。此时教材的编写工作较之前成熟，学科基础有所提高，应用教学方面的内容也增加了。比如20年代中期前后有一批新的中学物理教材问世，当时用得比较普遍的是王季烈编的《共和国物理教科书》（商务印书馆1924年出版），王兼善编的《民国新教科书·物理学》（商务印书馆1925年出版），还有周昌寿等翻译的美国密立根著的《物理学》。但各类科技书籍和教材总体上仍然是简单移译、生搬硬套的多，根据中国实际创作的较少。

1925年为管理美国第二次退还庚子赔款而成立的"中华教育文化基金董事会"（简称"中基会"）设立有编译委员会，力图改良旧有的"字典式"教材的毛病，翻译了一批科学书籍和教材。然而，教育界对其翻译工作仍颇有微词，认为取材多不合中国社会的需要。张江树就这样批评道："译本初似较原本为胜，且欧美科学先进诸国，尚不免借重译本，以补其本国科学书籍之不足，在科学落后之中国，当然有提倡鼓励的必要，理由未尝不充足。惟译书非易事，今之科学译本，非文字少简明，即意义多脱误，欲求一译笔忠实，文字畅达者，十不得一二；况原本之价值如何，其取材是否合于中国社会之情形，犹难言也。"① 但即使是这些寥寥可数的中文译本，也不见得为学界所重视。

此外，有些学校的教材更是直接采用外文原版书，虽有利于学习外文，但对中国的科学本土化却极为不利，于学校科学教育实际中也带来诸多问题。譬如前面曾提到的南开中学，其课本就以美国版居多，而为了与课本配套，因为美国蚯蚓和中国本土蚯蚓的差异，于是学校不得不千里迢迢将学生实验用的蚯蚓专门从美国运来。这一方面深刻表明了当时科学教育在这些中学里

---

① 张江树：《中国科学教育之病源》，载《国风半月刊》第2卷第1期1933年1月，第21页。

受到了相当重视，一方面却暴露出了弊病，毕竟全国具有这等资金和能力的中学是极少数，而科学教育改革需要的是国内所有中小学校的参与。另外，因为英文教材的原因，学生不得不将大部分精力放在外国语的学习上。正如我国老一辈物理学家吴大猷所回忆的：科学教育"从中学起首，教育水平就很低，没有学生，又没有中文教科书"。[①]中学科学教材依赖外文教材的现象直到 1930 年代初还没有改观，1931 年来华考察的国联教育考察团针对这种现象就尖锐地指出：中国某些中学在科学教育中采用外语教科书的做法"有完全禁止之必要"，认为只有使用学生所熟悉的母语教学，才不影响对科学精神的深刻理解。[②]

三、普通中小学科学教育的保障措施

1925 年，民国时期著名的自然科学教科书编译者周昌寿在其编著的《自然科学及其教授法》一书中将教师和设备作为保障中小学科学教育的两个最基本的条件，他说："我国中小学自然科学教授之缺憾固多，然最根本者莫如教员自身之学识不足。……故在今日而言改革自然科学之教育，当以使现任之中小学教员受充分之补习或另行养成为第一急务。……第二则因自然科教授与他科不同，不能仅依口讲指画，可以使人领悟，尤其是中小学生，构成概念之思维作用，极其幼稚，非有实物随时随地为之指证，万难使其了解。遍观我国中小学校，为数虽多，而能制办实验机械者，则极寥寥。……故于养成教员之次，当以赶置实验器械，筹设学生用实验室为第二之急务。"[③]

1922 年 6 月，推士应中华教育改进社的邀请来华进行科学教育调查，在其撰写的调查报告中，也揭示了科学教师和科学实验设备在普通中小学科学教育中的重要性，他指出中国学校在科学教育上的不足表现在理科教员、学校的教室、实验室及其设备、学校行政及其经费之供给四个方面。推士指出中国的理科教员通常对科学知识的把握（如科学事实和书本知识）是很扎实的，并且作为教师也具有很高的教学热情，但对于科学与人类的关系以及科学知识的探求过程了解不多。许多理科教员不知道利用学校或教室附近的自然资源作科学的研究和实验，而这是理科教员所必须具备的；就科学的实验技能、方法以及运用科学原则设计实验的能力来看，无论中学校、初级师范学校的理科教员，还是专门学校、大学的理科教员，都很薄弱；就教学方法来讲，中国理科教员基本采用"动口不动手"的方法，即书本讲演而极少做

---

① 吴大猷述，戴念祖等整理：《早期中国物理发展的回忆》，吴大猷学术基金会编辑，第 53 页。
② 国联教育考察团：《中国教育之改进》，国立编译馆 1932 年版，第 29～30 页。
③ 周昌寿：《自然科学及其教授法·序》，商务印书馆 1925 年版。

实验，而且讲演中少有提问，更没有师生讨论。鉴于这些不足，推士认为中国的理科教员应该作出积极的改进。

事实上，教师培训在教育改革中起着重要的作用，如果能从根本上改革理科教员培训这件事，那无疑是取得了科学教育改革的第一步。先用科学知识武装教师，然后提高所有中国人的科学水平，这是具有重大社会意义的一项智力和实践的挑战。新学制在这方面的积极作用主要表现在：注意以选科制和学分制来适应教育对象的不同发展水平，注意发挥地方办教育的积极性。在师范教育方面，师范种类得以增多，程度相应提高。新学制的师范教育设置也更加灵活：①在中学教育阶段，师范学校修业年限 6 年，师范学校后三年实行分组选修制；②师范学校后两年或后三年可招收初级中学毕业生；③在高等教育阶段，依旧制设立的高等师范学校改为师范大学，并在大学设教育科，招收高级师范学校或中学毕业生。[①] 此外，这时期兴起的暑期教育（培训）的热潮也在一定程度上提高了中小学科学教员的科学素养。这些措施有助于缓解国内理科教员不足的状况，但是仍然不能满足当时学校科学教育的需求。

在科学实验设备方面，清朝末年和民国初年，大量的资金投入到中学，尤其是师范学校与技术学校里，以配备科学仪器和设施。但是，大部分的学校所购买的设备仅仅是供教师在上课时给学生们演示和实验使用。除了很少的几所大学和技术学校，以及极少数的几所中学以外，其他学校几乎没有供学生个人实验使用的器材。

在推士的调查中，当时国内学校科学设备条件非常糟糕，主要表现为：①大量从国外购买的设备因为损坏或者质量问题导致教学中无法使用；②学校将大量的资金用于购买所谓正规学校须具备的"完整的标本"，这些标本包括动物学、植物学、生理学、矿物学等方面的大略的收集。而这些标本通常情况下都锁在一个房间里，很少打开，除非有参观者或视察者到来；③由于缺少适当的保管，很多器材严重腐蚀，且器材杂乱放置，缺少有系统、有秩序的管理。

针对这一状况，推士提出了如何挑选实验设备的方法：①把课程中要讲授的内容做一个教学大纲；②把讲课内容中要做的实验一个一个地列出来；③决定哪些实验需要教师在演示桌上进行，哪些需要学生自己在实验室里操作；④一旦实验室中要进行的实验确定了，再把每个实验需要的仪器设备一件一件地列下来；⑤为每个实验预定与学生数匹配的用具，并预定还需要使用的其他物品，比如电线、金属片、化学药品等。对于相当昂贵的设备，可

---

① 孙培青主编：《中国教育史》，华东师范大学出版社 2000 年 9 月版，第 396 页。

以为两个、三个或四个学生准备一件，这样可以使两三个或四个学生小组合作同时使用，或者让学生轮流使用。也可以在同一时间里使用两件、三件或四件不同的设备。[①] 此外，推士认为很多科学设备构造比较简单，有技术的教师可以自己制造出来，或者在他们的指导下通过当地的木匠做出来。因此，大学中为科学教师安排的课程应指导教师这方面的工作，并指导教师搜集、辨认生物标本、矿物、岩石等。

事实上，在当时的学校已经有这样的自制设备，只是和购买的设备都面临着同一个问题——唯一的用途就是保存起来，给参观者和视察者展览。总的来说，这时期普通中小学科学设备条件不足，影响了新学制科学课程纲要的实施。

第二节 "综合科学课程"和"分科选课制"

在中国近代社会发展的历史进程中，20世纪20年代以1927年南京国民政府成立为界划分为两个不同的阶段，但就中学课程发展来说，则具有共性。[②] "六三三"学制的颁布不仅以两段制中学的实施与清末民初相区别，而且将课程规划以学分制的形式鲜明地体现了20年代中学课程的特征。这一时期一共出台了两份全国性中学课程规划，都只是公布了各科应修的学分数，课程的年度分配和周课时数原则上各学校可以自行设计。不似之前和之后的课程设置规划都是以分年和周课时的形式颁布。

1922年《学制系统改革案》颁布后，由全国教育会联合会发起组织的新学制课程标准起草委员会即会集专家于当年12月在南京开会，拟订了初级中学必修科科目学分表、高级中学公共必修科及普通科分组必修科科目和学分分配表。1923年讨论后，初级中学未变化，高级中学作了部分修改，最后形成了新学制中小学课程标准纲要，并加以刊布。其初级中学和高级中学普通科第一、第二组课程规划表可以见表3-1-2和表3-1-3。这一课程纲要虽未经政府正式公布，但由于全国教育联合会的影响以及该课程纲要与"新学制"的关系，后来事实上成为全国性标准。1922年"新学制"课程的特点是采用"综合科学课程"和"分科选课制"，给学校和学生留下了充分的自由发挥和选择的空间，在当时中学科学教育改革中的影响非同一般，故在此单独作为一部分进行讨论。

---

① 推士：《中国之科学与教育》，商务印书馆中华民国14年5月，第320页。
② 王伦信：《清末民国时期中学教育研究》，华东师范大学出版社2002年版，第99页。

一、综合科学课程

对课程的分类有很多种不同方式，其中一种是根据课程的组织方式分类，综合科学课程即是依据这种方法划分的。当前国内探讨甚是热烈的综合类理科课程与 20 世纪 20 年代的综合科学课程有相同的旨趣，所以对这一时期综合科学课程的研究是非常必要的。

我国在普通中学系统开设理科课程，一般认为是始于清政府颁发的"壬寅癸卯学制"。即清朝末年废科举、兴学堂，将实行了 1300 多年的科举取士制度废除了，改用近代的学校制度，与此同时西方文艺复兴以后形成的百科全书式的学校课程开始进入中国学校。五四新文化运动期间，在"科学"的旗号下，把统治中国教育 2000 年之久的儒家思想从学校教育中排除出去，引入了科学主义的思想，西方近代强调实证的理科课程终于在中学课程中站稳了脚跟。与此同时，也使我国中学理科的课程容易受外界的影响，如 20 世纪 20 年代，杜威、孟禄（P. Monre）和帕科斯特（H. Parkhurst）等美国教育家先后访问了中国，1922 年公布的《学校系统改革令》规定的"六三三"新学制，便是美国式的教育体系，受杜威实用主义思想的影响，"新学制"规定初中开设综合的自然科学课程，还出版了《实用自然科学教科书》等综合教材。但到了 1927 年后的国民政府时期，因崇尚欧洲式的更为集权化的教育体制，美国的影响便又减弱了，分科课程又重归主导地位。20 世纪 20 年代初至 40 年代末，初中理科教学在分科制和合科制之间摇摆，但分科占据了上风。①

事实上，从课程的角度，学者们对于这一时期的中学综合科学课程看法也存在着分歧。如有学者曾以课目的综合性来说明近代某些课程设置的离学科中心倾向，认为 1913 年民国政府颁布的中学课程标准，"其科学课程，'博物'、'物理化学'等，都是有综合课程学科的倾向而非纯粹的学科科目课程"。② 但另外的学者通过查看当时的课程标准，发现在课程标准表中，"博物"中的植物、动物、矿物，"物理化学"中的物理、化学又被严谨地分化在不同的年级里，没有丝毫综合和融合的味道。以"史地"、"理化"，甚至以"自然科"等综合性名目出现的课目，在课程安排上又恢复到地地道道的学科本位。因此，课目的"综合性"往往也仅是表象。③ 学者们的分歧其实正好揭示了当时中学综合科学课程实施效果不佳的原因。

---

① 余自强：《新世纪初中科学课程的教育哲学研究》，载《课程·教材·教法》1999 年第 10 期。
② 《学科中心课程在我国的历史命运》，载杨玉厚主编：《中国课程变革研究》，陕西人民教育出版社 1993 年版，第 392 页。
③ 王伦信：《清末民国时期中学教育研究》，华东师范大学出版社 2002 年版，第 119 页。

首先，"新学制"酝酿之时国内正深受杜威教育思想影响，其思想的核心之一为"儿童中心"论，因此"新学制"的特点就是要给学校和学生留下充分的自由发挥和选择的空间。而在课程的设置上，课程内容体系构建的依据是课程内容之间的逻辑关系和心理学方面的关系。逻辑关系指科学知识之间的内在联系，心理学方面的关系指按照课程编制者所理解的学生认知发展，把内容加以组织的关系。① 而这一时期国外儿童心理学研究成果也大量传入国内，比如英格拉姆认为综合课程是有助于学生学习的课程，并能促进个性的发展。因为综合课程可以按心理的原则编制，更有利于实际的学习。这个观点得到了加涅和布鲁纳学习理论追随者的证明：综合的理科教学能扩大训练的迁移，因为学习综合理科的学生在领会各种概念、原则和策略的相似性上，要比那些分开学习很少强调互相关系的各个学科的学生要好得多。另外皮亚杰的心理发展阶段论也为综合理科提供了论据。他认为中学阶段，尤其是初中阶段，大多数学生仍处于具体运算阶段，只有少数学生处于形式运算阶段，综合理科课程以兼顾学生具有具体运算和形式运算的认知能力为原则，选择基础性强、难易适度、分量恰当、有利于调动学生学习兴趣的科学知识，按照新的方式、新的编排线索，综合地全面地构建，使课程的编排与设计符合学生的认知发展特点，并能促进他们思维水平的更进一步发展。因此，这时期的中学科学课程的设置无疑倾向于以心理学的结构体系为主，综合科学课程被认为是更适合儿童学习科学的课程形式。

其次，与中学综合科学课程计划不相匹配的是：当时国内科学教育实际还远远达不到这个标准。从清末颁发《壬寅癸卯学制》开始，我国才在普通中学系统开设理科课程，到 20 世纪 20 年代也只有短暂的 20 年左右，无论是科学教育的学校环境还是社会支撑体系都处于探索阶段，而综合科学课程是需要将所有自然学科"综合"后才形成一门独立的课程，这对于当时的中国教育界肯定是一个很大的挑战。当国内教育实际无法对这个挑战作出满意答复的时候，唯一的可能就是上面争论的那样：在中学里，课程计划是以"综合科学课程"来进行制订的，但是教育实际中又因为条件的限制无法进行真正的综合科学课程教育。

总的来说，虽然博物、物理、化学三科合并为"自然"的只出现在 1922 年的初中、高中文理组和 1929 年的初中课程设置中，在自然学科中，物理、化学两科并设（1909 年实科课程除外）的只出现在"壬子癸卯学制"之前，

---

① 余自强：《我国初中综合科学课程发展的界碑——〈科学（7～9 年级）课程标准（实验稿）〉特点分析》，载《教学月刊》2003 年第 2 期。

以后只在 1948 年的初中课程设置中出现过，[1] 但是综合科学课程在中学的实行毕竟是学校科学教育的一个新的尝试。这种科学课程力图打破学科的界限，统筹设计，整体规划，强调各学科领域知识的相互渗透和联系整合。它有利于改变长期以来初中课程存在的门类过多、学科间相互脱节、缺乏整合的弊病，有助于学生从整体上认识自然和科学，根据统一的科学概念、原理和各领域知识之间的联系来建立开放型的知识结构；有助于学生知识迁移和学习能力的发展；有助于对学生科学探究能力培养的总体安排，使学生得到科学方法的训练；有助于学生关注和分析与科学、技术有关的社会民生问题，获得对科学、技术与社会关系的理解，加深对人与自然、社会协调发展的认识。因此，20 世纪 20 年代至 40 年代对于中学综合科学课程的尝试是值得肯定的。

二、分科选课制

早在 1915 年 4 月全国教育联合会在天津召开的第一届年会上，湖南省教育会建议，仿德国学制，将普通中学改为"文科学校、实科学校、副文科学校和副实科学校"。文科学校和实科学校九年毕业，与大学衔接；副文科学校与副实科学校六年毕业，与专科学校衔接。经过讨论，认为这个建议变化太大，没有得到通过，但是它反映了德国学制中的文、实分科对中国普通中学的改革具有一定的影响，也说明了当时我国已经有了文、实分科的意向。"新学制"颁布前夕，国内已经开始了分科选课制的试行。教育部于 1921 年汇集部分实行分科选课制的学校的课程简章编印成书，供中学参考。根据统计到 1922 年为止，实行该制的学校已经有 49 所，占全国 547 所中学的 9% 左右。[2] 比例虽然不是很大，但是因为这些学校集中于上海、南京等大城市，在当时还是颇有影响力的。表 3 - 1 - 5、表 3 - 1 - 6 是当时几所实行该制比较有影响的学校的科目表。[3]

---

① 王伦信：《清末民国时期中学教育研究》，华东师范大学出版社 2002 年版，第 118 页。
② 《新教育》第 6 卷第 2 期。
③ 舒新城：《中学学制问题》，载《教育杂志》第 14 卷第 1 号。

表 3 – 1 – 5 南京高师附中分组选修科目（三年级起）

升学预备组					就业预备组	
文科	理科	农科	商科	工科	师范组	工农商各组
国文、英文、经济社会学大要、哲学大要、生物学、论理学	定性分析化学、物性论、大代数、解析几何、生物学、手工	农业大要（甲）、农业大要（乙）、农场实习、生物学、分析化学	商业英文、商事要项、经济社会学大要、民商法、簿记、商业地理	大代数、应用力学、工作法、用器画、原动机、材料学、机械学	教育学、心理学大要、东西洋教史、经济社会学大要、哲学大要、小学教授法、论理学	调查各地情形及社会需要而定

表 3 – 1 – 6 江苏省立一中文理商科必修及选修科目表

文科		理科		商科	
必修科	选修科	必修科	选修科	必修科	选修科
修身 法制 经济 国文 英文 数学 化学 物理 外国史 外国地理	应用文 美文 文学要义 文字学 文学史 新闻学 书法 国语 英文程式 英文文学 英文修辞 翻译 论理学 哲学大要 法学通论 社会经济 法文 统计 图表	修身 法制 经济 国文 英文 几何 三角 化学 物理 地质矿物	大代数 解析几何 定性分析 有机化学摘要及应用化学 力学 材料学 电磁学 平面测量 生物学 哲学大要 科学史 博物标本制造 物理仪器制造 工程画 手工	修身 法制 经济 国文 英文 数学 化学 物理 商业史 商业地理	商业英文 商业算术 珠算 民商法 商事要项 经济学 买卖论 银行学 保险学 簿记 统计 打字 广告学

到"新学制"颁布后，中学改成六年制，而且高中阶段已经有了职中和师范可与普中并存，因而又提出了中学分科制的研究。全国教育联合会参考了美国初级中学是普通中学，高级中学是综合中学，即分科中学，认为我国也可以采用这种制度。同时，还可以采用学分制。

学分制规定，每学期每周上课 1 课时为 1 学分，课程分必修课和选修课两类。在《课程标准纲要》中规定初中以必修课为主，必修课共 164 学分，另加选修课，修满 180 分始得毕业。高中采用综合性制度（即分科制），分普通科和职业科，职业科有工、农、商、师范及家事等科。普通科又分文、理两组，各以修满 150 学分毕业。第一组文科组，以学习文学和社会科学为主，文科组的必修课中有一门自然科学或数学 6 学分；第二组理科组，以学习数学和自然科学为主，在数学的 22 学分中有三角（3 学分）、几何（6 学分）、代数（6 学分）、解析几何（3 学分）、用器画（4 学分）；自然科学在物理、化学、生物三门中选两门，各 6 学分。除必修课 34 学分（至少）外，还有选修课。选修课有两类，一类是分科主修选修的，计 30 学分（或更多）；另一类是纯粹选修的（即自选课），计 30 学分（或更少）。公共必修课为 64 学分，其中有一门科学概论 6 学分。当时认为这种制度，中学分为初、高两级，有利于初中教育的普及；高中分成文、理两组，有利于提高中学的教学水平。然而，普通中学实行分科选课制虽然具有一些合理性和特色，比如正视学生和学校的差异有利于个性教育，但是在具体实施中存在很多问题，主要为：①削弱了基础科学知识的学习，导致学生过早分化；②选科过多，学校课程庞杂及过分专业化导致散漫和缺乏标准，有些选修课肤浅而不深入，给实际的教学带来诸多问题；③教育经费不足、师资条件差以及学生生源不理想导致实施不利，无法完成设想的教学任务；④大量选修课的开设虽然为学生提供了发展个性的空间，但是也纵容了选课时学生避重就轻和选文不选理，因而导致滋生了一股文艺风，于科学教育实际并无多大发展。

　　总的来说，20 世纪 20 年代所有这些改革，在一定程度上反映了"五四"以来教育改革的基本要求，可以说是前一阶段改革的综合成果。但是，有些改革带着盲目性，学习外国而不考虑本国的客观条件，超出了当时社会的实际需要与可能。例如我国在当时最迫切需要的是科学的普及教育，在普及的基础上才能有提高。分科选课制和学分制必然会出现大量的淘汰，而我国的升留级是以年级为标准的。因学分不足而淘汰的学生将引起不易处理的社会问题。高中分成文理两组，每组必须配备足够的教师和设备。否则就难以保证应有的教育质量。对于中学毕业后升学和就业的问题，更需要从社会和教育的各个方面进行通盘考虑，是一个很复杂的问题，不是一时仅在学校教育范围内所能解决的。因此，至 1929 年 8 月，教育部发布的文件中，对此作了说明："外邦实行，成效卓著，我国采用者亦复不少，只以师资和课本，尚乏相应之准备，实施自多隔阂。特分定两种标准，听各校自由选用。"但是应该看出，中学采用分科选课，并不是毫无可取之处的。"外邦实行，成效卓著"，而我国在当时之所以行不通，是由于还缺乏实行的应有条件。我国的科学教育在萌芽阶段主要受日本的影响，而在形成阶段则主要受德国和美国的影响。形成阶段的科学教育比萌芽阶段更具"民主"、"科学"的特性，在引进国外经验方面更为开放和积极，不但根据国外科学技术的新进展充实教学内容，还在教育制度、教学方法等多方面借鉴国外的经验，不过由此而来的缺点就是在借鉴国外时比较盲目，未能很好地考虑本国国情进行选择和改造。所以要进行教育改革，还必须从需要与可能两方面做充分的考虑，否则难免不利实施。

第二章

国民政府前期普通中小学
科学教育 （1927～1937）

1927 年"四一二"事变，国民党在南京成立了国民政府，直到 1937 年抗日战争爆发的 10 年里，政府提出了三民主义的教育宗旨，并重新制定了教育政策，颁布了各项教育法令、法规等。在科学和教育界有志之士的推动下，普通中小学科学教育在理论和实践上都进行了不少新的探索。

第一节　教育方针、法规的制定与
普通中小学科学教育

从国民党政权建立至抗日战争爆发这一时期，在教育上，国民政府提出了三民主义的教育宗旨："中华民国之教育，根据三民主义，以充实人民生活，扶植社会生存，发展国民生计，延续民族生命为目的，务期民族独立，民权普遍，民生发展，以促进世界大同。"①

根据这一教育宗旨，又相应地制定了应遵守的方针，其中第一条方针明确指出"各级学校之三民主义之教育，应与全体课程及课外作业相贯连，以史地教科阐明民族之真谛，以集团生活训练民权主义之运用，以各种生产劳动的实习，培养实行民生主义之基础，务使智识道德融会贯通于三民主义之下，以收笃信力行之效"。② 在此基础上，1931 年 9 月国民政府还通过了"三民主义教育实施原则"，③ 对包括初等教育和中等教育在内的各级各类教育从目标和实施纲要两方面进行了具体的规定。在课程上，明确规定初等教育"应注重自然科学之教授，以养成儿童爱好自然，利用自然，改造自然的兴

---

① 《第一次中国教育年鉴·甲编》第 8 页。
② 宋恩荣、章咸编：《中华民国教育法规选编 1912～1949》，江苏教育出版社 1990 年 7 月版，第 45 页。
③ 宋恩荣、章咸编：《中华民国教育法规选编 1912～1949》，江苏教育出版社 1990 年 7 月版，第 48 页。

趣，及破除对于自然现象一切的迷信"；中等教育"应与实际作业或实际生活相沟通"。在设备上，初等教育"一切设备，应多采用科学方法"，"书籍之设备，应斟酌经济情形，尽量购置启发常识之书报"，并且"学校于可能范围内，应多购儿童读物，理科仪器，及设置学校园，增加学童实习的机会，并图教授和实物之联络"；中等教育"须充分购置和教授有关之仪器图书，以资教授研究及课外阅读"。

从南京国民政府所制定的教育宗旨、实施方针和具体实施原则可以看出政府对普通中小学科学教育的关注，并且首次明确指出"作业"与课程的关联性，由此加强了科学教学实践的指导，使其具有一定的操作程序。

出于推行"三民主义"教育的需要，政府又动议修订学制系统。1928 年 5 月，国民政府大学院在南京召开的第一次全国教育会议上讨论了学制改革问题，并在 5 月 21 日通过了学制系统案，名为《中华民国学校系统案》，即"戊辰学制"。该学制保持 1922 年"新学制"的基本框架未变，分原则与组织系统两部分。第一部分提出七项原则：①根据本国实情；②适应民生需要；③增高教育效率；④提高学科标准；⑤谋个性之发展；⑥使教育易于普及；⑦留地方伸缩之可能。第二部分为学校系统。

第一次全国教育会议之后，成立了中小学课程标准起草委员会，负责起草一套适合现实要求的中小学课程标准。经过一年多的努力，1929 年 8 月由教育部颁布了《中小学课程暂行标准》。当时之所以叫做"暂行标准"，旨在经过全国教育界的批评及一定时间的试验之后，再修订成为"正式标准"。直到 1932 年 10 月，教育部根据各方面试验、批评及讨论的结果，颁布了正式的《中小学课程标准总纲》。在此课程标准中，规定小学自然科每周的教学时间，低、中、高各年级分别为 90 分钟、120 分钟和 150 分钟，而在初级小学里将社会、自然、卫生三科合并为常识一科，从此"常识"科这一课程名称在小学课程设置中正式出现。中学课程标准则彻底取消了选科制、学分制、文理分组，每周课时量也达到了顶点，可以说是《壬子癸丑学制》颁布以后最为硬化的课程设置。在该正式课程标准公布以后，教育部在 1932 年 12 月发出了《中小学分年实施新颁课程标准办法》的通令，并在此之前（同年 5 月），教育部还颁布了《中小学毕业会考暂行规程》，目的在于考核中小学毕业程度及提高中小学教育程度。然而上述课程标准实施之后，再加上会考的压力，学生明显不堪沉重的课业负担，各地学校纷纷要求修正课程标准。于是，教育部在 1935 年对课程标准再次进行修正，在 1936 年公布了《修正中小学课程标准》。这次课程调整的最大特点是减轻了课程负担，规定初小的社会、自然两科合并为常识科，每周教学的时间，低、中年级各为 150 分钟和 180 分钟，教学时间相应缩短，高小自然、社会两科每周教学时间保持不变；

规定初中每周教学时数减至 31 小时左右，高中减至 30 小时左右，且高中恢复了文、理分组以便让学生各有侧重。

总的来说，这一时期的中小学科学教育的发展具有很明显的现代教育的意味，这与南京国民政府统治下的现代教育制度的基本定型有关。南京国民政府改变了 20 世纪 20 年代美国式的管理模式和教学模式，建立中央集权的教育体制和严格训练的教学模式，构建了一个比较系统、完备的教育法律法规体系。因此，二三十年代教育部重新颁布的中小学各科课程标准，是我国第一次由政府法定的教学大纲，对理、化、生等课程的设置，教学目标、时间支配、教材大纲和实验均有具体的要求，从形式和内容来看，都比较正规和系统。

第二节　国民政府前期普通中小学科学教育概况

一、科学课程的设置

课程设置是教育变动的晴雨表，科学课程设置的变化，比较突出地反映了科学教育变革的倾向。这一阶段，普通中小学课程设置先后经历了 1929 年、1932 年、1936 年三次正式调整，其间小调整更是不断，但是主要的变动可以分为三个阶段。

（一）1929 年的《中小学课程暂行标准》与科学课程的设置

面对政治、经济和社会形势新的发展变化，课程变动势在必行，而早先的"新学制"课程标准在实施过程中由于选科过多导致散漫和缺乏标准，事实上学生的文化素养特别是科学素养有所下降，因此普通中小学课程标准理所当然应重新加以修订。1928 年全国教育会议之后，成立了中小学课程标准起草委员会，编订中小学课程标准。经过一年多的努力，1929 年 8 月由教育部颁布了《中小学课程暂行标准》。

1. 初等教育

《小学课程暂行标准》将小学六年分为低年级（一、二年级）、中年级（三、四年级）、高年级（五、六年级）三段，其课程设置为：党义、国语、社会、自然、算术、工作、美术、体育、音乐 9 科，各年级各科授课时间分别如表 3 - 2 - 1 所示，自然科和算术科每周教学的节数和在总课程中所占比重如表 3 - 2 - 2 所示。

表 3 - 2 - 1　1929 年《中小学课程标准》小学各科授课时间表（单位：每周分钟）

学科 年级	党义	国语	社会	自然	算术	工作	美术	体育	音乐
低年级	30	330	90	90	120	150	60	150	120
中年级	60	360	120	120	150	180	90	150	90
高年级	90	390	150	150	180	210	90	150	90

表 3 - 2 - 2　自然科和算术科每周教学节数（30 分钟一节）和比重

年级 分类	低年级	中年级	高年级
每周教学总节数	38	44	51
自然科每周教学节数	3	4	5
自然科占每周总节数的百分比	7.89%	9.09%	9.80%
算术科每周教学节数	4	5	6
算术科占每周总节数的百分比	10.53%	11.36%	11.76%
自然、算术两科占每周总节数的百分比	18.42%	20.45%	21.56%

　　与 1922 年 "新学制" 课程标准相比较，暂行标准中科学课程的比重有所增加。

　　2. 中等教育

　　1929 年的《中学课程暂行标准》，针对先前的分科选课制和学分制带来的一系列问题，对初、高级中学课目和学分分配做了一些调整，兼采用分科制及混合制两种，故制定混合制自然课程标准一种，分科植物、动物及理化课程标准各一种，由各校自由采用；学分计算为每学期每周上课 1 小时，课外自习亦约 1 小时者为 1 学分。其中混合制自然课程标准的课程设置具体如表 3 - 2 - 3 和表 3 - 2 - 4 所示。

表 3 - 2 - 3　1929 年《暂行课程标准》初中课程设置与学分分配表

科目	党义	国文	外国语	历史	地理	算学	自然科	生理卫生	图画	音乐	体育	工艺	职业科目	党童军	总计
学分	6	36	20 或 30	12	12	30	15	4	6	6	9	9	15 或 5	不计学分	180
百分比（%）	3.33	20	11.1 或 16.7	6.67	6.67	16.7	8.33	2.22	3.33	3.33	5	5	8.33 或 2.78		100

表 3 - 2 - 4　1929 年《暂行课程标准》高中课程设置与学分分配表

科目	党义	国文	外国语	数学	本国历史	外国历史	本国地理	外国地理	物理	化学	生物学	军事训练	体育	选修科目	总计
学分	6	24	26	19	6	6	3	3	8	8	8	6	9	18	150
百分比（%）	4	16	17.3	12.7	4	4	2	2	5.33	5.33	5.33	4	6	12	100

从表 3 - 2 - 3 和表 3 - 2 - 4 中可以看出，1922 年"新学制"的选科课程结构形式已经被淡化到几乎不存在了。高中不仅取消了文、理分组，12%的选修课相对于"新学制"课程来说也只能算是点缀。

（二）1932 年的《中小学正式课程标准》与科学课程的设置

1929 年暂行课程标准公布后，本拟待各省市呈报意见、经修改后即颁布正式的课程标准。但因意见不一，拖延到 1931 年，教育部在撤销原中小学课程标准起草委员会，重新成立中小学课程及设备标准编订委员会后，才修订完成。正准备发布，因发生"九一八"事变，同时因国联教育考察团来中国考察，对中学教育提出了许多批评意见，又被搁置。于是 1932 年又重新聘请专家另行拟订，最后才于 1932 年 11 月正式颁布，称"正式课程标准"。

1. 初等教育

《小学正式课程标准》（又称"小学课程标准总纲"）共设公民训练、卫生、体育、国语、社会、自然、算术、劳作、美术、音乐等 10 科。变动部分主要有：取消了党义课，其内容融化于国语、社会、自然等科之中；把社会、自然两科的卫生部分划出单设卫生科；而在初级小学里将社会、自然、卫生三科合并为常识一科，从此，"常识"科这一课程名称在小学课程设置中正式出现。每周的教学时间，一年级为 1120 分钟，二年级为 1260 分钟，三年级为 1380 分钟，四年级为 1440 分钟，五、六年级为 1560 分钟。其中自然科每周的教学时间，低、中、高各年级依然分别为 90 分钟、120 分钟和 150 分钟。1932 年 11 月颁布的《小学算术正式课程标准》对小学算术每周的教学时间进行了具体规定，较之前的暂行课程标准，该科比重有增加的趋势，如表 3 - 2 - 5 所示。

表 3 - 2 - 5　1932 年《小学正式课程标准》小学各科授课时间表

年级　时间	低年级		中年级		高年级	
	一年级	二年级	三年级	四年级	五年级	六年级
每周教学总时间（分钟）	1120	1260	1380	1440	1560	1560
算术科每周教学时间（分钟）	60	150	180	240	210	210
算术科占每周教学总时间的百分比（%）	5.36	11.90	13.04	16.67	13.46	13.46

2. 中等教育

以 1932 年国民政府颁布的《中学法》和 1933 年颁布的《中学规程》为标志，南京国民政府通过一系列中等教育法规的颁布，完成了中等教育内部结构的调整。1932 年 12 月公布的《中学法》明确中学教育的目标为："继续小学之基础训练，以发展青年身心，培养健全国民，并为研究高校学术及从事各种职业之预备。"① 具体的要求则于次年 3 月公布的《中学规程》中提出："①锻炼强健体格；②陶融公民道德；③培育民族文化；④充实生活知能；⑤培植科学基础；⑥养成劳动习惯；⑦启发艺术兴趣。"② 在中学的设置方面，则改变了 20 年代美国式的普通教育、职业教育、师范教育并置的"综合中学"体制，改为欧洲式的单科中学制，分别设立普通、职业和师范教育，并取消学分制和选修制，实行严格的毕业会考制度，以提高中学教育质量。中学分科制和选修制的改革遂告结束。1932 年的《中学正式课程标准》，确定完全实行学年制，学校的科目和课程整齐划一。该课程标准取消了文、理分组，其中科学类各科课程安排如表 3－2－6 和表 3－2－7 所示。③

表 3－2－6　1932 年的《中学正式课程标准》初中科学各科课程安排

学期		科目					每周教学总时数
		自然科				算学	
		物理	化学	植物	动物		
一年级	上			2	2	4	35
	下			2	2	4	35
二年级	上		4			5	35
	下		3			5	34
三年级	上	4				5	35
	下	3				5	34
合计		7	7	4	4	28	208

① 《第一次中国教育年鉴》乙编：第 34 页。
② 《第一次中国教育年鉴》乙编：第 35 页。
③ 《第一次中国教育年鉴》丙编："教育概况"，开明书店 1934 年版，第 192 页。

表 3 - 2 - 7　1932 年的《中学正式课程标准》高中科学各科课程安排

学期		科目				每周教学总时数
		物理	化学	生物	算学	
一年级	上			5	4	34
	下			5	4	34
二年级	上		7		3	34
	下		6		3	33
三年级	上	6			3	31
	下	6			3	31
合计		12	13	10	20	197

　　这份课程纲要含《中学物理课程标准》、《中学化学课程标准》、《中学生物课程标准》，分别规定了初中和高中各科的教育目标和要求，以及具体的教学内容和实验要求等项目。在自然科教育方面，正式课程标准较之暂行课程标准的改动较大。

　　在初中方面，"各科教学分量取消学分单位制，改为时数单位制。盖中学有固定之肄业年限，非可以提前修毕各科学分即为毕业"；"自然科教学采取分科制。混合制自然科教学在教材和师资两方面均感觉重大困难，缺乏成效。正式课程标准采取分科制，分科编定植物、动物、化学、物理四科标准，但教学时数表与此四科名称之上仍列一自然科名称并著名此为分科制，隐示仍另有混合制在，为实验教育留余地"；"增加数学时数"。

　　在高中方面，"取消选修科目，加重语文、算学、史地等科分量，高中既以升学为主，则必须注重培养良好之基础。故凡语文、科学及史地等科，均应有适当之分量。暂行课程标准因矫正一时重文轻理之弊，与物理、化学、生物三科已予以适当之注重。惟以语文等科分量，尚微嫌不足"，在暂行标准中，制定者认为自然科分量已经可以，"正式课程标准因加重国文、英语、算学、史地等科学程，以求文理两类基础知识之均等发展"。[①]通过以上，可以看出 1932 年的中学课程标准从制度上彻底取消了选科制、学分制和文理分组。

　　（三）1936 年的《修正中小学课程标准》与科学课程的设置

　　1932 年的《中小学正式课程标准》，事前经过专家长时间的研究讨论，

　　① 教育部教育年鉴编纂委员会：《第二次中国教育年鉴》，商务印书馆 1948 年版，第 351～352 页。暂行标准规定初中算学 30 学分，自然科 30 学分；高中数学 19 学分，物理、化学、生物各 8 学分。

又经各地学校普遍试验，就总体而言，是比较符合当时社会发展要求的。但是，在以后的施行过程中，也暴露了不少问题。加上教育部为了考核中小学生毕业程度及提高中小学教育程度，颁布实施毕业会考制度，给学生造成了沉重的课业负担，因此各地学校纷纷要求修正课程标准。于是，教育部在1935年对课程标准再次进行修正，于1936年公布了《修正中小学课程标准》。

1. 初等教育

根据《修正小学课程标准》，初小的社会、自然两科合并为常识科，每周教学的时间，低、中年级各为150分钟和180分钟，教学时间相应缩短，高小自然、社会两科每周教学时间保持不变；算术科从四年级起加授珠算；而原来的卫生科被取消，卫生习惯部分被划出了常识范围，归并到公民训练中，卫生知识部分，初小归并到常识科中，高小归并到自然科中。每周的教学时间为：一年级1020分钟，二年级1110分钟，三年级1230分钟，四年级1290分钟，五、六年级均为1380分钟；每节课教学时间以30分钟为原则，视科目的性质，分别延长到45分钟或60分钟。

在1932年11月颁布的《小学算术正式课程标准》的基础上，教育部对其进行了修正，并在1936年7月公布了《修正小学算术课程标准》，与《小学算术正式课程标准》相比，教学时数有所减少，该科比重在一、二、三年级有所增加，而在四、五、六年级则相对下降。详见表3-2-8。

表3-2-8 1936年7月公布了《修正小学算术课程标准》规定授课时间表

时间 \ 年级	低年级		中年级		高年级	
	一年级	二年级	三年级	四年级	五年级	六年级
每周教学总时间（分钟）	1020	1110	1230	1290	1380	1380
算术科每周教学时间（分钟）	60	150	180	210	180	180
算术科占每周教学总时间的百分比	5.88%	13.51%	14.63%	16.28%	13.04%	13.04%

2. 中等教育

中华民国成立以来，由于传统经学课程的压缩，为自然学科腾出了空间，但是由于"六三三"学制为充分照顾学生的个性，安排了大量选修课程，在必修和指选课目中自然学科比重大幅度下降。在选课实践中又由于学生普遍从避难就易出发，选文不选理，导致所谓的"文艺风"的流行，结果在民主和科学的口号下，科学并没有得到加强，反而受到削弱。为此，1929年教育部取消文、理分组，并大幅度提高自然学科课程的比重。1931年"九一八"事变发生，国土沦丧，科学救国的呼声顿时高涨。另外国联教育考察团对中国的教育提出了批评，指出"中学对于科学课程，似未有良好计划。在高中普通科，物理学、化学、生物学所占之时间仅及全数七分之一"。即认为当时科学课程课时数量太少，所以在后来两次修订课程规划时，自然学科课程比重都有所增加，到 1936 年达到高峰。1936 年，教育部在先前的基础上，对中学课程标准又进行了调整，颁布了《修正中学课程标准》，其中科学各科课程安排如下。[①]

表 3 - 2 - 9 1936 年《修正中学课程标准》初中科学各科课程安排

学期		科目						每周教学总时数
		自然分科制					算学	
		物理	化学	动物	植物	生理卫生		
一年级	上			2	2	1	4	31
	下			2	2	1	4	31
二年级	上	3					5	31
	下	3					5	31
三年级	上		3				5	31
	下		3				5	31
合计		6	6	4	4	2	28	186

表 3 - 2 - 10 1936 年《修正中学课程标准》高中科学各科课程安排

学期		科目				每周教学总时数
		物理	化学	生物学	数学	
一年级	上			4	4	30
	下			4	4	30
二年级	上		6		3	30
	下		6		3	30
三年级	上	6			3	30
	下	6			3	29
合计		12	12	8	20	179

从表 3 - 2 - 9 和表 3 - 2 - 10 可以看出：1936 年中学课程调整的一大特点是减轻了课程负担，初中每周教学时数减至 31 小时左右，高中则减至 30 小

---

① 汪灏：《科学教育半个世纪的潮起潮落》，载杜成宪、丁钢主编《20 世纪中国教育的现代化研究》，上海教育出版社 2004 年 2 月版，第 222～223 页。

时左右。但是以自然学科课程比重变迁趋势图来看，[1] 自然学科课程比重却并没有下降而是有所增加，达到了高峰。

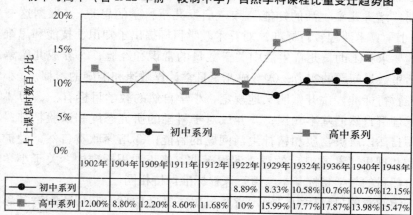

初中与高中（含1922年前一段制中学）自然学科课程比重变迁趋势图

	1902年	1904年	1909年	1911年	1912年	1922年	1929年	1932年	1936年	1940年	1948年
初中系列						8.89%	8.33%	10.58%	10.76%	10.76%	12.15%
高中系列	12.00%	8.80%	12.20%	8.60%	11.68%	10%	15.99%	17.77%	17.87%	13.98%	15.47%

二、普通中小学科学教学概况

课程和教学是教育实施的两条具体途径，且两者密不可分。前面分三个阶段对南京国民政府前期普通中小学科学课程的设置进行了介绍，下面将从六个方面对这一时期的科学教学进行具体分析。

（一）科学教育目标

南京国民政府成立后，为了推行其政治主张，巩固政权，国民党在完成军事任务的同时，在教育上也加紧制定新的方针、政策，以使教育为其政治服务。1927年8月，教育行政委员会在议决的《学校施行党化教育办法草案》中指出："要把学校的课程重新改组，使与党义不违背又与教育学和科学相符合，并能发扬党义和实施党的政策。"[2] 教育部于是在第二年2月颁布了《中小学暂行条例》。这次对学校课程的规定是临时性的，所以对于各科教学要旨，教材纲要及教学时间等均未做规定。1928年5月，国民政府大学院在南京召开第一次全国教育会议，讨论通过了《中华民国学校系统》，这次会议议决由大学院组织中小学课程标准起草委员会，经过一年多时间的努力，于次年8月，教育部颁发了《中小学课程暂行标准》，其后又做了修订，于1932年10月公布了《中小学正式课程标准》，1936年7月公布了《修正中小学课程标准》。

① 王伦信：《清末民国时期中学教育研究》，华东师范大学出版社2002年版，第136页。
② 熊明安著：《中华民国教育史》，重庆出版社1990年版，第107页。

小学课程标准总纲规定了小学教育的总目标："小学应根据三民主义，遵照中华民国教育宗旨及其实施方针，发展儿童身心，培养国民道德基础及生活所必需的基本知识和技能，以养成知礼知义爱国爱群的国民。"① 其中明确指出要"增进儿童生活的知能"和"启发儿童科学的思想"。根据这一总目标，《小学算术课程暂行标准》对算术教学目标提出了知识、技能和思维三个方面的要求：①助长儿童生活中关于数量的常识和经验；②养成儿童解决日常生活里数量问题的实力；③练成儿童日常计算敏速和准确的习惯。《小学自然课程暂行标准》中开宗明义地规定，小学自然的教学目标有三，即"①启发进求理解自然的基本知识，并养成对于科学的研究态度和试验精神；②增进利用自然以解决物质和精神生活问题的智能；③培养欣赏自然，爱护自然的兴趣和理想。"② 在其后的正式课程标准、修正课程标准中，关于小学算术科和自然科的教学目标基本与暂行课程标准保持相同。

中学教育的总目标为"确定青年三民主义之信仰，并切实陶冶其忠孝仁爱信义和平之国民道德，注意青年个性及其身心发育状态，而予适当的指导及训练，对于青年应予以职业指导，并养成其从事职业所必具之知能"。1935年教育部公布的《中学规程》则更具体指出中学要"充实生活知能"和"培植科学基础"。根据这一总目标，算学科和自然科分初中和高中两部分，分别规定了各自的教学目标。

1. 数学教育

1929年颁行的《初级中学课程暂行标准》和《高级中学普通科暂行课程标准》规定，初中算学教学目标为：①助长学生日常生活中算学的知识和经验；②使学生能了解并应用数量的概念及其关系，以发展正确的思想和分析的能力，并养成敏速的计算习惯；③引起学生研究自然环境中关于数量问题的兴趣。高中普通科算学教学目标为：①继续供给现今社会生活中普通科学必需的算学知识，完成初级的算学教育；②充分介绍形数的基本观念、普通原理和一般的论证，确立普通算学教育基础；③切实灌输说理的方式，增进推证的能力，养成准确的思想和严密的习惯，完成人生普通教育；④引起学者对于自然界及社会现象都有数量的认识和考究，并能依据数量关系，推求事物当然的结果。

该暂行标准后经修正，于1933年11月公布实施，定名为"正式课程标

---

① 宋恩荣、章咸编：《中华民国教育法规选编1912—1949》，江苏教育出版社1990年7月版，第237页。

② 课程教材研究所编纂：《20世纪中国中小学课程标准·教学大纲汇编：自然·社会·常识·卫生卷》，第9～15页。

准"。在正式课程标准中，算学教学目标有一些变动。初中算学教学目标为：①使学生能分别了解形象与数量之性质与关系，并知道运算之理由与法则；②训练学生关于计算及作图之技能，养成计算纯熟准确、作图美洁精密之习惯；③供给学生日常生活中算学之知识及研究自然环境中数量问题之工具；④使学生能明了算学之功用，并欣赏其立法之精、应用之博，以启发学生向上搜讨之志趣；⑤据"训练在相当情形能转移"之原则，以培养学生良好之心理习惯与态度，如富有研究事理之精力与分析之能力，思想正确，见解透彻，注意力能集中持久不懈，有良好的条理明洁之习惯。高中算学教学目标则在原暂行标准的基础上，增加了两项，一项为"算理之深入与其应用之广阔，务使成平行之发展，俾学生愈能认识算理本身之价值，与其效力之宏大，油然而生不断努力之趋向"，另一项同初中算学教学目标的最后一项。

正式课程标准颁行后，各地对"数学总时数之过多及高中算学课程繁殖有一致之表示"，教育部于1935年10月开始修正课程标准，1936年公布实施。修正课程标准中初中和高中算学课程教学目标保持正式课程标准中的教学目标未变。

2. 自然各科教育

1929年，教育部颁布了《中学暂行课程标准》。自然科的暂行课程标准分为混合的（自然）和分科的（植物、动物和理化）两种，由各校自行选择。该暂行课程标准包括《初级中学自然科暂行课程标准》（混合的）、《初级中学理化暂行课程标准（分科的）》、《初级中学植物学暂行课程标准》（分科的）和《初级中学动物学暂行课程标准》（分科的），还包括《初级中学生理卫生暂行课程标准》。对高中只颁布了不分科的《高级中学普通科物理暂行课程标准》、《高级中学普通科化学暂行课程标准》和《高级中学普通科生物学暂行课程标准》。后来，教育部汇集各方意见，对1929年颁布的《暂行课程标准》进行了修订，于1932年颁布了中学各科正式课程标准，初中将理、化分开，包括《初级中学物理课程标准》、《初级中学化学课程标准》、《初级中学植物学课程标准》、《初级中学动物学课程标准》、《初级中学卫生课程标准》，高中将原来的学分制改成了学时制，取消了混合制的自然科课程，高级中学增设了卫生课程，包括《高级中学物理课程标准》、《高级中学化学标准》、《高级中学卫生课程标准》和《高级中学生物学课程标准》。1936年，颁布了修正课程标准，在先前基础上取消了高级中学的卫生课程标准。总的来说，这一时期颁布的自然各科课程标准其中关于教学目标的制定大多从自然知识掌握、自然技能的日常运用、自然科学思维方式的培养三方面着手。

（二）科学教学内容

1. 初等教育

这一时期的课程标准对小学算术科、自然科的教学内容都有各种明确的规定。以算术科而言，1929年《小学算术课程暂行标准》对小学算术教学内容做了详细规定。1932年颁布了正式课程标准后，从儿童心理出发，对之前的教学内容进行了重新组织，比如四、五位数和简单分数的认识适当后移。《小学算术正式课程标准》公布之后，教育部在1932年12月又颁发了《中小学分年实施新颁课程标准办法》的通令，要求各地小学按课程标准进行教学。而在此之前，教育部在5月已经颁布了《中小学毕业会考暂行规程》，规定各学科的会考内容限于课程标准规定的范围内。这些措施使小学生负担加重，受到了广大教育工作者以及社会各阶层的谴责和反对。在这种压力下，1933年5月，教育部批准了"准予视地方情况，不举行小学会考"的措施，12月则正式宣布"小学暂免会考"。基于此，教育部1935年10月起对《小学算术正式课程标准》进行修正，于1936年7月公布了《修正小学算术课程标准》。与之前相比，《修正小学算术课程标准》关于教学内容方面的变动较大。比较这三个课程标准对小学算学教学内容的规定，我们可以看出，这一时期小学算术的教学内容仍然强调的是以计算为中心，基本概念也比较明确，前后不同之处在于某些教学内容的组织和安排上，修正后的课程标准将教学内容适当后移。

关于自然科，小学的教学内容主要涉及三方面：自然现象、生活需要和卫生知识。自然现象主要包括了儿童环境所接触的气候、天象、地文、生物等的特性，比如在一二年级的自然教学的内容包括"秋冬春夏四时的景物"，三四年级则深入到"四时物候"，到五六年级则要求"四时变化的因果的研究"。生活需要是与儿童有关的衣、食、住、行等方面的内容。卫生知识则包括卫生习惯和生理知识，以及疾病、救急、防疫等方面。

总体而言，这一时期公布的小学科学课程的教学内容事前经有关专家长时间地研究讨论，期间又经各小学普遍试验，是比较符合当时社会发展要求的。但是，在后来的施行过程中实际暴露出的问题，以及随着当时对儿童心理研究的深入和社会的不断变化，对小学科学课程教学内容的制订也提出了新的要求，这在1936年修正课程标准中都有所体现。

2. 中等教育

1929年《初级中学课程暂行标准》和《高级中学普通科暂行课程标准》分别于8月和10月颁行，经全国各校遵用后，到1932年教育部颁行了正式的高、初中课程标准，数年来觉得旧课程标准内容有须修改之处，于1936年修订并颁行了修正课程标准。对照前后三个标准，其中关于教学内容方面大致相同，下面以初级中学算学科和高级中学物理科为例分别做一些介绍。

1929 年暂行标准中规定初中算学科内容包括算术、代数、几何和三角。具体如下①：

初中一年级

算术——算术的起源和定义，整数四则和杂题诸等数四则，整数的性质，分数四则和杂题，小数四则，比例和应用题，百分数和应用题，统计图表，速算法，省略算法，利息和应用题，开方，求积，附珠算四则。

代数——代数的定义和起源，代数式，简易方程和应用题，正、负数，整式四则。

初中二年级

代数——元一次方程和应用题，图解法，联立一次方程应用题（图解附），乘方及开方，因式分解，最高公因式，最低公倍式，分式，一元二次方程和应用题（图解附），根数和虚数。

几何——几何的定义和起源，几何图形，用量法发现角，直线形和圆公理和分法，直线，三角形，推证法，不等定理，平行四边形，多角形，圆，轨迹，作图法。

初中三年级

代数——分式及根式方程，简易之高次联立方程（图解附），不等式，指数，对数比例，级数。

几何——相似形，圆的比例线段，圆的弧度，面积，三角形三边的关系，正多角形和圆，圆周及圆面积。

三角（大意）——三角的定义和起源，三角函数的意义，三角函数的关系，特别角三角函数，三角表解直角三角形及应用题，浅易测量用解直角三角形法解斜三角形。

正式课程标准中关于初中算学内容稍微有一些变化，算学增加了记数法、命数法、复名数、近似计算、统计大意等项目，其他分科内容则基本上没变，几何学的要求适当降低些。到 1936 年修正课程标准出台，初中算学内容与正式课程标准完全保持相同。

高级中学以物理科为例，1936 年修正课程标准相对于 1932 年正式课程标准有一些微小的变化：①内容更加详细具体；②科学术语不再以英文代替，统一用其译文；③教学内容的组织和安排有所调整。详细比较见表 3 - 2 - 11。

---

① 马忠林主编：《数学教育史》，广西教育出版社 2004 年版，第 173 页。

表 3－2－11　1932 年与 1936 年高级中学物理学课程标准之比较

1932 年	1936 年
1. 度量衡及基本单位	1. 度量衡，基本单位及导出单位
2. 密度及比重	2. 同左
3. 力及其单位	3. 力及其单位，分力同合力，力之平行四边形定律
4. 物质之三态	4. 同左
5. 固体之弹性——Hooke 定律	5. 固体之弹性——虎克定律
6. 液体之压力——Paecal 原理——水压机	6. 液体中之压力——连通管——自来水液体比重之测定（汉埃方法）
7. 自来水之供给	7. 巴斯噶原理——水压机
8. 浮力——Arobimede 原理及其应用（物体比重之测法）	8. 浮力——阿基米得原理及其应用（物体比重之测法）
9. 气体之压力；大气压力；Torileelli 管；气压计	9. 气体之压力；大气压力；托里拆利管；气压计 10. 气体之浮力——气球——飞艇
10. 压力与气体容积之关系——Boyle 定律	11. 压力与气体容积之关系——玻义耳定律
11. 各式唧筒及其他利用气体压容积关系之设备	12. 各式唧筒，虹吸
12. 杠杆与力矩	13. 杠杆与力矩
13. 斜面与合力，力之平行四边形定律	14. 斜面与螺旋
14. 简单省力器械。器械的利益与效率	15. 其他简单机械。功之原理，机械利益与效率。功率
15. 力与运动；速度；加速度；等速运动，等加速运动，自由坠体	16. 运动：位移，速度，加速度；等速运动，等加速运动；自由落体运动，抛体运动
16. 圆周运动现象与离心力（只限于简单的叙述）	18. 圆周运动；向心力离心力
17. 惯性；Newton 之运动定律，质量与重量之区别，重心	17. 牛顿之运动三定律，质量，重量，重心。万有引力定律
18. 单摆	19. 单摆。简谐运动（只限于简单叙述） 20. 转动：角速度，角加速度。飞机
19. 摩擦	21. 摩擦，摩擦系数
20. 功及功率，能及其变换	22. 能：位能，能量不灭
21. 气体分子与其运动、扩散	23. 分子与分子运动；扩散，黏滞性
22. 液体之扩散、渗透、表面张力及毛细现象、外黏力及内黏力	24. 附着力及内聚力。表面张力及毛细现象

1932 年	1936 年
23. 熔化及结晶	删去
24. 温度与温度计	25. 温度及温度计
25. 膨胀及其应用	26. 膨胀及其应用
26. 热量与功	27. 热量与热之当量
27. 比热及量热器	28. 比热及量热器
28. 融解及凝固	29. 融解及凝固
29. 蒸发、沸腾、沸点与气压之关系	30. 蒸发、沸腾，沸点与压力之关系
30. 湿度及气象问题	31. 湿度及气象问题
31. 制冷设备及热机（蒸汽机、内燃机及汽车等）	33. 暖室及制冷设备 34. 能之变换：热机—蒸汽机—内燃机
32. 热之传播	32. 热之传播
33. 波动——纵波与横波	35. 波动：纵波与横波
34. 波之反射、折射及干涉	36. 波之反射、折射及干涉
35. 声波及其速度	37. 声波及其速度
36. 声音之强弱，高低及品质；回音、拍	38. 声音之响度，音调及音品。回声，拍
37. 音叉与共鸣	39. 共鸣
38. 弦之振动与气柱之振动	40. 弦之振动与气柱之振动。康兹管
39. 留声机	42. 留声机
40. 音乐	41. 音阶，简单乐器
41. 光之直进、影、日月之蚀	43. 光之直进。影，日月之蚀。光之速度
42. 光度	44. 光度及光度计
43. 光之波动说与光之速度	45. 光之波动说
44. 光之反射、平面镜与球面镜	46. 光之反射——平面镜及球面镜
45. 光之折射、折光指数、全反射	47. 光之折射——折射率，全反射
46. 灵视	48. 透视
47. 棱镜	49. 棱镜，光之色散，虹
48. 简单之光学仪器（例如映画器、放大镜、显微镜、潜望镜、照相机、眼镜等）	50. 简单之光学仪器（例如映画器、放大镜、显微镜、潜望镜、照相机、眼镜等）
49. 光谱及物体之颜色	51. 分光镜，光谱，物体之颜色
50. 光之干涉及绕射、薄膜之颜色	52. 光之干涉，薄膜之颜色，光之绕射
51. 磁铁、磁极、磁之感应	53. 磁铁，磁极，库伦磁力定律，磁之感应

1932 年	1936 年
52. 磁场及磁力线	54. 磁场及磁力线
53. 地磁及罗盘	55. 地磁及罗盘
54. 磁之分子说	56. 磁之分子说
55. 正电与负电、导体与绝缘体、Coulomb 之定律	57. 正电与负电，导体与绝缘体、库仑静电定律
56. 静电感应现象，金箔验电器，感应盘	58. 静电感应；验电器，感应盘
57. 其他静电现象（例如尖端放电、电帷、闪电、避电针等）	59. 静电之分布，电帷，尖端作用，避电针
58. 蓄电池、电容及介电系数	60. 容电器，电容，介电系数
59. 电池及电流	61. 电池及电流
60. 干电池与湿电池、极化作用与局部作用	62. 湿电池，极化作用与局部作用，干电池
61. 蓄电池	63. 蓄电池
62. 电阻——Ohm 定律	64. 电阻，电压，欧姆定律
63. 电池之连接法	65. 电池之连接法
64. 电阻之连接法	66. 电阻之连接法
65. Wheatstone 桥	67. 慧斯登电桥
66. 电能与热量，电炉，电熨斗，电灯	68. 电流之热效应——电能与热量，电炉，电熨斗 69. 电灯，弧光灯
67. 电解、电镀——Faraday 之电解定律——电量计	70. 电流之化学效应——电解，电镀——法拉第电解定律——电量计
68. 电流之磁效应——电流针、安培计、伏特计	71. 电流之磁效应——电流针、安培计、伏特计
69. 电磁铁、磁导率、电铃及电极	72. 电磁铁；磁导系数；电铃及电报
70. 电磁感应与 Lenz 定律	73. 电磁感应与楞次定律
71. 感应圈	74. 感应圈
72. 电话	75. 电话
73. 发电机原理；直流与交流，整流器、变压器	76. 发电机原理：直流与交流，变压器
74. 电动机原理：电车与电扇；电表（即瓦特计）	77. 电动机原理：电车，电扇，瓦特计
75. 电磁波及无线电报	80. 电磁波及无线电报
76. 晶体检波器与真空管检波器，无线电话	81. 晶体检波器与真空管检波器，无线电话
77. 真空管内放电现象	78. 真空管中放电。阴极射线及电子，X 射线
78. 阴极射线及电子、X 射线	79. 光电管
79. 放射性	82. 放射性及共射线
80. 物质构造大意	83. 物质构造大意

（三）科学教学方法

教学方法是师生为完成一定教学任务在其共同活动中所采用的教学方式、途径和手段，是教学具体实施环节中的一个关键因素。在教学内容确定的情况下，如何有效地达到教学目标，确保教学内容的完成，取决于教学方法。当时俞子夷曾指出："教材与教法，仿佛是车上的两轮，飞鸟的双翼，相辅而行，缺一不可。"可见这一时期已经把教学方法提到了相当重要的位置，当时社会上进行的各种教学法的实验无疑正说明了这点。

综观这一时期，诸多学校采用的仍然是 20 世纪 20 年代从美国传入的"设计教学法"，该方法的积极之处在于"教学和实际生活发生了关系，而学生的作业，也渐渐成为有目的、有计划的活动了"。1927 年，中华教育改进社邀请了设计教学法的中心人物基尔帕特里克访华，他先后在上海、北京等地介绍设计教学法，进一步促进了设计教学法在中国的实施。

1. 初等教育

以算术科来说，1929 年教育部颁布的《暂行课程标准》中规定了小学算术的教学方法要点，总共包括了十四点，比如第七点规定"新的方法原理，应从实在的需要出发，先使儿童明白方法的功用。用归纳法一步一步地进行，切忌用演绎法推求。"第八点规定"解决问题的计算法，不必多用论理的分析，而需诉诸儿童的经验和常识。"1932 年颁布的《正式课程标准》中，在教法方面规定了教法要点 15 条，与暂行标准中教法要点稍微不同的是：强调心算是算术的基础，第一学年纯用心算，其余各学年也应和笔算、珠算并重；规定珠算从第四学年开始单独教学，"应经常和笔算联络，互相参证"；强调"教学新的方法原理，应从实在的需要出发，循序渐进"；五六年级强调"注重日常生活需要的四则应用问题，惟应以浅显为原则"。到 1936 年颁布《修正课程标准》时，教法要点与前两个标准基本相同，突出的一个特点是特别强调练习过程，并提出了五个注意点。

在教学实际中，当时小学算术界对教学法已经有相当的研究。1937 年，以教材审定本为依据而编辑出版的《复兴算术教学法》（初小八册、高小四册，商务印书馆出版），王骏声的《小学各科教学法》（世界书局印行）、宋文藻编著的《小学珠算教材和教法》（商务印书馆出版）和俞子夷编著的《小学算术教学法》（商务印书馆出版）也是当时小学算术教学研究方面最有代表性的著作，集当时教学方法之大成。这个时期小学算术教学中常见的课型有新授课、练习课、复习课等，新授课的一般结构分为复习、新授、练习（低年级为故事或游戏）、练习订正、补充（或温习）五个阶段，练习课一般分为基本训练、练习、练后证验讲评、补充四个阶段，复习课一般分为基本训练、讨论、整理练习、补充四个阶段。从这三种课型的基本结构可以看出，赫尔巴特的"五段教学法"仍然深深地影响着当时课堂的教学结构。在具体的算术教学过程中，受经验主义和形式主义的影响，当时的小学算术教学多采用应用题教学故事化，练习形式多样化，前者有益于唤起儿童有关生活经验的回忆和想象，并由此发现解答方法，但却不能有效地发展儿童的逻辑思维能力，后者则有益于调动儿童的学习积极性，但也存在一个弊病，就是新课的教学过分依赖练习而忽视了算学理论的教授。

以自然科来说，1932年颁布的《小学课程标准总纲》提出了教学通则15条，对包括自然科在内的小学各科教学方法做了详尽规定。因为这一阶段的小学课程的设置更加符合儿童的学习心理，从儿童的学习心理而言，小学科目不宜划分过繁，初小的社会、自然合并为常识科，高小的自然科采用的也是混合制，因此在自然科的教学方法方面强调"联络教学"的方法，更加突出了儿童经验的重要性，注重单元设计。在实际教学中，小学自然科的教学方法倾向于"问题教学法"、"单元组织法"，强调以问题为中心，打破学科的系统化进行教学组织。以下摘录的是一所实验小学三年级第一学期常识科教学中关于自然方面所设计的问题：[①]

（1）怎样布置我们的校园使得美丽？

（2）怎样种菜？

（3）怎样种蚕豆？

（4）燕子到秋天为什么不见了？

（5）烟酒为什么吃不得？

（6）棉布是哪里来的？

（7）稻为什么要在三四月种起？

（8）我们穿的衣裳，热天大抵是白色的，冷天大抵是黑色的，这是什么道理？

（9）不倒翁怎样不会倒的？

（10）万花筒怎样会有各种花纹的？

（11）寒暑表怎样可以看温凉的？

（12）定风针有什么用？

（13）阴雨天看不见滩羊，是什么道理？

（14）我们紧闭了嘴，掩塞了鼻管，为什么觉得不好过？

2．中等教育

这一时期的中学课程纲要对算学科和各自然学科的教法要点都做了详细的规定。如高级中学物理课程标准在第四部分实施方法概要里规定教法九大

---

① 承炳锡：《常识课程选择的一个试验》，载《中华教育界》第18卷第3期，第3~4页。

要点：①各部分之教材应以初中物理学课程内容为起点，逐渐授以物理学上所用之初步方法，使学生对于物理的现象得进一步之了解。教材万不应以大学物理之袖珍缩本；②讲解之时，务必多做简单实验表演，以佐学生了解各原理之意义；③务使学生透彻了解各原理及定义之意义，不宜令其徒事背诵字句；④宜特别注意物理学上之应用，不必高谈理论及学说；⑤宜由教员领导学生前往参观与应用物理有关之场所；⑥须由教员多拟或选简单实用问题为习题，使学生知如何应用各原理以解答之。计算之习题应督促学生每周按定时间交入，并能详细改正后发还；⑦应鼓励学生质疑。凡遇学生发问时，应由教员另设较易解决之问题，以逐步引到自行解答其疑难之途径；⑧如遇学生人数超过20人时，问题讨论应分为若干组，每组人数至多以20人为限。分组之时，须由才能相当之学生（例如由其初中物理成绩及初中高中算学成绩制定之）分在同组；⑨应多多举行笔试。试题以属于计算及解释者为宜。背诵定义及定律一类之题目，皆应避免。① 从中可以看出当时中学科学教学法上的一些特点，如实验教学、日常练习与考试相结合等。事实上，教材、教法和实验是自然学科教学中的三个主要因素。但是，国内教育长期受到传统教育思想的束缚，在分析问题和灵活应用知识、动手能力等方面是相当落后的，所以一般中学自然学科教育只停留在讲述书本知识而不做实验。南京国民政府教育部成立后，注意到要改进教学方法，提倡集体备课，每年举办中学各科暑期讲习讨论会对教学法也进行了一些讨论，虽然没有能根本解决问题却也取得一些效果。

（四）科学教材

为了管理和控制学校，南京国民政府通过教育部制定和颁发了一系列有关法令，严格规范和统一全国学校的课程。与统一课程标准同步的是教材也有统一的必要，否则在教育实际中很难达到国家颁布的课程目标和课程标准。因此，国民政府开始实行教科书审核制度。事实上，早在中华民国成立之初，为肃清教育领域内的封建专制主义，确立民主共和精神，南京临时政府教育部所采取的一项教育措施，就是规定禁用清学部颁行的教科书，要求各书局删改教科书中涉及清政府教育精神和制度的有关内容，并于1912年5月颁布了《审定教科图书暂行章程》。有趣的是，早期的教科书审核制度是为了肃清专制主义，而后期则是为了达到专制的目的。1927年南京国民政府为贯彻党化教育，规定从速审查和编写教科书，以求与"党义"相合，并通过了《组织教科书审查会章程》。1932年6月又设立国立编译馆，会同教育部普通教育

---

① 《教育部颁行中学理科课程标准新旧之比较》，见：《科学·教育》第3卷第1、2合期（1936年6月），第96～97页，金陵大学理学院出版。

司代表政府办理中小学教科书的编纂审定事宜，拟订 1933～1935 年分三期完成编纂发行。1933 年 4 月国民政府公布《国立编译馆组织条例》和《办事细则》，详细规定了工作内容和教科书审定程序，重申学校教科书编纂的国定制和审定制，明确了教科图书的初审、复审、终审的三审制，以及初审、复审发生争议时的特审制。在 20 世纪 30 年代中，国民政府教育部还先后成立中小学教科书编审委员会、教科图书编辑委员会和大学用书编辑委员会，负责各级各类学校教材的审查、甄选。

美国学者托马斯·库恩在论证"科学革命的结构"的时候，总结出所谓的科学革命"就是旧范式全部或部分地为一个与其完全不能并立的崭新范式所取代"，他还指出任何一门科学中第一个范式兴起的附带现象，就是对于教科书的依赖。[①] 所以教科书的发展程度对中小学科学教育起着重大的作用。只有教材趋于正规化和稳定性，普通中小学科学教育才会有实质性的突破。这种正规化和稳定的过程正是教科书的制度化过程。因此，南京国民政府的教科书审核制度从宏观上有利于当时普通中小学科学教育的发展。

20 世纪二三十年代，中国教育研究进入了一个兴盛时期，无论是研究性著作还是资料汇编都远非晚清时期可比。涉及教科书方面的内容而言，大致有三类：探讨教材和教学方法改革类的著作、普通教育中小学教科书的内容、有关教科书的法令法规。其中第二类对中小学科学教育来说是起着直接的作用的。民国时期的教育资料汇编中保留了一些有关普通中小学教科书的内容，最典型的就是国民政府教育部编的《第一次中国教育年鉴》，由开明书局出版于 1934 年，在其戊编《教育杂录》中，专立一节《教科书之发刊情况》，较详细地说明了从清末到 20 世纪 30 年代中国教科书的产生及发展过程，其论述重点在于教科书的刊本情况。

这一时期，根据《小学算术课程标准》编写，并经审定的有代表性的小学算术教科书可推商务印书馆出版的《复兴算术课本》，这套课本包括：

《复兴初小算术》（共八册）　　　　　许用宾等编
《复兴初小珠算》（共两册）　　　　　宋文藻等编
《复兴高小算术》（共四册）　　　　　胡达聪等编
《复兴高小珠算》（共两册）　　　　　宋文藻等编

此外，中华书局出版的新课程算术课本、新中华书局出版的算术教科书、世界书局出版的算术课本等也在部分地区使用，影响颇大。[②] 小学自然教科书

---

① ［美］托马斯·库恩著：《科学革命的结构》，金吾伦、胡新和译，北京大学出版社 2003 年版，第 85 页、第 124 页。

② "教科书介绍"，《教育杂志》第 21 卷。

以编排方法不同为代表，主要有韦息予、孙伯才编的《小学自然课本》（上海中华书局，1933 年版，共 4 册），以及杨卿鸿等编的《新中华自然课本》（上海中华书局，1930 年版，共 4 册）。

自 20 世纪 20 年代中后期起，中学自然科教材的编写工作比较成熟，基础有所提高，应用教学的内容也比较多了。到《中学课程标准》颁布后，教学的内容有了依据，一度促进了教科书的编辑出版工作。例如 1931 年夏佩白编的《高中普通物理学》（大东书局出版），全书有 676 页，特点也非常明显：①内容充实，加强了力学、电磁学知识；②深度有所提高，反映在习题的数量和难度等方面；③教材形成了一定的体系，在绪论之后，依照物性、力、声、热、电、光的次序排列，此后编写的教材大都采用这个体系；④教材的叙述方法，已经不完全采用从定理、定律出发而后加以证明和应用的方法，而开始用观察现象或举例分析，总结得出结论的归纳方法了。[①] 但是之后教育部实行严格的教科书审核制度，如为了保证教科书的质量起见，提出教科书应由教育部组织专家编辑，同时又为了保证课文内容的正确性，提出在一课或一节中与某机关团体有关时，必须分别抄送有关单位审阅，以期无误。这些制度的实行，某种意义上对于之前一度促进的中学自然教科书的编辑出版工作起到压缩的作用。而部编教材又由于种种原因未能实行。事实上，在 20 世纪 30 年代，大学甚至高中仍喜用外文教本，程度较高者更用外国语讲课。1931 年，蔡元培曾痛心地指出，各高校科学教育大多使用外文原版书，所举证明学理的实例都取材于国外，用来教中国学生，不仅"隔膜惝恍"，而且学生"将来出而应世，也不能充分应用。"[②] 1933 年，任鸿隽曾完成了中华教育文化基金社资助课题《一个关于理科教科书的调查》，调查的统计表如表 3－2－12 所示。

表 3－2－12　1933 年中学及大学一年级理科教科书调查统计一览表

	教本总数		英文教本数（百分比）		中文教本数（百分比）	
	高中	大一	高中	大一	高中	大一
算学	317	12	255（80%）	12（100%）	62（20%）	0（0%）
物理	167	20	117（70%）	19（95%）	50（30%）	1（5%）
化学	166	20	105（63%）	19（95%）	61（37%）	1（5%）
生物	90	13	19（21%）	11（85%）	71（79%）	2（15%）
合计	740	65	496（67%）	61（94%）	244（33%）	4（6%）

① 骆炳贤、何汝鑫编著：《中国物理教育简史》，湖南教育出版社 1991 年版，第 105 页。

② 蔡元培：《国化教科书问题》，载《申报》1931 年 4 月 27 日。

由表 3－2－12 可见，当时大学一年级的理科教材 90% 以上使用外国教材，大学一年级物理、化学、生物、算学等几乎完全采用外国教本。国内高级中学除生物学一科外，科学教科书采用英文课本者皆在百分之六十以上。其结论是："我们这十几年来，尽管大吹大擂地提倡科学，而学校里面这一点最小程度的科学教育工具，还不曾有相当的努力。"其结果"不特阻碍学生之学习科学，而且防害其充实国语之机会。"① 与此同时，学校教学"纸上谈兵"，不注重实际，而且"好高骛远"者众，时人曾说："高中科学教科书，采用大学课本者竟达百分之五十以上，侥幸求进，功利心切，如学生有基本原理尚未明了，即习专门应用课程者。其做实验也，大都莫名所以，漫不经心，一若敷衍公事，草草塞事而已。甚至有实际未做，而报告已写成。标本未看，而图表已画出。教学之情形如此，实与科学精神之养成背道而驰。"② 可见，这种状况与科学教育的意义和目的无疑相去甚远。

综上所述，当时中小学科学教育实施受到影响的关键因素之一，就是科学课程的各科教材条件不足，根本无法与科学课程规划相匹配。所以，南京国民政府规定审查和编写教科书这一措施不论是出于什么目的，都是非常值得肯定的。毕竟，将教材制度化是现代教育制度的体现。事实上，由于教科书编审制度的建立，对全国教科书的编写、出版起到了规范作用，尤其是在教授专家学者、富有实践经验的学校教师、校长和出版界有识之士的共同努力下，国民政府时期也确出版了为数不少的优秀教科书，提供了不少教材编纂经验。

（五）成绩考察与评价

这一时期的成绩考察分三种：临时测验，规定每学期至少须有 3 次，但当时一般学校只有复习测验，比较正规的学校或教师则每月测验一次，"籍以知其成绩之进程如何，并可确定以后之教学方针"，其平均分数占本学期总成绩之百分之七十；学期试验，每学期终举行，但在毕业这一学期可以免除，以平时成绩代替，其分数占本学期总成绩的百分之三十；毕业试验，于毕业时由县统一举行，或数校联合举行，其分数计算与各学期成绩之总平均分数平均之。成绩考察的计分方法为百分法，评定成绩，分甲、乙、丙、丁四等，其中丙等以上为及格，丁为不及格，具体如下：

甲　　　80 分以上

---

① 任鸿隽：《一个关于理科教科书的调查》，见《独立评论》第 61 号 1933 年 7 月，第 5～10 页；也可参见戴安邦：《今后中国科学教育应注意之数点及问题》《科学教育》第 1 卷第 1 期 1934 年 3 月。

② 戴安邦：《今后中国科学教育应注意之数点及问题》，见金陵大学理学院出版：《科学·教育》第 1 卷第 1 期 1934 年 3 月，第 11 页。

乙　　　70 分以上

丙　　　60 分以上

丁　　　60 分以下

　　到 1932 年 5 月，国民政府教育部颁布了《中小学毕业会考暂行规程》，各省市也纷纷制定了相应的会考大纲，许多省市也以毕业会考成绩作为录取学生的依据。"毕业会考"一词最早出现于 1905 年。当时科举制度正式废除以后，学堂学生任官的步伐加快了，又规定：大学堂分科毕业生会考及格，奖以进士。大学预科、优级师范、高级学堂、专业学堂毕业会考后奖以举人，并在前加以所学科目名称，如"农业科进士"、"法政科举人"等。中学堂毕业生则又根据成绩等级分别授予拔贡、优贡、岁贡等。凡在会考中取得进士、举人身份者，进士授以翰林院编修、检讨、庶吉士、各部主事、内阁中书等职，举人则授以京城中的中书，七品判官以及各地方的知县、通判、州判等官。① 进入 20 世纪 30 年代，困扰国民政府教育当局的难题不少，其中此起彼伏的南北各校学潮、教育界要求保障教育经费和教师薪金的风潮，使政府深以为忌。1932 年起教育部开始整顿全国教育，重点在中等教育，中学毕业会考是整顿的重要措施与内容之一。1932 年 5 月，国民政府教育部以"整齐小学、初级中学、高级中学"学生的毕业程度和"增进教学效率"的名义，公布了《中小学毕业会考暂行规定》，通令各省市县教育行政主管部门对所属公立及立案的私立中小学应届毕业生，在经过所在学校考试合格后，实行会考，要求各科考试成绩合格者才能毕业；一科或两科不及格者，可复试一次，复试仍不及格者，可补习一年再参加该科考试一次；会考三科以上不及格者，应令其留级，亦以一次为限。这就开始了民国时期中小学的毕业会考制度。到了 1933 年 12 月，由于先前公布的《中小学毕业会考暂行规定》具体实施不利引起学潮，迫于压力教育部将其废除，重新公布了《中学毕业会考规程》。其重要改变是取消了小学生毕业会考，同时对中学会考作了一些调整。该规程规定：参加会考的学校应在会考前两周结束毕业考试；取消体育会考；高中会考科目为公民、国文、算学、历史、地理、物理、化学、生物学、外国语。初中会考科目为公民、国文、算学、理化（物理和化学）、生物（动物学和植物学）、史地、外国语。对会考作出调整的规定还有：会考各科成绩计算方法，以学校各科考试成绩占十分之四，会考成绩占十分之六，合并计算；会考三科以上不及格者令其留级，以两次为限。在此规程的基础上，1935 年 4 月教育部又颁布了《修正中学学生毕业会考规程》，其中初、高中会考各科科目保持不变。

---

① 林代照、陈有和、王汉昌：《中国近代政治制度史》，重庆出版社 1988 年版。

中学生毕业会考制度的实施在当时社会引起的反响非常复杂。事实上，从学校教育的长久性和连贯性来看，中学生毕业会考制度对当时统一中学各科教学，尤其是科学类课程的教学，无疑是一个有效的保证措施，并且当时各类大学新生入学考试科目中都有物理、化学、生物诸科，实行会考制度一方面可以督促下面中学校对自然学科的重视，一方面也有利于为高等教育输送合格的理工科生源。会考制度的意义在于：①可以综合学校一般之状况，"仍为全部教学改进之依据，程度提高之张本"；②可使升学或就业之学生，得有充分之准备；③比较各校之成绩，"借以唤起社会人士之注意及教育学生对外之正当竞争与个人之省察努力"；④厉行严格考试，"予学生以练习之机会，借以养成考试习惯，以备将来考试时之应试"。[①]

这一时期的毕业会考制度影响着普通中小学科学教育的发展，关键是其在整个教学环节中的考察和评估的功能增强了，当时的升学与选拔都与会考挂钩。教育界人士关于评估对教育的影响各持一端，有的认为将会阻碍有意义的教学改革，而有的则认为它对教学改革起着可能是最重要的催化剂作用。但是，综合这两种相反的意见，只能说明评估对教育始终起着重要的作用。尤其对于全国性质的科学教育改革，对学生的评估系统无疑是一项重要的目标。而且，从教育政策学的角度出发，实施科学教育的完整性应该包括了三个环节：政策的制定、实施以及评估。科学教育自实施以来，政府对科学教育规程的制定、学校科学课程的规划等方面一直进行着积极的探索，但是对学校科学教育实施情况一直缺乏明确而规范的评价。总的来说，20世纪30年代国民政府实行毕业会考制度，虽然用意在于使之成为对学生和学校严格管理的、有效控制手段，但是于一个区域辽阔，各地区经济、教育发展极不平衡的国家来说，建立统一的会考制度于当时的学校科学教育的普及和推动仍然是具有积极意义的。客观上，它有利于整齐各地各校的科学教学水平和教学质量，对当时的学校科学教育起到了监督的作用。比如1932年颁布的中学会考办法，把化学定为各大学招收新生的考试科目之一，其考试范围以化学课程标准为依据，这些措施对于提高和统一我国中学化学课程和教学水平起了很大的作用。主观上，它更是体现了政府在学校科学教育方面的努力。

第三节　国民政府前期普通中小学科学教育的保障措施

前面对这一时期普通中小学科学教育从课程和教学两方面进行了阐述，

① 王权主编：《中国小学数学教学史》，山东教育出版社1996年8月版，第219页。

下面主要是从科学教育实施的保障措施方面着手，从科学教员和科学设备两个角度进一步探讨该时期的普通中小学科学教育。

一、科学教员

如前章所述，早在推士来华从事科学教育调查时，就明确指出过中国开展科学教育于师资方面存在的问题，并且详细分析了中国教员和外国教员在科学教育上的差距。从当时的实际情况来看，中国科学教育的薄弱除了科学教育经费的拮据以外，明显与当时教师本身所受的传统教育的影响有很大关系。对中小学校的科学教员的资格虽然有一些规定，但是执行得并不理想。

进入20世纪30年代，中学实行毕业会考后，国民政府继续将这种做法向其他教育领域推广。1934年4月，教育部公布了《师范学校学生毕业会考暂行规程》，一年后又正式颁布和严令施行《师范学校学生毕业会考规程》，规定了师范学校、乡村师范学校、简易师范学校、简易乡村师范学校、三年制和二年制幼稚师范科等各类师范毕业学生参加会考的科目、时间、合格评定标准等。如师范学校会考科目为公民、国文、算学、物理、化学、生物、历史、地理、教育概论、教育心理、小学教材教学法，乡村师范学校还须加试农村经济及合作、乡村教育，并强调师范学生必须会考各科通过，方得授予毕业证书，始获正式服务教职之资格。[①] 因此，会考成了当时师范学生求得教职的关卡，可以说会考对这些师范毕业生——未来的科学教员的资格做了第一次审核。同年，教育部又公布《小学教员检定暂暂行规程》和《中学及师范学校教员检定暂行规程》，开始施行教员资格审查和检定制度。

事实上，1915年3月，教育部就曾公布《检定中小学教员方法草案》，规定对教员的检定分为无试验检定、试验检定与特别检定三种。但是由于政府执行的不力以及诸多条件限制，这个草案对当时的学校科学教育的影响可谓微乎其微。倒是在南京国民政府的严格管理和控制下，对中小学教员的检定情况还相对乐观点。根据当时教育部的精神，各地方对教员资格审查上也作出了不少努力。以杭州为例，1933年4月，杭州市对市立中学和私立中学的师资情况作了统计，并于当年6月，浙江省政府制定《浙江省中等学校校长、教员任免及待遇暂行规程》，其中高级中学教员任职资格为：①国内外大学本科或高等师范本科（优级师范本科）毕业；②国内外专科（专门）学校毕业，曾选习教育学课程三种以上，或曾任中等教育职务一年以上；③国内外大学学院专修科或高等师范专修科（优级师范选科）毕业，曾任中等教育职务二年以上；④国学或艺术上富有研究的。初级中学教员的任职资格为：

---

① 《师范教育法令汇编》（陆），庐山暑期训练团印1937年版，第7～12页。

①具有高级中学教员资格的；②国内外专科（专门）学校本科毕业；③国内外大学、学院、专修科或高等师范专修科（优级师范选科）毕业；④学有专长或有精练的技能的。① 此后，浙江省教育厅自 1935 年至新中国成立前，对杭州市的中学校长和教员任职资格进行过多次试验检定和无试验检定，检定合格的发给证书，其有效期为 6 年，期满后须再行检定。可以相当肯定地说，这些措施在整体上有助于提高当时学校教员的各方面素养，也包括科学素养。因此，30 年代南京国民政府施行教员资格审查制度，不论其资格审查的标准科学与否，对于当时学校教师队伍来说都是一次有意义的举措。

除了施行教员资格检定制度外，教育部鉴于当时国内中学理科成绩欠佳，特指定全国各地十六所大学举办中学理科教员暑期讲习班，并颁布了《指定公私立大学举办中等学校理科教员暑期讲习班办法大纲》，具体内容如下：②

指定公私立大学举办中等学校理科教员暑期讲习班办法大纲

一、指定之大学

中央大学、北京大学、师范大学、清华大学、南开大学、武汉大学、中山大学、浙江大学、金陵大学、交通大学、大同大学、厦门大学、山东大学、广西大学、四川大学、湖南大学

二、讲习科目之分组

（一）算学

（二）生物

（三）物理化学

三、讲习时期　自七月十五日起至八月十五日止计四星期

四、编制及讲习内容

（一）编制分算学、理化及生物三组，每组分高初两级（高级为高中教员而设，初级为初中教员而设）。

（二）讲习内容应注重：（1）各该科之新发展（约占百分之二十五）；（2）教学法及教材之研究（约占百分之五十）；（3）实验及设备之研究（约占百分之二十五），会员于修习认定组全部学科之外得选修他组学科。

五、授课及研究讨论时间

---

① 《杭州志·教育篇·任职资格》，http://hzz-jy.zj001.net/misc.php? xname = 7S2RMU0&dname = JJ3UMU0&xpos = 2&op = print

② 《本年度各地中学理科教员暑期讲习班概况》，《科学·教育》（第 1 卷第 4 期），金陵大学理学院 1934 年 12 月版，第 56 页。

每周授课十八小时，每日上午七时至十时上课，上午十时至十二时、下午三时至五时讨论教学实际问题。

六、纳费：学费十元、讲义费二元、宿费二元。

前项之学费由原校担任，旅费由原校酌量津贴，讲义、宿费等由原省市教育行政机关或原校担任，膳费归教员自备。

七、每校选派代表理科教员一人至四人（算学、理化、生物各一人，高中得选派算学、物理、化学、生物各一人），但在十二级以上之学校得增派一二人，六级以下之学校减派一人。

八、各大学视其设备人才情形决定最高容纳人数。

九、各科讲习完毕后应举行试验，其成绩均及格者由校给予讲习成绩说明书，注明某某科目字样。前项试验应包括拟具改善原校理科教学之实施办法。

十、有前项成绩说明书者得免除中等学校教员检定试验之一部或全部。

十一、曾受暑期讲习之理科教员应负改进原校理科教学之责。

根据教育部这一训令，各大学多遵从尽力举办理科教员暑期讲习班，下面摘录的是 1934 年北京大学、清华大学合办讲习班的概况。①

国立北京大学、国立清华大学合办中等学校理科教员暑期讲习班简章

一、本讲习班分算学、生物、理化三组，每组包括高、初二级不另分班教授。

二、名额暂定以一百五十人为限，按区域分配，定为北平市五十名，天津市二十名，河北省四十名，各组人数由各中学呈请各该区域主管教育机关平均支配列单保送之。其他省市四十名由各中学向国立北京大学、清华大学合办中等学校理科教员讲习班委员会报名（地址设清华大学），额满即行截止。

三、各组课程编制及讲习内容依据部定纲要另行拟订之。

四、本讲习班地址设在清华大学。

五、讲习期限计四星期，自七月十五日起。

六、各教育厅局保送名单须于七月五日以前寄到北京大学秘书处文牍组。

七、被保送讲习生限七月十三、十四两日至清华大学报到。

八、讲习生入学时应交纳学费十元，讲义费二元，宿费二元，预存赔偿费理化组五元，生物组三元（无损失者退还），膳食及参观或采集时

---

① 《本年度各地中学理科教员暑期讲习班概况》，载《科学·教育》（第 1 卷第 4 期），金陵大学理学院 1934 年 12 月版，第 58 页。

所需旅费由各生自理。

九、其他事项概行遵照部颁理科教员讲习班办法大纲办理之。

各科概况

一、物理部

　　甲、演讲题目：

　　　　1. 力学问题两次；2. 热学问题一次；3. 磁电学问题三次；

　　　　4. 波动问题一次；5. 声学问题一次；6. 光学问题一次。

　　乙、讨论：

　　　　1. 中学物理学之讲授问题（包括教科书及参考书之选择及教材之支配等）共两次；

　　　　2. 中学物理实验室之设计问题（包括实验仪器之购备及制造或修理等）共两次；

　　　　3. 中学物理实验之教授问题（包括实验教本之选择、表演之做法等）共两次；

　　　　4. 其他特殊问题（由参加者提出）共两次。

　　丙、参观：

　　　　1. 师大附中及汇文中学

　　　　2. 度量衡制造所、无线电台（在电话西局一处及东交民巷 Hirsbruner 洋行内一处）

　　　　3. 燕京大学、北京大学、北平研究院

　　丁、指导教师：朱物华、萨本栋、张仲桂、张景廉

二、化学部

　　甲、指导教师：萨本铁、曾昭抡、高崇熙、张大煜

三、算学部

　　甲、指导教师：冯汉叔、扬武之、郑桐荪、胡东、周培源、江泽涵

四、生物部

　　甲、教授

　　　　1. 动物学：寿振璜、刘觉民

　　　　2. 植物学：李继桐、张景钺

　　乙、助教

　　　　1. 动物学：刘发煊、李泰华

　　　　2. 植物学：汪燕杰、王启无或杨承元

　　丙、总务：石磊（与学员接洽等事）

　　丁、特约演讲员：秉晨山、胡步会、寿振璜、李继侗、张锡钧、李

汝棋、刘崇乐、刘汝强、萨本铁、杨俊阶、崔之兰、张景钺

学员人数

组别	注册人数	肄业期满考试及格发给证书人数	备考
算学	21	13	未参加考试者五人 中途申请退学者三人
理化	37	32	未参加考试者三人 中途申请退学者二人
生物	23	18	未参加考试者四人 中途申请退学者一人
总计	81	63	

由上所述可以看出：当时开展的中等学校理科教员暑期讲习班是具有严密组织性的师资培训活动，其讲习的内容是多方面的，涉及科学教学内容、教授方法、科学实验等各方面，且注重系统讲授和实际参观、实验设计的相互结合，注重讲习效果的考核，从而达到在当时科学教员不足的现实条件下努力保证已有科学教员科学素质提升的目标。

二、科学设备

让学生亲身经验从而获得科学的真谛，这是自然科教学的一个重要原则，观察和实验对于自然教学的重要性不言而喻。对自然物及自然现象的认识离不开精密的观察、正确的判断和科学的实验，而环境和仪器是观察与实验必不可少的物质设备。因此科学设备成为影响学校科学教育发展的一个重要因素，正所谓"工欲善其事，必先利其器。教师欲求教学上之效率，不可不求设备之充实"。①

（一）初等教育

经济拮据造成小学通常面临环境缺乏和仪器缺乏的两大难题，因此这一时期小学自然教学只能结合实际自行解决科学设备问题。

其一是努力挖掘"科学环境"的价值。这里所谓的"科学环境"具有两层含义②：环境的建设必须符合儿童的切身需要和儿童的年龄心理特征；这种环境必须具有科学的价值，能对儿童进行科学的启蒙教育，培养儿童科学的研究态度和创造精神。根据切合儿童的生活、有比较研究的价值、与儿童能力发展相适应三个原则，在实际的"科学环境"建设中，这时期小学往往从

---

① 《从中学理科设备之过奖说到部颁中学理科设备标准》，见：《科学·教育》（第1卷第2期），金陵大学理学院1934年6月版，第16页。

② 田正平主编：《中国小学常识教学史》，山东教育出版社1996年8月版，第185页。

整理原有建筑物、利用原有建筑物、布置必要建筑物等三方面入手，为自然教学创造一个科学的环境。

其二是自制仪器，自行收集标本，自作图表等。这主要是因为购置设备对大多数学校来讲是困难的。上海商务印书馆曾遵照新颁的课程设备标准，制作了一套小学自然科学设备用品，其价格如表 3－2－13 所示。[①]

表 3－2－13　20 世纪 30 年代初期商务印书馆制作小学自然科学设备用品定价表

品类	甲组定价	乙组定价	两组合计定价
1. 通用物理器械	200 元	182 元	382 元
2. 化学器械	45 元	——	45 元
3. 化学药品	16 元	10 元	26 元
4. 动物标本	80 元	53 元	133 元
5. 植物标本	35 元	——	35 元
6. 矿物标本	34 元	26 元	60 元
7. 模型	115 元	112 元	227 元

购置设备对一般普通小学来说是比较困难的。但是自制观察与实验的物质设备不仅节省了开支，解决了自然实验中的设备问题，而且把整个制作过程变为教学过程，使学生在活动之中求得真理，并培养了动手能力。

（二）中等教育

教育部在《中学法》中明文规定："中学经常费之支配，俸给至多不得超过 70%，设备费至少应占 20%，办公费至多不得超过 10%。"虽然以 20% 与其余 80% 相比较而言显得过少，但是此条文对于薪俸及办公费定一个不可超过之百分比，而对于设备费则定一个不可短少之限度，其中注意中学设备的意思已经是很明显了。

然而，当时国内中学理科设备状况令人担忧。国联教育考察团对于当时国内中等理科教育的批评为："许多中学对于科学课程，亦似未有良好计划，在高中普通科，物理学、化学、生物学所占之时间仅及全数七分之一。但其招人批评，倘不在此种科学之列入课程表次要地位，而在此种科学之教学方法。此处缺点，亦即在讲授时间太多观察及实验之时间太少也。在设备上固有许多真实之难处，惟有时吾人亦觉言过其实。除专门职业学校外，一般学校并不需要——亦不应有——费用甚大之设备，所需要之多种设备，可在教师指导之下，由学生自行制造且以自行制造为宜，因在制造时，学生即可认

① 《教育杂志》第 24 卷第 4 号，封页。

识科学亦与他种学问相同。最根本之不同处，不在贵重之仪器，而在应用精细或简单仪器者所具之头脑。"[1] 就一般普通中学来讲，科学设备分配不均、精粗失当、大小不适、保存不善和修理无术等现象十分普遍。因此，为了矫正这些弊病，整顿中学理科设备显得尤为重要。比如江苏省教育厅曾拟订高初中物理仪器最低限度表附物理仪器目录、高初中应备化学仪器及药品最低限度表附化学用品目录及初级中学博物学科最低限度设备标准，油印颁发给所属学校。江西省也曾先后拟订生物学科、物理学科、化学科最低限度之设备标准。1933 年夏，中等理科教育讨论会在京召开时，国民政府教育部之中小学课程及设备标准编制委员会着手讨论中学理科设备标准厘定事项。经过设备标准分类工作、研究教材、调查、整理调查结果之后，终于拟订了中学理科设备标准。其中关于设备的分类如下[2]：

物理				化学				生物（动物、植物）			
高中	初中			高中	初中			高中	初中		
教师示教用	学生实验用	储藏室用	实验室用	教师示教用	学生实验用	储藏室用	实验室用	教师示教用	学生实验用	储藏室用	实验室用

此标准的特点主要有三方面[3]：①设备之拟订，纯以教材为出发点，所需仪器，皆教师讲授所需及学生实验所必用者。若夫仅作装饰品之设备则不多见；②设备分最低及普通或完备之数种标准，各地学校可就财力所及以购买之，学校经费即不充裕，亦无碍购置设备之进行；③提倡自制简单仪器，注重保管及修理，例如物理设备中有工厂设备，其他各科皆有工作柜、储藏柜等。总的来说，1934 年颁行《中学理科设备标准》，对于各地学校扩充理科设备很有推动。由于科学设备的逐步完善，这一时期的自然科教学除了采用讲演法以外，还兼用实验法，促进了中学科学教育的发展。

---

[1] 国际联盟教育考察团：《中国教育之改进》，第 118 页。

[2] 石道计：《从中学理科设备之过奖说到部颁中学理科设备标准》，载《科学·教育》（第 1 卷第 2 期），金陵大学理学院 1934 年 6 月版，第 20 页。

[3] 石道计：《从中学理科设备之过奖说到部颁中学理科设备标准》，载《科学·教育》（第 1 卷第 2 期），金陵大学理学院 1934 年 6 月版，第 22 页。

第三章

国民政府后期普通中小学科学教育 （1937～1949）

抗日战争爆发至内战时期，国内教育陷入极端困难的处境。为了应付急剧变化的形势，国民政府对抗战前的既定政策作了一些调整，制定了抗日教育政策，对先前制定的各级各类教育法令、法规与条例做了必要的修改、补充，还制定了一些新的规章制度，采取了一些新的措施以满足长期抗战和后方建设人才的需要。首先是国民政府从"抗战建国"的需要出发，确立了"战时须作平时看"的教育方针，"一切仍以维持正常教育为其主旨"的《总动员时督导教育工作办法纲领》，虽然在一定程度上可以认为是国民政府消极抗日的表现，但客观上也为战时教育的发展做了保证。1938年4月，国民党临时全国代表大会制定并颁布了《中国国民党抗战建国纲领》，在关于教育的四条中谈到了要重视科学研究和科学教育："改订教育制度及教材，推行战时教程，注重于国民道德之修养，提高科学之研究与扩充其设备"。同时，在这次会议上，还制定了《战时各级教育实施方案纲要》，明确规定了发展教育的九大方针和十七个要点。在九大方针中指出："对于吾国文化固有精神所寄之文学哲艺，以科学方法加以整理发扬，以立民族之自信（第6条）；对于自然科学，依据需要，迎头赶上，以应国防及生产之急需（第7条）。"这些政策为战时的科学研究与科学教育指明了一个目标。

为了实现抗战时期的教育政策总纲要，国民政府于初等教育采取灵活多样的教学组织形式，有一年制、两年制短期小学，四年制、六年制小学，全国各县划自治最小单位为学区，每区设短期小学一所，联合几个小学区至少设四年制小学一所，为短期小学的中心小学，从而确保全国80%以上儿童入学。于中等教育，为了保障部分学校能正常办学以保存教育力量，教育部打破了原来省市教育厅局主管中等教育的体制，在大后方新设立国立中学，予以经费保障。这些措施保证了战乱年代里普通中小学科学教育不至于被中断。同时，为了适应战争时期教育的要求，政府先后于抗日战争爆发后、抗日胜利后两次重新修订了各科课程标准。修订后的课程标准体现了稳定性和可变性相结合的特点，一方面根据战时需要适当加以修正，另一方面又保持了教育制度、教育内容的相对稳定性。

总体来说，1937～1949 年间，相较大学科学教育的逐步成熟，普通中小学科学教育在抗战初期遭到了严重的破坏，抗战胜利后曾取得短暂发展，而随着内战的掀起，教育发展的契机也随之失去。但由于之前对学校科学教育制度的积极探索，以及长期的学校科学教育实践经验的积累，尽管这一时期的普通中小学科学教育因为战争的影响而在实践中进展不大，但对科学教育在学校中的地位、科学教育目标以及科学教育课程等方面都作了积极的探索。尽管受到战争的影响，教学环境、教材、师资、教学仪器及设备等都非常困难，但是普通中小学科学教育还是有一定程度上的发展。

第一节　抗日战争后普通中小学科学教育概况

一、普通中小学科学课程的设置

（一）1940 年的《中小学课程修订标准》与科学课程的设置

1936 年《中小学课程修正标准》颁布后，实施才 1 年，抗日战争就开始了，教育部为了适应"抗战建国"的需要，于 1939 年 4 月举行的第三次全国教育会议提出再次修订各科课程标准。这次会议上同时通过了六年制中学的决议，规定中等教育阶段内，除原有的"三三制"外，另设六年制中学，不分初、高中。六年制中学虽属新创，但是其教育方针与"三三制"相同。在设置的各科中，国文、算学、外国语为基本训练学科；公民、历史、地理为公民训练学科；体育、生理卫生、童子军训练为体格训练学科；博物、物理、化学为科学训练学科（生理卫生也属这一学科）；劳作为技能训练学科；图画、音乐为陶冶训练学科。

1. 初等教育

1942 年 1 月颁布的《小学课程修订标准》规定，初级小学科目为：团体训练、音乐、体育、国语、算术、常识、图画、劳作 8 科。高级小学科目为：团体训练、音乐、体育、国语、算术、社会（公民、历史、地理）、自然、劳作、图画 9 科。每周的教学时间规定为：一年级 1080 分钟，二年级 1170 分钟，三年级 1290 分钟，四年级 1350 分钟，五、六年级均为 1500 分钟。与1936 年颁布的小学课程标准相比，教学时间略有增加。其中对于自然科的设置没有多大的变化，初小自然仍然划入常识科，高小自然单独分科教学。该课程标准关于小学算术科每周的教学时间如表 3 - 3 - 1 所示，部分实验小学的授课时间表如表 3 - 3 - 2 所示。

表 3 - 3 - 1　1942 年颁布《小学课程修订标准》算术科授课时间

年级 时间	低年级		中年级		高年级	
	一年级	二年级	三年级	四年级	五年级	六年级
每周教学总时间（分钟）	1080	1170	1290	1350	1500	1500
算术科每周教学时间（分钟）	120	120	150	150	180	180
算术科占每周教学总时间的百分比（%）	11.11	10.26	11.63	11.11	12	12

表 3 - 3 - 2　部分实验学校算术科每周的教学时间如下

年级 时间	低年级		中年级		高年级	
	一年级	二年级	三年级	四年级	五年级	六年级
每周教学总时间（分钟）	1080	1170	1290	1350	1500	1500
算术科每周教学时间（分钟）	60	150	180	210	210	210
算术科占每周教学总时间的百分比（%）	5.56	12.82	13.95	15.56	14	14

由以上两表可以看出，该时期小学每周的教学总时数有所增加，但是算术科总体比重与 1936 年相比却是有所下降。

2. 中等教育

1940 年 2 月，《重行修订课程标准》公布，其中初、高中关于自然学科各科课程的编排如表 3 - 3 - 3 及表 3 - 3 - 4 所示。

表 3 - 3 - 3　重行修订初级中学自然学科教学科目和每周教学时数表

学期		科目					每周教学总时数
		自然科学				算学	
		物理	化学	生理及卫生	博物		
一年级	上				4	3	31
	下				4	3	31
二年级	上		3	1		4	31
	下		3	1		4	31
三年级	上	3		1		4	31
	下	3		1		4	31
合计		6	6	4	8	22	186

表 3-3-4　重行修订高级中学自然学科教学科目及每周教学时数表

（注：括号内为文科组，括号外为理科组）

学期		科目					每周教学总时数
		物理	化学	矿物	生物	算学	
一年级	上				3	4	31
	下				3	4	31
二年级	上		5（4）			5（3）	31
	下		5（4）			5（3）	31
三年级	上	5（4）		1		5（3）	31
	下	5（4）		1		5（3）	31
合计		10（8）	10（8）	2	6	28（20）	186

　　根据这个课程标准，初中部分自然科学采用混合教学，减少教学时数；采用分科教学，合并一些教学科目，比如植物与动物关系至为密切，教学时间亦有伸缩余地，即重行修正教学时数表并为"博物"一科，并规定略授地质与矿物大意，以培养学生学习之兴趣，而适应抗战建国之需要；改定科目名称，生理卫生一科包括生理及卫生，故将科目名称予以改正。高中部分，自第二学年起分甲乙两组，甲组即所谓实科，偏重自然科学，乙组即所谓文科，偏重人文科学。甲组第二、三学年，算学每周为 5 小时（其程度于旧标准之算学课程内容相同），化学、物理每科各为 5 小时；乙组第二、三学年，算学每周 3 小时，化学、物理每科各为 4 小时。[①]

　　此外，为了配合中学"六年一贯制"的探索，1940 年 10 月教育部又制定并颁布了"六年一贯制"中学课程规划，其中自然学科课目和教学时数分配如表 3-3-5 所示。

表 3-3-5　"六年一贯制"中学自然学科教学科目及每周教学时数表

		算学	生理卫生	博物	化学	物理	每周教学总时数
第一学年	第一学期	4		2			29
	第二学期	4		2			29
第二学年	第一学期	4		2			30
	第二学期	4		2			30
第三学年	第一学期	4	2	2			32
	第二学期	4	2	2			32

① 教育部教育年鉴委员会：《第二次中国教育年鉴》，商务印书馆 1948 年版，第 353～354 页。

		算学	生理卫生	博物	化学	物理	每周教学总时数
第四学年	第一学期	4			4		32
	第二学期	4			4		32
第五学年	第一学期	5			4		32
	第二学期	5				4	32
第六学年	第一学期	5		2		4	32
	第二学期	5		2		4	32
合计		52	4	16	12	12	374

从表 3-3-5 可以看出，"六年一贯制"中学在基本没有加重课时总量的情况下，且没有通过文、理分组而同时以文、理两组的科学课程标准作为教学的要求，从而达到文、理科的平行发展。这无疑是 20 世纪 40 年代中学科学教育的一个新的尝试。但是，六年一贯制实施的效果并不理想，原因在于许多学生赶不上各项学程的直线编排，只靠呆板的记忆，导致结果与目标相异甚远。

（二）抗日战争胜利后的《中小学课程修订标准》与科学课程的设置

抗战胜利后，国民政府教育部立即颁布接收和复员的法令、政策，积极推行教育的接收和复员。同时，社会环境变化对教育也提出了新的要求，各界再次呼吁修订中小学课程标准。

1. 初等教育

1942 年公布的《小学课程修订标准》偏重抗战时期的需要，因此 1945 年 9 月起教育部组织有关力量重新修订了小学课程标准，于 1946 年 1 月正式颁布实施。该课程标准规定初年级的课程设有：公民训练、音乐、体育、国语、算术、常识、美术、劳作。高年级的课程有：公民训练、音乐、体育、国语、算术、社会、自然、美术、劳作。各年级的每周教学时间较之前有很大的增加，规定为：一年级 1170 分钟，二年级 1170 分钟，三年级 1470 分钟，四年级 1500 分钟，五、六年级 1650 分钟。其中关于算术科每周的教学时间如表 3-3-6 所示。

表 3-3-6　算术科每周的数学时间表

年级 时间	低年级		中年级		高年级	
	一年级	二年级	三年级	四年级	五年级	六年级
每周教学总时间（分钟）	1170	1170	1470	1500	1650	1650
算术科每周教学时间（分钟）	随机教学		180	210	210	210
算术科占每周教学总时间的百分比（%）	随机教学		12.24	14	12.73	12.73

由该表可以看出，小学算术科的比重较抗战时期有所增加，但是仍然不及 1936 年课程标准中的比重。

2. 中等教育

教育部于 1947 年 2 月召开修订中学课程讨论会议，审议了《修订中学课程草案》。这次会议打破了历次修订中学课程时各科专家从本身所习学科出发争列教学时数的旧局面，与会各科专家极大多数都坚决主张删去教材中艰深不必要的内容并减少了教学时数，以减轻中学生的负担。[①] 会议最后确定了中学教学科目和每周教学时数的基本方案，课程标准有较大程度降低。于科学教育方面，确定数学科初中算术删去"四则教材"，高中"大代数"及"解析几何"予以删减；理化科则以混合教学为原则。1948 年，国民政府在这次会议的基础上再集中各方面意见，出台了最后一次课程调整规划，其中又恢复到文、理不分组。初、高中自然学科课目和教学时数如下表。

表 3 – 3 – 7 1948 年修正中学课程标准规定初中自然学科教学科目和每周教学时数表
（括号里为女生，括号外为男生）

		数学	理化	博物	生理及卫生	每周教学总时数
初一	上	3		3		27
	下	3		3		27
初二	上	3	4		2	31 (32)
	下	3	4		2	32 (34)
初三	上	3	4			32 (33)
	下	3	4			32 (33)

表 3 – 3 – 8 1948 年修正中学课程标准规定高中自然学科教学科目和每周教学时数表
（圆括号内为女生，括号外为男生；方括号是因为第二外语选修带来周教学总时数的变动）

		数学	物理	化学	生物	每周教学总时数
高一	上	4			3	25 (26) [29 (30)]
	下	4			3	25 (26) [29 (30)]
高二	上	4		5		30 (34)
	下	4		5		30 (34)
高三	上	4	5			29 (28) [33 (32)]
	下	4	5			29 (28) [33 (32)]

综合以上中学阶段对自然学科课程标准和教学形式的调整，可以看出处

[①] 王伦信：《清末民国时期中学教育研究》，华东师范大学出版社 2002 年，第 113 页。

于战乱时期，教育各项安排比较灵活，所以学校科学教育也相对地有些变动，但是在课程设置、课时安排以及教学形式等方面，这时期的科学教育正努力地走向完善。

二、普通中小学科学教学概况

（一）科学教育目标

1. 初等教育

1942 年 1 月颁布的《小学课程修订标准》，对小学教育的总目标作了如下规定："注重发展儿童身心，培养国民道德、民族意识及生活所必需之基本知识技能，以期养成修己、善群、爱国之公民为目的。"其中在第四条关于培养生活所必需的基本知识技能方面明确规定：①增进运用书数及科学的基本知能；②训练劳动生产及有关职业的基本技能。按照这一总目标，《小学算术课程修订标准》对教学目标进行了规定，不过与以前基本相同，具体分为：①辅助儿童认识和领会数量的常识和经验；②发展儿童处理日常生活里的数量问题的能力；③发展儿童计算敏捷的技能，养成计算正确的习惯。到 1945 年《小学算术课程第二次修订标准》颁布时，教育部召集了重庆附近，以及上海、江苏、浙江一带的小学教育专家进行研讨，根据总结出的意见，拟订小学算术科的教学目标如下：①使儿童了解事物中数的意义和关系，培养儿童数的概念；②发展儿童解决日常生活问题中应用数的能力，进而发展和培养思维方法、机智和谨慎细心等态度；③发展儿童计算的技能和习惯。

而在教育实际中，关于小学实施科学教育的目标的探讨也非常热烈，因为"在小学校来实施科学教育，如果不能根据自然科学的功用和它在小学校的教育价值，再斟酌时代潮流和国家环境的需要，首先定出正确的目标来，以作实施努力的方针，那么，就好似没有舵的海船一般，难免不走错路线。这样就很不容易达成我们的任务，可说是徒劳无功"。[①] 大体而言，这时期小学科学教育目标的探讨可分为六方面：①培养儿童爱好科学的兴趣；②指导儿童探求科学知识的基本方法；③养成儿童应用科学以理解生活环境的习惯；④培养儿童利用自然和改进生活的知能；⑤鼓励儿童以科学征服自然、改造生活环境的志趣；⑥培养儿童正常的人生观与宇宙观。

2. 中等教育

教育部于 1940～1941 年期间修订颁布了《初中各科课程标准》和《高中各科课程标准》，对中学各科的教学目标进行了具体的规定。以下在介绍各科学课程教学目标的基础上进行相关的分析。

---

① 陈润泉：《科学教育》，文化供应社印行 1948 年版，第 51 页。

1941 年 1 月公布的《修正初级中学生理及卫生课程标准》规定目标为：①使学生获得生理及卫生之科学知识；②使学生明了人体结构生理之作用及保健防病之方法；③使学生养成卫生习惯，以增进其身心之健康；④使学生对于卫生增进其兴趣及信心，以期由个人之努力，促进家庭学校社会之卫生；⑤使学生养成良好卫生态度，具有改进个人及社会生活之志愿，以期造成更健康之次代国民；⑥使学生略知看护与急救之简易方法。同时公布的《初级中学博物课程标准》规定教学目标为：①使学生了解动植物之种类、形态、构造及生活现象；②使学生认识应用动植物，借以了解其与国计民生之关系；③使学生明了矿物地质之大意及其与国防工业之关系；④培养学生有采集、观察、实验与研究博物之兴趣与能力。1941 年 4 月公布的《修正初级中学化学课程标准》规定教学目标为：①引起学生对于自然现象有浓厚之兴趣，养成随时随地注意自然现象之良好习惯；②训练学生观察、考察、思想、尤其实际应用之能力，使受科学陶冶，能领会精勤、诚实、敏捷、组织等美德；③使知化学与衣、食、住、行及国防之关系。同时公布的《修正初级中学物理课程标准》规定教学目标为：①使学生了解常见之简单物理现象；②养成学生观察自然界事物之习惯，并引起其对于自然现象加以思索之兴趣；③注重练习学生运用官能及手技，以增进其日常生活上利用自然之技能。1941 年 5 月公布的《修正初级中学数学课程标准》规定教学目标为：①使学生了解形与数之性质及关系，并知运算之理由与方法；②供给学生日常生活中数学之知识，及研究自然环境中数量问题之工具；③训练学生关于计算及作图之技能，养成计算准确迅速，作图精密整洁之习惯；④培养学生分析能力、归纳能力、函数观念及探讨精神；⑤使学生明了数字之功用，并欣赏其立法之精、应用之博，以启发向上搜讨之兴趣。

1941 年 1 月公布的《修正高级中学生物课程标准》规定目标为：①使学生了解生物之基本组织及其生活作用；②使学生了解生命现象与疾病的基本原理；③使学生了解生物与民生、民族之关系及演进之现象；④使学生获得采集、观察、实验、比较及推理事物之能力与兴趣。同时公布的《高级中学矿物暂行课程标准》规定目标为：①使学生获得矿物学之基本知识；②使学生认识普通及重要之矿物，暨我国矿藏丰富及其分布情形；③使学生明了矿物与国防工业之关系；④培养学生研究矿物之兴趣，为进求深造之准备。1941 年 4 月公布的《修正高级中学化学课程标准》规定目标为：①使学生得有化学之根本知识，对化学有明确之观念；②养成学生敏锐之观察力与精确之思考力；③阐明化学与国防、工业、农业、医药、卫生、家庭等之关系，以及利用自然之办法，并特别注重实际引用能力之养成。《修正高级中学物理课程标准》规定目标为：①使学生明了物理学中简单原理，并能应用以解决日常问题及说明常见现象；②注重训练学生运用官能及手技，以培养其观察与实验之才能；③使学生略知物理学与其他自然科学及国防生产之关系。1941年5月公布的《修正高级中学数学课程标准》规定目标为：①充分介绍形数之基本概念，使学生认识二者之关系，明了代数、几何、三角等科呼应一贯之原理，而确立普通数学教学之基础；②切实灌输说理推证之方式，使学生认识数学方法之性质；③供给学生研究各学科所必需之数学知识，以充实其考验自然及社会现象之能力；④继续训练学生计算及作图之技能，使其益为丰富敏捷；⑤注意启发学生之科学精神，养成学生函数观念；⑥数理之深入与其应用之广阔，务使成相应之发展，俾学生愈能认识数学本身之价值，及其与日常生活之关系，油然而生不断努力之志向。

综合以上可以看出，关于中学科学课程各科教学目标的规定与之前相比变化并不大，基本上是一脉相承，大体具有以下几个特点：①以科目而言，初、高中的目标分为两部分开列，初中教学目标的制订侧重于科学知识的普及、学习习惯的培养，而高中则强调提高科学素养，保证大学理科生源的要求和质量。②注重学生能力的培养。尽管国民政府对当时普通中小学教育在政治上控制很严格，但是在教学目标上却很少提一些涉及面广而内容空泛的要求，比如爱国主义教育和道德教育之类，相反对于科学课程本身要求的能力，如采集、观察、实验、比较及推理等动手能力和思维能力则作出了具体的规定。③注重科学各学科之间的联系及其与国计民生之间的联系，例如高中物理明确提出要"略知物理学与其他自然科学及国防生产之关系"。

（二）科学教育内容

这一时期对中小学课程标准的修订，在教学内容上也略有调整，主要是为了适应战争的需要，科学课程渗透了国防、生产、爱国主义教育的内容，对学科教学的最低程度也做了某些调整。

1. 初等教育

表3-3-9　1942年《小学算术课程修订标准》规定的教学内容要项

年级	教材内容
第一学年	1~19各数的认识，1~9各数的练习与应用，10~19各数的练习与应用；尺寸的认识和应用；三角形、圆形、方形的认识
第二学年	9以内各数的加减练习，20以内不进位加法练习，20以内不退位减法练习；20~100各数认识，2~5的乘除法练习，法数一位不进位乘法，法数一位不退位除法；升、斗、法币、时刻分的认识和应用；正方形和长方形的认识

年级	教材内容
第三学年	千以内数的认识，进位加法和退位减法；6~9 的乘、除法，0 的乘除、法，不尽数的除法，法数一位进位乘法，法数一位退位除法，小数（名数）的认识；圆和椭圆的认识；丈、尺、石、斗的认识和应用，方寸、方尺的认识和应用，斤、两的认识和应用
第四学年	万以内数的认识，法数二、三位的乘法，法数二、三位的除法；珠算：算盘的认识，定位和拨珠方法（1~9 的加减法），珠算 1~9 的乘法九九练习，珠算法数一位乘二位的不进位乘法，法数一位乘三位的不进位乘法，法数二位乘三位的乘法；方分、方丈、亩、分、厘、毫的认识与应用；元、角、分的认识，星期、日、月、年的认识，吨的认识
第五学年	整数加减乘除的四则计算；珠算法数一位乘二位的乘法，法数 2~9 的除法；复名数和小数的认识；珠算法数三位的乘法、法数二位的除法；小数认识及应用；简单利息等计算；立方寸、立方尺、立方丈的认识；心算
第六学年	分数、百分数、比例的认识和应用，浅易分数四则练习，百分法的应用；珠算；相应的小数加减乘除；使用簿记的练习；简易统计图表的认识；度量衡公制的应用；心算

　　该课程标准对小学算术教学的最低程度为：能计算日常生活上之数量，并具有国民必要之基本常识和技能。抗战前小学算术科教学的最低限度要求初小结束时儿童能正确而敏速地解决生活里用四则计算的简易问题，高小结束会处理普通家庭簿记，会阅读通常简易统计图表，相比较而言抗战时期的程度大为降低。抗战胜利后，1945 年颁布了《小学算术课程第二次修订标准》，当时在教学内容的选择方面颇有一些争论，最后经过广泛讨论研究形成五点编写教学内容的依据①。其中各年级教学内容的规定相比之前稍有变化，主要有这样的特点②：①一二年级不特设算术科的时间，算术的活动在常识、劳作、体育、音乐等各科中随机教学，切实地从儿童的游戏和生活的需要中去取材；②算术教学内容简化，依照实际社会生活里的应用，用什么学什么，日常生活里较少用的知识如小数等，内容作适当简化；③珠算的教学更为详细具体，其中基本知识里包括了解我国对算盘发明的贡献，这一规定显得尤为重要，表明当时小学算学教学内容对算学史的关注。

　　关于小学自然科教学内容，教育部之前修正的《小学自然科课程标准》作了详细规定，分自然现象、生活需要、卫生知能三方面。关于自然现象的，就是儿童在自然环境中所接触的气候、天象、地质、生物特性等等的调查、观察、识别、比较、实验、记载、发表、参考图书、解答问题等。关于生活需要的，就是儿童日常生活所关的衣食住行等各种需要物品的调查、搜集、

---

① 赵廷为：《关于小学课程问题的讨论》，载《教育杂志》第 32 卷第 4 号。
② 王权主编：《中国小学数学教学史》，山东教育出版社 1996 年 8 月版，第 252 页。

观察、识别、记载、发表、试行制作或试行蓄养，以及参考图书、解答问题等。关于卫生知能的，就是儿童本身公共方面日常生活必需的健康及安全要则和防病、疫病、急救等常识的研究和实践。而到了抗战爆发时，为了更切合当时"抗战建国"的需要，时人经过探讨认为小学自然科教学可进行以下补充①：①我国战时国防设备的研究；②我国战时交通（注意军事运输，国际路线及运输组织等）的认识和研究；③我国战时生产建设（如兴水利、筑道路、建仓库、举办农工合作、农业改造、造林、垦荒及工厂内部轻重工业的设立等）的研究；④现代战术（如机动战、游击战、炮战、空战等）的研究和练习；⑤各种新兵器（如枪炮、火药、炸弹、装甲汽车、坦克车、毒瓦斯等）的制造；⑥防空防毒方法的研究和演习；⑦各种军舰（如主力舰、巡洋舰、驱逐舰、潜水舰、航空母舰等）的研究；⑧各种军用航空器（如气球、飞艇、飞机、落下伞等）的研究；⑨急救和看护方法（如止血、消毒、伤口包扎、担架使用等）的研究和练习；⑩战时常用的医药品（如绷带、药棉、来苏溶液、过锰酸钾、硼酸溶液、酒精、碘酒、硼酸油膏等）的认识和研究；⑪战时最易发生的传染病及其防御法的研究。可见，非常时期的小学自然教学的一个突出特点，就是进行战争常识教育，且涉及面非常广泛，包括军械、化学兵器、细菌兵器、防空防毒知识、战地救护等。这是与之前所有时期的小学自然教学完全不同的地方。其不足之处在于缺乏一定的要求和标准，导致各地的教学效果甚有差距。

2. 中等教育

1939 年 4 月举行第三次全国教育会议，为"适合抗战建国之需要"，提出重新修订各科课程标准。1940～1941 年，陆续颁布了初级中学和高级中学各科课程标准。大体而言，处于战乱时期，政府对科学教育仍然是相当重视的，但是对初、高中科学课程教学内容的规定较战前教学程度有所下降，在一些具体内容上结合抗战实际进行增减，以及对某些内容教学时间作出调整。比如，重新修订的数学课程标准与修正的课程标准比较，初中一年级算术内容增加求积一项，二年级减少简易不等式一项，分式和分式方程两项移至三年级教学，函数加强，增加复利一项。高中二三年级甲组，代数中删去不定方程整数解、简易不定式之极限、造表法、无穷级数中的和之近似值、无穷积、连分数等项，增加复利和年金，解析几何删去圆锥曲线之反形、极与极线，空间曲线方程式及其性质等项。又比如，战时中学教育各学程纲要和各科作业要项的设计都是要为抗战服务的，有人主张数学教学应：①删除与学生生活无关的问题，而以国防上的实用为主；②尽量采用国防上的数字以及

---

① 陈润泉：《科学教育》，文化供应社印行 1948 年版，第 74～75 页。

军事上的计算为习题资料；③训练理解能力，养成准确的观念。[1] 这些主张尽管有实用主义的倾向，但是也反映出这个时期学校教育对自然学科教学的理论与实际相结合的把握。此外，根据教学内容来看，初中算术全新内容不多，与高小算术内容重复较多。初中算术第一学年为：整数、小数、复名数、整数的性质、分数、比、比例、百分法、利息、文字的利用、开方。据当时一些研究人员的统计表明，从内容目录来看高小算术内容在初中算术中占了95.8%，初中算术部分的全新内容仅占35.7%[2]。前面的比较已经说明这时的小学算学教学程度较之前已经大大降低了，而初中算学内容与高小算学内容的重复无疑也证明了这一时期对中学算学教学要求降低的事实。

（三）科学教学方法

抗战时期，由于战争影响，普通中小学科学教学程度低落。当时，有人主张，这时候的教学不一定要创造什么新教学方法，而只要能采用当前需要的材料，有系统、有组织地进行，并与训导的实施与抗战活动配合起来。当时有影响的对于教学法的认识主要有三种：①教学法应是科学性和艺术性完美的结合。许多教育专家认为教学法是艺术，又是科学，"我们教学生，若没有科学的依据，好比盲人骑马，实在危险；但是只知道科学的依据，而没有艺术的手腕处理一切，却又不能对付千态万状、千变万化的学生"。[3] ②新旧教学法需要有机结合。俞子夷在《小学教学法上的新旧冲突》一文中，认为旧法让学生盲目练习而不告知其所以然，而新法则重视启发讲解，忽视应有的练习。有效的教学法应兼顾两者的优长处，应"启发在前，练习在后，又明白、又纯熟，才是完全的教学过程"。③教学必须适应个别差异。从20世纪30～40年代初期，研究个别教学法的人逐渐增多，其应注意六方面的问题：课程支配、教材支配、教学测验、指导、适应与教材的透彻了解、个性发展与社会需要相结合。

具体来说，修订的中小学课程标准对各科教法要点都进行了规定。比如1942年的《小学算术课程修订标准》在教法要点里仍然强调以计算为中心，心算是算术的基础，笔算和珠算相结合以互相促进。并且同时强调抗战时期不能忽视教学方法，要求从实际出发，从儿童兴趣出发，重视材料的选取进行小学算术教学。到1945年，《小学算术课程第二次修订标准》规定了教学方法要点12条。当时提出合理的科学教学法应依据三方面的原则：①适合学

---

① 《教育杂志》第28卷第2号《战时中学教育各学程纲要举例》、第12号《抗战建国中各科作业要项的设计》。

② 吴倜："我国小学与初中算术教材应否重复之研究"，载《教育杂志》第33卷第4号，第27页。

③ 王灏群："非常时期的小学教育"，载《教育杂志》第27卷第6号，第44页。

习的心理；②适合科学的方法；③适合生活的环境。根据这三大原则，小学自然科教学实际又提出了比较具体而易实行的方法①：①活用教本及教学时间，取材务求适合时令、地域和实际生活；②根据时代、环境和实际生活之需要，选编自然补充教材；③应用问题教学法；④利用实物教学，注重观察、实验；⑤举行野外教学；⑥征集自然研究题材；⑦参观博物馆、科学馆、工厂、农场、电灯厂、火车站以及商店等；⑧观察自然现象，如潮汐、日月食、星象等；⑨指导儿童作长期的观察、实验与记载，如温度或气压的变迁、动植物生长程序等；⑩联络劳作科注重实地操作，如制造教具、布置环境、园艺饲养等；⑪联络其他各科，以自然科为中心教学的出发点；⑫举行校内自然教学演示；⑬举行自然科成绩展览会；⑭举行采集物品展览会；⑮举行科学中心训练；⑯拟订科学儿童的训练信条；⑰周会表演，多加入科学讲演及科学游戏表演；⑱其他。

（四）科学教材

教科书作为自然学科教学内容的直接载体，一方面直接影响着整个学校自然学科课程的实施情况，一方面因为与学生近距离接触又会影响学生科学素养的形成，所以普通中小学进行科学教育改革，首当其冲就应该考虑到自然学科教科书的编订问题。抗战爆发前，南京国民政府就很致力于教科书的审查和检定，先后颁布了相关的法令。这些措施对当时学校科学教育的实施具有一定的积极作用，因而在三四十年代的战乱时期，教育部继续坚持了这一原则，这在战火连天的岁月，对惨遭破坏的普通中小学科学教育无疑是个有力的保障。

中小学课程修订标准公布以后，1942 年国民政府将国立编译馆的"中小学教科用书编辑委员会"改组为"教科用书组"，规定中小学的各科教科书都由国家编辑，交由该馆负责办理。编译馆的"教科用书组"依照重新修订的课程标准，重行审查修改成正式的统一课本，交由正中、商务、中华、世界、大东、开明、文通等书局联合组织的"国立中小学教科书七家联合供应处"印行。到了 1946 年，教育部又将中学教科书由审定制改为国定制，各学校一律改用国定本。② 虽然，在实际过程中，当时学校仍采用原来课本的居多，但是国民政府通过一系列法令的颁布对规范当时教科书市场仍然起到了一定的作用。

（五）科学教员

在教师资格方面，教育部在之前的基础上设置了二重审定体制，规定中

---

① 陈润泉：《科学教育》，文化供应社印行 1948 年版，第 102～103 页。
② 教育部教育年鉴编纂委员会：《第二次中国教育年鉴》，商务印书馆 1948 年版，第 355～357 页。

小学教师必须经过严格考试，合格者方可录用；同时，保持合理教员队伍的落差构成。[1] 整个这一时期，虽然合格教师特别是自然学科教师合格者一直奇缺，但是教育行政部门宁缺毋滥，在教师资格审定方面的控制非常严格，并不降格以求。日前，湖南石门档案馆的工作人员在清理一批旧藏文件时，发现了一张"重庆中小学教师资格证"，颁发时间为中华民国35年2月1日（即1946年2月1日）。持证人名叫李德金，女性，时年29岁，系当时湖南桃源女师毕业的学生。该证书详细记录有姓名、年龄、籍贯、学历、证书编号等。证书封底印有"重庆市小学教员总登记实行简则"，其中明确规定：非有登记证者不得充任小学教员，且各小学应尽先聘用教育局登记公布的合格教员。一旦发现聘有不合格教员的，教育局将强制委以合格者派充之。每学期开学之日，教员应缴验登记证，且教员需随身携带该证，以备督导及视导人员随时查验。可见，当时的教师资格把关，比起现在有过之而无不及！[2] 当时对教师的管理，主要就是检定教师资格、审定应聘教师名单，有时举办一些寒暑假讲习会以培训提高教师水准，定期派出督学视导学校、考核教师，呈报上级教育部门给予奖惩。比如民国时期，常德地区对教师考核进行过多次，主要是进行"无试验检定"和"试验检定"，以确定其任职资格。做法是县级教育行政部门根据省教育厅的《检定章程》对中、小学教师进行考核，由省、县督学一同主持考试、考核（包括听课），最后由县教育行政部门按"合格教员"、"代用教员"、"暂代用教员"三类分别作出结论。合格教员由省教育厅颁发"合格证"。[3] 但是这种做法也存在一个弊病，就是教师实行聘任制，其流动性较大，对学校教育难免有所影响。尤其到了后期，凡对政府不满的教师多在落聘之列。就总体而言，教育部这些做法对于普通中小学科学教育都是具有积极意义的措施，至于具体效果如何则牵涉到很多方面，并非这些措施本身所造成的，而是制约于当时中国的国情。

第二节　短期学校和国立中学的科学教育

在战争条件下，要保持原有的教育体制一成不变是不现实的。战争给中小学科学教学带来了新的矛盾和困难，要妥善解决这些矛盾和困难，必须采

---

[1] 教育部教育年鉴编纂委员会：《第二次中国教育年鉴》，商务印书馆1948年版，第366～372页。

[2] 《石门发现民国时期教师证"持证者先分配工作"》，载《三湘都市报》2005年3月6日。

[3] 《常德市志·教育·教师考核》，http://www.changde.gov.cn。

取灵活多样的教学形式，以适应形势变化的需要。在这方面，举办短期学校和创建国立中学是当时鲜明的特点。

一、短期学校的科学教育

抗日战争前期，国民政府推行义务教育，规定6足岁至12足岁的学龄儿童，除可能进行四年制或六年制小学教育外，必须接受二年或一年的义务教育。于是，各地纷纷设立了各种简易小学及短期小学，其学制一般为一年制或二年制。1935年7月，教育部公布《一年制短期小学暂行规程》，规定一年制的短期小学招收9足岁至12足岁的儿童，并附设于普通小学中，接受指定中心小学的指导，一般采用半日二部制或全日二部制，课程为国语、算术、公民训练及体育四种，而有关自然、卫生等内容都是混合编制在这些科目里进行教学的。到了抗日战争期间，二年制的短期小学也迅速发展起来。为了使短期小学顺利发展，教育部于1937年6月先后公布了《二年制短期小学暂行规程》及《二年制短期小学课程标准总纲》。其中规定教育主旨为"切合实际生活之需要，并应注重民族意识与国家观念之养成"，具体目标分五个方面：①培养国民应具之善良品性；②养成人生必需之卫生习惯；③养成爱护国家观念与复兴民族意识；④养成生活所必需之基本知识与技能；⑤养成劳动精神与审美兴趣。二年制短期小学的教学科目包括了常识科，该科主要包括社会、自然及卫生知识三部分的内容，每周教学时间为180分钟。在教材上，要求"一方面应注意民族的及民生的需要，一方面注意教材本身之普遍性与实践性，其编制应与国语教材密切联络"。因此在这类短期小学里，教材一般都采用了以常识为内容，以国语为形式的统一体。下面是以一年制小学为例对这种混合编制教材的介绍①：

第一单元：我们的学校

第一课：开学了

（1）国语（社会）：开学了，来上学。

（2）算术：同学的年纪，有大有小。

（3）国语（公民）：见先生，见同学，都要行礼。

第二课：好学生

（1）国语（自然）：好学生，上学去，不怕风，不怕雨。

（2）算术：在家里，朋友少；在校里，朋友多。

（3）劳作：在校里，帮朋友；在家里，帮父母。

---

① 王偍等：《一年制短期混合课本》，商务印书馆出版1935年版，见田正平主编的《中国小学常识教学史》，山东教育出版社1996年8月版，第201～202页。

第三课：先生和学生

（1）国语（社会）：好学生，敬先生。好学生，爱同学。

（2）算术：同学多，我来数：一二三四五，一二三四五。

（3）国语（音乐）：小朋友，一同走。你在前，我在后，唱唱歌，拍拍手。

第四课：我的乡村

（1）国语（自然）：我的乡村，有山有水，有花有草，空气新鲜，风景又好。

（2）算术：我们校里，有许多窗，都是正方形的。有许多门，都是长方形的。

（3）国语（卫生）：家里要清洁，校里要清洁，处处清洁，心里欢喜。

第五课：我们做什么

（1）国语（社会）：我在校里，有时读书，有时做工，有时游戏。

（2）算术：我会数：一二三四五。我会写：12345。

（3）国语（劳作）：我在家里，清早就起，帮助父母，抹桌扫地。

第六课：校园里

（1）国语（自然）：校园里，风景好，有花又有草。红的红，绿的绿，看看真快乐。

（2）算术：一双手，有多少手指，我来帮你数：一二三四五；你来帮我写：12345。

（3）国语（音乐）：好朋友，同读书，相敬，相爱，又相助。

二、国立中学的科学教育

抗日战争爆发后，国民政府教育部于 1939 年 3 月在重庆召开了第三次全国教育会议，蒋介石在会上作了《今后教育的基本方针》讲话，认为国家的生命力由教育、经济、军事三因素组成，教育是基本，是经济和军事的总枢纽。在进行抗战的同时，要致力于民族改造和国家复兴，而教育的着眼点不仅在战时，而且还在战后。战后国家的建设需要无数专家学者、技工技师，因此"切不可忘记战时应作平时看，切勿为应急之故，而丢了基本"，要"以非常时期的方法来达成教育本来的目的，运用非常的精神来扩大教育的效果"。[①] 这一讲话明确地表达了国民政府战时教育的指导思想。遵循这一战时教育方针，当日军大举进犯、国土相继沦丧、学校严重破坏的情况下，国民政府为保存教育实力，采取了一系列措施，国立中学的设置便是其中一项。

① 《第二次中国教育年鉴》第二编：第53～54页。

战局变化时期，教育部打破了原来省市教育厅局主管中等教育的体制，在大后方新设立国立中学，予以经费保障。至 1945 年抗战胜利时，共办国立中学 34 所，其中集中了一批中学教学骨干，满足了当时流徙青年的求学愿望，稳定了大后方。

教育部于 1939 年 12 月 17 日颁发了训令《修正国立中学暂行规程》，该规程规定"教育部为谋战区省、市立中等学校教职员及公、私立中等学校继续施教与受教起见，特暂设国立中学若干所，以继续发挥教育功能，充实民族力量"，"国立中学依设立次序冠以数字，称为国立第几中学"。而早在 1938 年 2 月教育部就颁发了《国立中学课程纲要》，规定"国立中学课程分精神训练、体格训练、学科训练、生产劳动训练及特殊教学与战时后方服务训练五项"。其中学科训练实施的具体原则为：①为实施总纲所举各项训练以适应国家需要起见，初高中师范及职业各科之教学科目及时数，应依照下列规定分别变更之；②各科主要学科之教学时间，每周至多不得超过 24 小时，均应排列于上午；③各科教学目标及教材内容，除遵照课程标准之规定外，应视实际需要尽量补充与国防生产有关之教材。该课程纲要规定初级中学上午之教学科目包括公民、国文、算学、历史、地理、自然、英文，下午教学科目包括体育及童子军、劳作与生产劳动、音乐、图画。其中自然科可采用混合制，并以观察实验，与学理互相参证。高级中学上午教学科目包括公民、国文、算学、英文、历史、地理及地质、物理、化学、生物，下午教学科目包括体育及军事训练、工艺与农艺、音乐、图画及测绘。其中要求地质于基本知识外须注意当地自地质及矿产；化学于基本知识外，须注意农业化学、肥料及矿物等；物理于基本知识外，须注意机械之简单原理及水力学水利学等；生物须注重当地主要农产及畜牧之概况与改进。

大体而言，国立中学为当时惨遭破坏的中等教育带来了一丝希望，之前制定的各种课程标准也得以继续实施。于科学教育来说，相对而言，首先是确保了科学教育体制不至于因为战乱在学校里被中断，保证了我国学校科学教育发展的历史延续性。其次，国民政府当局为了保存教育实力，对所创办的 34 所国立中学关注的程度肯定高于之前任何一个时期，加上国立中学数量有限，有利于统一管理，因此确保了这段期间科学教育在学校实施的有效性。但是，政府这一措施的作用毕竟是有限的。之前学校科学教育中的实验不足等问题仍然没有多大的改观，整体师资仍然是匮乏的。而且战争的影响也使教育经费十分紧张，一直维持在一个较低的水平上，根据《第二次中国教育年鉴》统计：1937～1945 年，教育经费占国家预算的百分比平均为 2.44%，较之战前 30 年代的 3.54%，年平均减少了 1.1%；教育经费最高的是 1944

年，占国家预算的 3.54%，刚好与战前平均数持平。① 就当时国内教育整体来说，根据四川省 1944 年第十一届毕业会考成绩统计的报告，参加会考的 7633 名学生中，数学一科不及格的有 2049 人之多，占全体人数的 37%，战后调查国立西北师范附中及文治中学等校，不及格人数占全校人数的 40%，不及格科目以英文、数学为最多。② 又据 1946 年 10 月 14 日上海各报载：北大、清华、南开三校招生，及北洋工学院在沈阳区招生，考生 3.5 万人，以国语、英语、数学三项成绩最差，按战前标准只能录取 120 人。③ 可以想象，经过抗战的破坏，中学科学教育的破坏程度之大。即使国民政府勉力应变，这个时期的学校科学教育仍然步履维艰。抗战胜利后，各国立中学纷纷迁回原籍，由于诸多条件的限制先前刚逐步形成的这些学校内部教育体制又被打乱，到内战时期，科学教育在很多情形下已经是名存实亡。

---

① 《第二次中国教育年鉴》，第 52 页。
② 《中学生成绩不及格之原因与预防》，载《教育通讯》1946 年复刊第 2 卷第 7 期。
③ 《中学生程度退步之原因及提高办法》，载《教育通讯》1947 年复刊第 3 卷第 4 期。

结　　语

　　我国古代科学技术的发展曾取得辉煌的成果，但由于受传统教育观念的影响，科技在学校教育中始终难占有一席之地。以至清末建立近代教育制度时，科学在学校教育中如何生存倒成了一个大问题。伴随着近现代科学知识的传入，在"教育救国"、"科学救国"等社会思潮的影响下，科学与学校教育逐渐结合起来。20世纪前半叶中国教育现代化的主题之一即为科学与教育的联姻。在此过程中，科学借助教育，从学校教育这条途径，极大地丰富了中国人的知识观、价值观、人生观和世界观，改变了人们的思想方法；而教育借助科学，使知识传授的内容、形式和方法得到更新。作为国民的基础教育，中小学对科学的认识和学习无疑是近代学校科学教育最具有代表性的阶段。以1922年"新学制"颁布后，科学在学校教育中的地位得到巩固。随着科学教育制度和科学教育法规的完善，中小学实施科学教育有了良好的制度环境。其次，课程规划、教学形式的积极探索使中小学科学教育内容趋于完善，而政府在教材的编译、教师资格的审查、学校设备的配置等方面的措施也为这时期的学校科学教育提供了一定的保障。

　　总的来说，1922～1949年期间的中小学的科学教育是自清末以来科学教育的完善期，当时关于学校科学教育的一些积极探索对今天的学校科学教育仍是具有启发意义的。但是，我们更应该认真看待历史，明白科学教育的根本目的并不仅仅在于提供各种科学课程和科学教学内容，而是还应该理解自然现象，了解自然概貌，培养学生对自然的调查研究能力和热爱自然的情感，认识自然界各事物之间的联系，使学生逐步形成自然界是统一体的观念。传统的唯科学主义的科学教育认为，科学技术能解决人类所面临的一切困难和问题，它强调征服自然，强调把他人自然化、物化、对象化。这些片面的观念和行为，在人与自然的关系上，表现出人对自然的一味"征服、改造、利用"，造成人类生存环境的破坏。因此，完整的科学教育，在强调对科学知识和科学方法的学习、理解和掌握的同时，更应重视科学精神（客观精神、理性精神、实证精神等）和科学价值观的培养。总而言之，科学教育在中小学教育中占有极其重要的地位，学校要努力培养学生具有科学精神和科学方法，进而使人具有理性。至于科学精神和科学方法的培养，绝非一朝一夕所能完成的。因此，中小学科学教育将是个长远的话题，值得我们今天的教育界进行更深层次的考虑。

参考文献

［1］　教育部教育年鉴编纂委员会.第一次中国教育年鉴.商务印书馆,1923.

［2］　国联教育考察团.中国教育之改进.上海:商务印书馆,1932.

［3］　教育部教育年鉴编撰委员会编.第二次中国教育年鉴.上海:商务印书馆,1948.

［4］　陈学恂主编.中国近代教育史教学参考资料.北京:人民教育出版社,1960.

［5］　舒新城主编.中国近代教育史资料.北京:人民教育出版社,1961.

［6］　朱有瓛主编.中国近代学制史料.上海:华东师范大学出版社,1983.

［7］　陈学恂主编.中国近代教育文选.北京:人民教育出版社,1983.

［8］　李桂林.中国现代教育史教学参考资料.北京:人民教育出版社,1987.

［9］　中央教育科学研究所编.中国现代教育史大事记(1919—1949).北京:教育科学出版社,1988.

［10］　鲁洁.教育大辞典(第1卷)上海:上海教育出版社,1989.

［11］　宋恩荣,章咸编.中华民国教育法规选编(1912—1949).南京:江苏教育出版社,1990.

［12］　璩鑫圭主编.中国近代教育史资料汇编.上海:上海教育出版社,1991.

［13］　朱有瓛主编.中国近代学制史料(第三辑上).上海:华东师范大学出版社,1992.

［14］　杨学为,朱仇美,张海鹏主编.中国考试制度史资料选编.合肥:黄山书社出版,1992.

［15］　《中国教育事典》编委会.中国教育事典·中等教育卷.石家庄:河北教育出版社,1994.

［16］　课程教材研究所编纂.20世纪中国中小学课程标准·教学大纲汇编:自然·社会·常识·卫生卷.北京:人民教育出版社,2001.

［17］　刘英杰主编.中国教育大事典(1840—1949).杭州:浙江教育出版社,2001.

［18］ 樊洪业,张久春选编.科学救国之梦——任鸿隽文存.上海:上海科技教育出版社、上海科学技术出版社,2002.

［19］ 推士.中国之科学与教育.上海:商务印书馆,1925.

［20］ 周昌寿.自然科学及其教授法.上海:商务印书馆,1925.

［21］ 张子高,周邦道.科学发达略史.上海:中华书局,1928.

［22］ 俞子夷.一个小学十年努力记.上海:中华书局,1928.

［23］ 舒新城编.近代中国教育思想史.上海:中华书局,1929.

［24］ 胡颜立.小学自然科教学法.上海:商务印书馆,1930.

［25］ 沈百英.设计教学法演讲集.上海:商务印书馆,1931.

［26］ 王凤喈.中国教育史大纲.上海:商务印书馆,1932.

［27］ 王倘,等.一年制短期混合课本.上海:商务印书馆,1935.

［28］ 朱经农.近代教育思潮七讲.上海:商务印书馆,1941.

［29］ 陈润泉.科学教育.桂林:文化供应社,1948.

［30］ 陶行知教育文选.北京:教育科学出版社,1981.

［31］ 南开中学编.南开中学建校八十周年纪念专刊.天津:天津教育出版社,1984.

［32］ 蔡元培全集(第3卷).北京:中华书局,1984.

［33］ 田正平.留学生与中国教育近代化.广州:广东教育出版社,1996.

［34］ 魏庚人主编.中国中学数学教育史.北京:人民教育出版社,1987.

［35］ 林代照,陈有和,王汉昌.中国近代政治制度史.重庆:重庆出版社,1988.

［36］ 瞿葆奎主编.教育学文集·课程与教材.北京:人民教育出版社,1988.

［37］ 司琦.中华民国教育发展史.台北:三民书局,1988.

［38］ 张奠宙,等.近代数学教育史话.北京:人民教育出版社,1990.

［39］ 熊明安.中华民国教育史.重庆:重庆出版社,1990.

［40］ 骆炳贤,何汝鑫编著.中国物理教育简史.长沙:湖南教育出版社,1991.

［41］ 董远骞,施毓英编.俞子夷教育论著选.北京:人民教育出版社,1991.

［42］ 李桂林.中国现代教育史.长春:吉林教育出版社,1991.

［43］ 郭保章,梁英豪,徐振亚.中国化学教育史话.南昌:江西教育出版社,1993.

［44］ 董远骞.俞子夷教育思想研究.沈阳:辽宁教育出版社,1993.

［45］ 梁吉生.张伯苓教育思想研究.沈阳:辽宁教育出版社,1994.

［46］ 田正平.中国小学常识教学史.济南:山东教育出版社,1995.

［47］ 王权.中国小学数学教学史.济南:山东教育出版社,1995.

［48］ 吴国盛.科学的历程.长沙:湖南科学技术出版社,1995.

［49］ 谢青,汤德用主编.中国考试制度史.合肥:黄山书社,1995.

［50］ 田正平主编.中国小学常识教学史.济南:山东教育出版社,1996.

［51］ 王权主编.中国小学数学教学史.济南:山东教育出版社,1996.

［52］ 施良方.课程理论——课程的基础、原理与问题.北京:教育科学出版社,1996.

［53］ 李华兴主编.民国教育史.上海:上海教育出版社,1997.

［54］ 陆有铨.躁动的百年——20世纪的教育历程.济南:山东教育出版社,1997.

［55］ 熊明安主编.中国近现代教学改革史.重庆:重庆出版社,1999.

［56］ 孙培青主编.中国教育史.上海:华东师范大学出版社,2000.

［57］ 张奠宙.中国近现代数学的发展.石家庄:河北科学技术出版社,2000.

［58］ 刘兵.触摸科学.福州:福建教育出版社,2000.

［59］ 余子侠.民族危机下的教育应对.武汉:华中师范大学出版社,2001.

［60］ 段治文著.中国现代科学文化的兴起.上海:上海人民出版社,2001.

［61］ 江山野主编.中国中学课程设置.石家庄:河北教育出版社,2001.

［62］ 美国科学促进协会著.中国科学技术协会译.科学教育改革的蓝本.北京:科学普及出版社,2001.

［63］ 王伦信.清末民国时期中学教育研究.上海:华东师范大学出版社,2002.

［64］ 托马斯·库恩著.金吾伦,胡新和译.科学革命的结构.北京:北京大学出版社,2003.

［65］ 马忠林主编.数学教育史.南宁:广西教育出版社,2004.

［66］ 吴大猷述,戴念祖等整理.吴大猷学术基金会编辑.早期中国物理发展的回忆.台北:联经出版事业公司,2001.

［67］ George Ransom Twiss(1925). *Science and Education in China*. The Commercial Press Limited. Shanghai,China.

［68］ 沈勉荣,胡学增.学科中心课程在我国的历史命运.见:杨玉厚主编.中国课程变革研究.西安:陕西人民教育出版社,1993.

［69］ 余自强.新世纪初中科学课程的教育哲学研究.《课程·教材·教法》,1999;(10).

［70］ 李华.中国小学科学课程改革历史简析.中小学教材教学,2001;

(6).

[71] 汪灏.科学教育半个世纪的潮起潮落.见:杜成宪,丁钢主编.20世纪中国教育的现代化研究.上海:上海教育出版社,2004.

[72] 石中英,梁卿.20世纪中国科学教育的文化批评.教育学报,2005;(1).

[73] 李松丽.蒋梦麟科学教育思想述评.河北建筑科技学院学报(社科版),2005;(2).

[74] 曲铁华,李娟.论中国近代科学观对科学教育的影响.教育科学,2005;(4).

[75] 涂雪峰,李萍凤.陶行知的科学教育思想初探.成都教育学院学报,2005;(11).

[76] 余自强.我国初中综合科学课程发展的界碑——《科学(7~9年级)课程标准(实验稿)》特点分析.教学月刊,2003;(2).

[77] 王伦信.五四新文化运动时期我国学校科学教育的境况与改革使命——推士《中国之科学与教育》述评.华东师范大学学报(教育科学版),2005;(1).

[78] 路甬祥.中国近现代科学的回顾与展望.自然科学史研究,2002;(3).

[79] 余自强.科学课程得科学探讨.中国教育报,2002-8-22.

[80] 石门发现民国时期教师证"持证者先分配工作".三湘都市报.2005-3-6.

[81] 常德市志·教育·教师考核.链接地址:http://www.changde.gov.cn.

[82] 课程教材研究所教育史研究课题组.20世纪中国中小学课程标准(教学大纲)发展概况.链接地址:http://www.pep.com.cn/harvest/index.htm.

[83] 阳信,张勇,海新.民国时期何思源签发的《教员许可状》.链接地址:http://www.ccrnews.com.cn/tbscms/module_wb/readnews.asp?articleid=18596.

后　记

　　2003 级研究生入学后，霍益萍老师、金忠明老师和我承担了该级中国教育史专业研究生的指导任务。记得是 2004 年早春的一次系务会议之后，霍老师向金老师和我建议，能否将 2003 级的研究生集中起来，以分工合作的方式从事某项课题的研究，并且和研究生的学位论文选题结合起来。这样不仅可以较早引导研究生进入研究领域，也可以克服以往研究生学位论文选题过于分散，难以形成综合性成果的现象。我们欣然同意了。

　　同样是在霍老师的建议下，我们选定了"近代中国科学教育"这一当前研究成果还不够丰硕的领域，经过初步的酝酿讨论之后，拟定了总课题的子项目。2003 级的 10 位同学聚首在这一课题下，查阅资料、切磋内容、交流观点，最后他们都按当初的计划如期完成了自己的学位论文。其中我所指导的研究生樊冬梅同学的学位论文《中国近代普通中小科学教育（1878 – 1922）》，解亚同学的学位论文《中国近代普通中小科学教育（1922 – 1949）》即是本书的第一编和第三编的原稿。美国科学教学法的重要奠基人推士（G. R. Twiss）是 20 世纪 20 年代来华的美国学者中对中国学校科学教育考察最详尽、影响最为具体和久远的人物，他在华工作两年留下的总结性英文著作《中国之科学与教育》（Science and Education in China）一直未受到我国科学教育研究者的注意。陈洪杰同学在工作后的百忙当中，根据推士的这本原著，概括了"新学制"颁布前后我国学校科学教育的境况和问题，提供了推士考察中国科学教育问题的特有视角，这就是本书的第二编推士来华与中小学科学教育改革。

　　从事本书主体写作的都是初次踏入科学教育史研究领域的新人，本书与其说是一项研究成果，还不如说是他们呈现给大家的一份学习"研究"的作业。我受霍老师之托忝列本书主编，编撰了本书的"绪论"部分。但因受困于教学和其他一些项目，同时也限于本人水平，统稿中除做了一些基本的文字疏通、个别史实的甄别增补和内容的删节外，对原稿良少增益。因此本书肯定存在许多疏漏甚至错误，敬请读者体谅和指正。

　　除霍老师、金老师外，杜成宪老师也对本书各编的写作提出了许多深入的建议。本书在撰写中吸取和参考了大量学术同行的研究成果，已尽力在书中注明，但也难免遗漏。谨此诚致深深的谢意！

王伦信

2007 年 6 月